趙爾巽等撰

清史稿

第四四册

卷四八四至卷四九一(傳)

中華書局

清史稿卷四百八十四

列傳二百七十一

文苑一

魏禧 兄際瑞 弟禮 禮子世傚 世儼 李騰蛟 邱維屏 曾燦 林時益
梁份 侯方域 王猷定 陳宏緒 徐士溥 歐陽斌元 申涵光 張蓋
殷岳 吳嘉紀 徐波 錢謙益 龔鼎孳 吳偉業 曹溶 宋琬 嚴沆
施閏章 高詠 鄧漢儀 王士祿 弟士祜 田雯 曹貞吉 顏光敏
王苹 張篤慶 徐夜 陳恭尹 屈大均 梁佩蘭 程可則 方殿元
吳文煒 王隼 馮班 宗元鼎 劉體仁 吳殳 胡承諾 賀貽孫 唐甄
阿什坦 劉淇 金德純 傅澤洪 汪琬 計東 吳兆騫 顧我錡

彭孫遹　朱彝尊　李良年　譚吉璁　尤侗　秦松齡　曹禾　李來泰

陳維崧　吳綺　徐釚　潘耒　倪燦　嚴繩孫　徐嘉炎　方象瑛

萬斯同　錢名世　劉獻廷　邵遠平　吳任臣　周春　陳鱣

喬萊　汪楫　汪懋麟　陸棻　兄子奎勳　龐塏　邊連寶

陸圻　丁澎　柴紹炳　毛先舒　孫治　張丹　吳百朋　沈謙　虞黃昊

孫枝蔚　李念慈　丁煒　林侗　林佶　黃任　鄭方坤

黃與堅　王昊　顧湄　吳雯　陶季　梅清　梅庚　馮景　邵長蘅

姜宸英　嚴虞惇　黃虞稷　性德　顧貞觀　項鴻祚　蔣春霖

文昭　蘊端　博爾都　永忠　書諴　永憲　裕瑞　趙執信　葉燮　馮廷櫆

黃儀　鄭元慶　查慎行　弟嗣瑮　查昇　史申義　周起渭　張元臣　潘淳

顧陳垿　何焯　陳景雲　景雲子黃中　戴名世

清代學術，超漢越宋。論者至欲特立「清學」之名，而文學並重，亦足於漢、唐、宋、明以外別樹一宗，嗚呼盛已！明末文衰甚矣！清運既興，文氣亦隨之而一振。謙益歸命，以詩文雄於時，足負起衰之責；而魏、侯、申、吳，山林遺逸，隱與推移，亦開風氣之先。康、乾盛治，文教大昌。聖主賢臣，莫不以提倡文化爲己任。師儒崛起，尤盛一時。自王、朱以及方、惲，各擅其勝。文運盛衰，實通世運。此當舉其全體，若必執一人一地言之，轉失之隘，豈定論哉？道、咸多故，文體日變。龔、魏之徒，乘時立說。同治中興，文風又起。曾國藩立言有體，濟以德功，實集其大成。光、宣以後，支離龐雜，不足言文久矣。茲爲文苑傳，但取詩文有名能自成家者，彙爲一編，以著有清一代文學之盛。派別異同，皆置勿論。其已見大臣及儒林各傳者，則不復著焉。

魏禧，字冰叔，寧都人。父兆鳳，諸生。明亡，號哭不食，翦髮爲頭陀，隱居翠微峯。是冬，筮離之乾，遂名其堂爲易堂。旋卒。

禧兒時嗜古，論史斬斬見識議。年十一，補縣學生。與兄際瑞、弟禮，及南昌彭士望、林時益，同邑李騰蛟、邱維屏、彭任、曾燦等九人爲易堂學。皆躬耕自食，切劘讀書，「三魏」之名徧海內。禧束身砥行，才學尤高。門前有池，顏其居曰勺庭，學者稱勺庭先生。爲人形幹修頎，目光射人。少善病，參朮不去口。性仁厚，寬以接物，不記人過。與人以誠，雖見欺，怡如也。然多奇氣，論事每縱橫排奡，倒注不窮。事會盤錯，指畫灼有經緯。思患豫防，見幾於蚤，懸策而後驗者十嘗八九。流賊起，承平久，人不知兵，且謂寇遠猝難及。禧獨憂之，移家山中。山距城四十里，四面削起百餘丈。中徑圻，自山根至頂若斧劈然。緣圻鑿磴道梯而登，因置閘爲守望。士友稍稍依之。後數年，寧都被寇，翠微峯獨完。喜讀史，尤好左氏傳及蘇洵文。其爲文淩厲雄傑。遇忠孝節烈事，則益感激，摹畫淋漓。

年四十，乃出遊。於蘇州交徐枋、金俊明，杭州交汪渢，乍浦交李天植，常熟交顧祖禹，常州交惲日初、楊瑀，方外交藥地、槁木，皆遺民也。當是時，南豐謝文洊講學程山，星子宋之盛講學髻山，弟子著錄者皆數十百人，與易堂相應和。易堂獨以古人實學爲歸，而風氣之振，由禧爲之領袖。僧無可嘗至山中，歎曰：「易堂眞氣，天下無兩矣！」無可，明檢討方以智也。友人亡，其孤不能自存，禧撫敎安業之。凡戚友有難進之言，或處人骨肉間，禧批郤導窾，一言輒解其紛。或訝之，禧曰：「吾每遇難言事，必積誠累時，待其精神與相貫注，夫然後言。」康熙十八年，詔舉博學鴻儒，禧以疾辭。有司催就道，不得已，舁疾至南昌就醫。巡撫舁驗之，禧蒙被臥稱疾篤，乃放歸。後二年卒，年五十七。妻謝氏，絕食殉。著有文集二十二卷、日錄三卷、詩八卷、左傳經世十卷。

際瑞，原名祥，字善伯，禧兄。明亡後，禧、禮並謝諸生。際瑞歎曰：「吾爲長子，祖宗祠墓，父母尸饔，將誰責乎？」遂出就試。順治十七年歲貢生。寧都民亂，贛軍進討，索餉於山砦。際瑞身冒險阻，往來任其事，屢瀕於死。際瑞重信義，翠微峯諸隱者暨族戚倚際瑞爲安危者三十餘年。康熙十六年，滇將韓大任踞贛，當事議撫之。大任曰：「非魏際瑞至，吾不信也！」時際瑞館總鎭哲爾肯所，遂遣之。家人泣勸毋往，際瑞曰：「此鄉邦宗族所關也，吾不行，恐禍及。行而無成，吾自當之。」遂往。甫入營，官兵遽從東路急攻。大任疑賣己，因拘留之。大任變計走降閩，際瑞遂遇害，年五十八。子世傑殉焉。際瑞篤治古文，喜漆園、太史公書。著有文集十卷、五雜俎五卷。

禮，字和公，禧弟。少魯鈍，受業於禧。禧嘗笞詈之，禮弗慽，曰：「兄固愛弟也！」禧喜過望。方九歲，父將析產，持一田券躊躇曰：「與祥，則禮損矣。奈何？」禮適在旁，應聲曰：「任損我，毋損伯兄。」父笑曰：「是固魯鈍者耶？」禮寡言，急然諾，喜任難事。以鬱鬱不得志，乃益事遠遊。所至必交其賢豪，物色窮巖遺佚之士。年五十，倦遊返，於翠微左幹之巓搆屋五楹。是時伯叔踵逝，石閣、勺庭久虛無人。諸子各散處，不復居易堂。禮獨身率妻子居十七年，未他徙。卒，年六十六。著有詩文集十六卷。子世傚、世儼。

世傚，字昭士。生二十餘月，母口授九歌，輒能成誦。稍長，從仲父禧讀。性狷急，勇於任事。禧嘗謂其文一如其人，鋒鋭所及，往往有沒羽之力。以多病不應試。徧遊燕、楚、吳、越，一至嶺南。適王士禎使粵，見所作，願折節與交。著有耕廡文稿十卷。

世儼，字敬士。善病如其兄，然不廢翰墨。與世傑、世傚時稱「小三魏」。著有爲谷文稿八卷。

李騰蛟，字咸齋，亦寧都人。諸生。於易堂中年最長，諸子皆兄事之，嚴敬無敢戲。後居三巘峰，以經學教授。著周易賸言。年六十，卒。

邱維屏，字邦士，寧都人，三魏姊壻也。明諸生。爲人高簡率穆。讀書多玄悟，禧嘗從之學。晚爲曆數、易學及泰西算法。僧無可與布算，退語人曰：「此神人也！」彭士望與維屏交三十餘年，未嘗見其毀一人。然維屏獨推服禧，嘗貽禧書曰：「拒諫飾非者大惡也，不拒諫而嘗自拒諫，不飾非而嘗自飾非，尤惡之惡也。足下敢於自信，自處有故，而持之以堅，拒諫飾非，蓋有如此者！」禧得之痛服。維屏教授弟子，手批口講，日夜不輟業。康熙十八年，卒，年六十六。垂歿，示子曰：「食有菜飯，穿可補衣，無譎戾行，堪句讀師。」士望服其言。著有周易剿說十二卷、松下集十二卷、邦士文集十八卷。

曾燦，字青藜，亦寧都人，給事中應遴仲子。歲乙酉，楊廷麟竭力保南贛。應遴以閩嶠山澤間有衆十萬，命燦往撫之。既行，而應遴病卒，贛亦破，乃解散。尋祝髮爲僧，游閩、浙、兩廣間。大母及母念燦成疾，乃歸寧都。以大母命受室，築六松草堂，躬耕不出者數年。後僑居吳下二十餘年，客游燕市以卒。著有六松草堂文集、西崦草堂詩集。

林時益，本明宗室，名議霶，字確齋，南昌人。與彭士望同里。兩人謀居，士望與魏禧一見定交，極言金精諸山可爲嶺北耕種處，乃攜家偕士望往。僑居十餘年，與魏氏昆弟相講習。康熙七年，詔明故宗室子孫衆多，竄伏山林者還田廬，復姓氏。時益久客寧都，弗樂歸。卜居冠石，結廬傭田，非其力不食。冠石宜茶，時益以意製之，香味擬陽羨，所謂林茶者也。晚好禪悅。著有冠石詩集五卷、確齋文集。

梁份，字質人，南豐人。少從彭士望、魏禧遊，講經世之學。工古文辭。嘗隻身遊萬里，西盡武威、張掖，南極黔、滇，徧歷燕、趙、秦、晉、齊、魏之墟，覽山川形勢，訪古今成敗得失，遐荒軼事，一發之於文。方苞、王源皆重之。其論山海關，謂：「關自明洪武間始設，隋置臨榆於西，唐爲榆關。東北古長城，燕、秦所築，距關遠，皆不足輕重。金之伐遼，自取遷民始。李自成席卷神京，敗石河而失之。天之廢興，人之成敗，而決於山海一隅。荒榛千百年之上，偏重於三百年間。天下定則山海安，山海困則天下舉困，其安危之重如此。」生平以未遊山海爲憾。爲人樸摯强毅，守窮約至老不少挫。卒，年八十九。著有懷葛堂文集十五卷、西陲今略八卷。

侯方域，字朝宗，商丘人。父恂，明戶部尙書；季父恪，官祭酒：皆以東林忤閹黨。

方域師倪元璐。性豪邁不羈，爲文有奇氣。時太倉張溥主盟復社，青浦陳子龍主盟幾社，咸推重方域，海內名士爭與之交。方恂之督師援汴也，方域進曰：「大人受詔討賊，廟堂議論多牽制。今宜破文法，取賜劍誅一甲科守令之不應徵辦者，而晉帥許定國師噪，亟斬以徇。如此則威立，軍事辦，然後渡河收中原土寨團結之衆，以合左良玉於襄陽，約陝督孫傳庭犄角並進，則汴圍不救自解。」恂叱其跋扈，不用，趣遣之歸。

方域既負才無所試，一放意聲伎，流連秦淮間。閹黨阮大鋮時亦屏居金陵，謀復用。諸名士共檄大鋮罪，作留都防亂揭，宜興陳貞慧、貴池吳應箕二人主之。大鋮知方域與二人善，私念因侯生以交於二人，事當已，乃囑其客來結驩。方域覺之，卒謝客，大鋮恨次骨。已而驟柄用，將盡殺黨人，捕貞慧下獄。方域夜走依鎭帥高傑，得免。順治八年，出應鄉試，中式副榜。十一年，卒，年三十七。

方域健於文，與魏禧、汪琬齊名，號「國初三家」。有壯悔堂集。

同時江西以文名者，南昌王猷定，新建陳宏緖、徐士溥、歐陽斌元。

猷定，字于一。選拔貢生。父時熙，進士，官太僕卿，名在東林。猷定好奇，有辯口，文亦如之。著四照堂集。

宏緖，字士業。父道亨，進士，官兵部尙書。疏救楊漣，罷歸。藏書萬卷。宏緖不仕，輯宋遺民錄以見志，有石莊集。

士溥，字巨源。父良彥，進士。忤崔、魏削籍，戍清浪。溧陽陳名夏聞士溥善古文，手書招之，拒不納。有楡溪集。

斌元，字憲萬。嘗爲南司馬呂大器草奏劾馬士英二十四大罪，又佐史可法幕府。有文集十二卷。

申涵光，字孚孟，號鳧盟，永年人，明太僕寺丞佳胤子。年十五，補諸生。文名藉藉，顧不屑爲舉子業。日與諸同志論文立社，載酒豪遊爲樂。萬曆六年亂起，議城守，出家貲四百金、錢二十萬犒士。甲申，奉母避亂西山，誅茅廣羊絕頂。與鉅鹿楊思聖、雞澤殷岳、殷淵，定患難交。京師破，佳胤殉國難，涵光痛絕復蘇。因渡江而南，謁陳子龍、夏允彝、徐石麟諸名宿，爲父志、傳。歸里，事親課弟，足跡絕城市。日與殷岳及同里張蓋相往來酬和，人號爲「廣平三君」。

清初，詔訪明死難諸臣。柏鄉魏裔介上褒忠疏，列佳胤名，格於部議。涵光徒跣赴京師，踔泥水中，幾瀕於死。痲衣絰帶，號哭東華道上，觀者皆飲泣。裔介再疏爭之，卒與祀卹如例。一時士大夫高其行，皆傾心納交，宴遊贈答無虛日。

涵光爲詩，吞吐衆流，納之鑪冶。一以少陵爲宗，而出入於高、岑、王、孟諸家。嘗謂：「詩以道性情，性情之眞者，可以格帝天，泣神鬼。若專事附會，寸寸而效之，則嗁笑皆僞，不能動一人矣。」尚書王士禎稱涵光開河朔詩派。學士熊伯龍謂今世詩人吾甘爲之下者，鳧盟一人而已。

嘗謁孫奇逢，執弟子禮。奇逢恨得之晚，以聖賢相敦勉。自是始聞天人性命之旨，究心理學，不復爲詩。順治十七年，詔郡縣舉孝行，有司以涵光應，力辭之。再舉隱逸之士，堅辭不就。嘗自悔爲名累，謝絕交遊。晚年取諸儒語錄昕夕研究。作性習圖、義利說及荆園小語、進語諸書。嘗曰：「主靜不如主敬，敬，自靜也。朱、陸同適於道，朱由大路，雖遲而穩；陸由便徑，似捷而危：在人自擇耳。」奇逢謂其苦心積慮，閱歷深而動忍熟。裔介則讚之曰：「年少文壇，老來理路，聖賢之所謂博文而約禮也。」其推重如此。康熙十六年，卒，年五十九。

涵光又解琴理。書法顏魯公，尤工漢隸。間作山水木石，落落有雅致。著有聰山詩集八卷，文集四卷，說杜一卷。

蓋，字覆輿。明亡後，謝諸生，悲吟侘傺，遂成狂疾。嘗遊齊、晉、楚、豫間，歸自閉土室中，雖妻子不得見。唯涵光、岳至則延入，談甚洽。其詩哀憤過情，恆自毀其稿。卒後，涵光爲刊遺詩，曰柿葉集。

岳，字宗山，鷄澤人。舉人。京師陷，入西山，與其弟淵謀舉義。事洩，淵被害，岳匿涵光家得免。其爲詩自魏、晉以下屛不觀，尤不喜律詩，所作唯古體，莽莽然肖其爲人。有留耕堂集。

吳嘉紀，字賓賢，泰州人。布衣。家安豐鹽場之東淘。地濱海，無交遊。自名所居曰陋軒。貧甚，雖豐歲常乏食。獨喜吟詩，晨夕嘯詠自適，不交當世。郡人汪楫、孫枝蔚與友善，時稱道之，遂爲王士禎所知。尤賞其五言淸冷古淡，雪夜酌酒，爲之序，馳使三百里致之。嘉紀因買舟至揚州謁謝定交，由是四方知名士爭與之倡和。

嘉紀工爲危苦嚴冷之詞，嘗撰今樂府，淒急幽奥，能變通陳迹，自爲一家。所著陋軒集多散佚，友人復裒集之爲四卷。其詩風骨頗遒，運思亦復劖刻。由所遭不偶，每多怨咽之音，而篤行潛修，特爲一時推重云。

徐波，字元歎，吳縣人。少任俠。明亡後，居天池，搆落木菴，以枯禪終。詩多感喟，虞山錢謙益與之善，贈以詩，頗推重之。有諡簫堂、染香菴等集。

錢謙益，字受之，常熟人。明萬曆中進士，授編修。博學工詞章，名隸東林黨。天啓中，御史陳以瑞劾罷之。崇禎元年，起官，不數月至禮部侍郎。會推閣臣，謙益慮尙書溫體仁、侍郎周延儒並推，則名出己上，謀沮之。體仁追論謙益典試浙江取錢千秋關節事，予杖論贖。體仁復賄常熟人張漢儒訐謙益貪肆不法。謙益求救於司禮太監曹化淳，刑斃漢儒。體仁引疾去，謙益亦削籍歸。

流賊陷京師，明臣議立君江寧。謙益陰推戴潞王，與馬士英議不合。已而福王立，懼得罪，上書誦士英功，士英引爲禮部尙書。復力薦閹黨阮大鋮等，大鋮遂爲兵部侍郎。順治三年，豫親王多鐸定江南，謙益迎降，命以禮部侍郎管秘書院事。馮銓充明史館正總裁，而謙益副之。俄乞歸。五年，鳳陽巡撫陳之龍獲黃毓祺，謙益坐與交通，詔總督馬國柱逮訊。謙益訴辨，國柱遂以謙益、毓祺素非相識定讞。得放還，以箸述自娛，越十年卒。

謙益爲文博贍，諳悉朝典，詩尤擅其勝。明季王、李號稱復古，文體日下，謙益起而力振之。家富藏書，晚歲絳雲樓火，惟一佛像不燼，遂歸心釋教，著楞嚴經蒙鈔。其自爲詩文，曰牧齋集，曰初學集、有學集。乾隆三十四年，詔燬板，然傳本至今不絕。

龔鼎孳，字孝升，合肥人。明崇禎七年進士，授兵科給事中。李自成陷都城，以鼎孳爲直指使，巡視北城。及睿親王至，遂迎降，授吏科給事中。改禮科，遷太常寺少卿。順治三年，丁父憂，請賜卹典。給事中孫珀齡疏言：「鼎孳辱身流賊，蒙朝廷擢用，曾不聞夙夜在公，惟飲酒醉歌，俳優角逐。聞訃仍復歌飲留連，冀邀非分之典，虧行滅倫，莫此爲甚！」部議降二級。尋遇恩詔獲免，累遷左都御史。

先是大學士馮銓被劾，睿親王集科道質訊。鼎孳斥銓閹黨，爲忠賢義兒。銓曰：「何如逆賊御史？」鼎孳以魏徵歸順太宗自解，王笑曰：「惟無瑕者可以戮人。奈何以闖賊擬太宗！」遂罷不問。坐事降八級調用，補上林苑丞，旋罷。康熙初，起左都御史，遷刑部尙書。卒，謚「端毅」。乾隆三十四年，詔削其謚。

鼎孳天才宏肆，千言立就。世祖在禁中見其文，歎曰：「眞才子也！」嘗兩典會試，汲引英雋如不及。朱彝尊、陳維崧遊京師，貧甚，資給之。傅山、閻爾梅陷獄，皆賴其力得免。臨歿，以徐釚囑梁清標曰：「負才如虹亭，可使之不成名耶？」釚後以清標薦試鴻博，入史館。自謙益卒後，在朝有文藻負士林之望者，推鼎孳云。著有定山堂集。

吳偉業，字駿公，太倉人。明崇禎四年進士，授編修。充東宮講讀官，再遷左庶子。弘光時，授少詹事，乞假歸。順治九年，用兩江總督馬國柱薦，詔至京。侍郎孫承澤、大學士馮銓相繼論薦，授秘書院侍講，充修太祖、太宗聖訓纂修官。十三年，遷祭酒。丁母憂歸。

康熙十年，卒。

偉業學問博贍，或從質經史疑義及朝章國故，無不洞悉原委。詩文工麗，蔚爲一時之冠，不自標榜。性至孝，生際鼎革，有親在，不能不依違顧戀，俯仰身世，每自傷也。臨殁，顧言：「吾一生遭際，萬事憂危，無一時一境不歷艱苦。死後斂以僧裝，葬我鄧尉、靈巖之側。墳前立一圓石，題曰『詩人吳梅村之墓』。勿起祠堂，勿乞銘。」聞其言者皆悲之。著有春秋地理志、氏族志、綏寇紀略及梅村集。

曹溶，字鑒躬，嘉興人。明崇禎十年進士，官御史。清定京師，仍原職。尋授順天學政。疏薦明進士王崇簡等五人，又請旌殉節明大學士范景文、尚書倪元璐等二十八人，孝子徐基、義士王良翰等及節婦十餘人。試竣，擢太僕寺少卿。坐前學政任內失察，降二級。久之，稍遷左通政，上言：「通政之官職在納言，請嗣後凡遇挾私違例章疏卽予駁還，仍許隨事建議。」又言：「王師入關，各處駐兵，乃一時權宜。今當歸併於盜賊出沒險阻之地，則兵不患少。其閒散無事之兵，遇缺勿補，遇調卽遣，則餉不虛糜。且當裁提鎭，增副將，以專責成。」又言：「諸司職掌無成書，請以近年奉旨通行者，參之前朝會典，編爲簡明則例，以重官守。」擢左副都御史。疏請時御便殿，召大臣入對，賜筆札以辨其才識，有切中利弊者，卽飭力行，勿概下部議，帝並嘉納。擢戶部侍郎，出爲廣東布政使，降山西陽和道。康熙初，裁缺歸里。十八年，舉鴻博，丁憂未赴。學士徐元文薦修明史。又數年，卒。有倦圃詩集。

宋琬，字玉叔，萊陽人。父應亨，明天啓中進士。令清豐，有惠政，民爲立祠。崇禎末殉節，贈太僕寺卿。

琬少能詩，有才名。順治四年進士，授戶部主事，累遷吏部郎中。出爲隴西道，過清豐，民遮至應亨祠，款留竟日，述往事至泣下。琬益自刻厲，期不墜先緒。調永平道，又調寧紹台道，皆有績。十八年，擢按察使。時登州于七爲亂。琬同族子懷宿憾，因告變，誣琬與于七通，立逮下獄，幷繫妻子。逾三載，下督撫外訊。巡撫蔣國柱白其誣，康熙三年放歸。十一年，有詔起用，授四川按察使。明年，入覲，家屬留官所。値吳三桂叛，成都陷，聞變驚悸卒。

始琬官京師，與嚴沆、施閏章、丁澎輩酬倡，有「燕臺七子」之目。其詩格合聲諧，明靚溫潤。旣搆難，時作淒淸激宕之調，而亦不戾於和。王士禛點定其集爲三十卷。嘗舉閏章相況，目爲「南施北宋」。歿後詩散佚，族孫邦憲綴輯之爲六卷。

沆，字子餐，餘杭人。順治十二年進士，官至戶部侍郎。性退讓，或譏彈其詩，輒應時改定。有皋園集。

施閏章，字尚白，號愚山，宣城人。祖鴻猷，以儒學著。子姓傳業江南，言家法者推施氏。

閏章少孤，事叔父如父。從沈壽民遊，博綜羣籍，善詩古文辭。順治六年進士，授刑部主事，以員外郎試高等。擢山東學政，崇雅黜浮，有冰鑒之譽。秩滿，遷江西參議，分守湖西道。屬郡殘破多盜，偏歷山谷撫循之，人呼爲施佛子。嘗作彈子嶺、大阬歎等篇告長吏，讀者皆曰：「今之元道州也。」尤崇奬風教，所至輒葺書院，會講常數百人。新淦民兄弟忿戾不睦，一日聞講禮讓孝弟之言，遂相持哭，詣堦下服罪。峽江患虎，製文祝之，俄有虎墮深塹，患遂絕。歲旱，禱雨輒應。康熙初，裁缺歸。民留之不，得，乃醵金創龍岡書院祀之。初，閏章駐臨江，有清江環城下，民過者咸曰：「是江似使君。」因改名使君江。及是傾城送江上，又送至湖。以官舫輕，民爭買石膏載之，乃得渡。十八年，召試鴻博，授翰林院侍講，纂修明史，典試河南。二十二年，轉侍讀，尋病卒。

閏章之學，以體仁爲本。置義田，贍族好，扶掖後進。爲文意樸而氣靜，詩與宋琬齊名。王士禎愛其五言詩，爲作摘句圖。士禎門人問詩法於閏章，閏章曰：「阮亭如華嚴樓閣，彈指即見。予則不然，如作室者，瓴甓木石，一一就平地築起。」論者皆謂其允。著有學餘堂集、矩齋雜記、蠖齋詩話，都八十餘卷。

閏章與同邑高詠友善，皆工詩，主東南壇坫數十年，時號「宣城體」。詠，字阮懷。幼稱神童。祖維岳，知興國州，淸介無長物。詠食貧勵學，屢躓名場，年近六十，始貢入太學。詞科之舉，詠與焉，授檢討。閏章稱其詩優入古人。兼工書畫，有遺山堂、若巖堂集。

時同舉鴻博又有泰州鄧漢儀，字孝威。以年老授中書舍人。亦工詩。遊跡所至，輒以名集，逐年編紀，凡七集。詩家咸推重之。

王士祿，字子底，濟南新城人。少工文章，淸介有守。弟士祜、士禛從之學詩。士禛遂爲詩家大宗，官尙書，自有傳。士祿，順治九年進士。投牒改官，選萊州府教授，遷國子監助教，擢吏部主事。康熙二年，以員外郎典試河南，磨勘罣吏議下獄。久之得雪，免歸。居數年，起原官。學士張貞生、御史李棠先後建言獲咎，力直之，人以爲難。尋又免歸。母喪，以毀卒，年四十有八。其文去雕飾，詩尤閒澹幽肆。有西樵、十笏山房諸集。

士祜，字子測。十歲時，客或疑焦竑字弱侯何耶？坐客未對，即應聲曰：「此出考工記，

『竑其幅廣以爲之弱』也。」咸驚其夙慧。康熙初，第進士，未仕卒。士禎輯其詩爲古鉢山人遺集。

當是時，山左詩人王氏兄弟外，有田雯、顏光敏、曹貞吉、王苹、張篤慶、徐夜皆知名。雯，字紫綸，號山薑，德州人。康熙三年進士，授中書。先是中書以貲郎充，是年始改用進士，遂爲例。累遷工部郎中。督江南學政，所取士多異才。每按試，從兩騾，二僕隨之，戒有司勿供張。授湖廣督糧道，遷光祿寺卿，巡撫江寧，調貴州。時苗、仲猖獗，粵督議會勦，雯謂：「制苗之法，犯則治之，否則防之而已，無庸動衆勞民也。」議遂寢。丁憂，起補刑部侍郎，調戶部，以疾歸。康熙中，士禎負海內重名，其論詩主風調。雯負其縱橫排奡之氣，欲以奇麗抗之。有古懽堂集。

貞吉，字升六，安丘人。與雯同年進士，禮部郎中。詩格遒練，有實庵詩略。兼工倚聲，吳綺選名家詞，推爲壓卷。

光敏，字遜甫，曲阜人，顏子六十七世孫也。康熙六年進士，除國史院中書舍人。帝幸太學，加恩四氏子孫，授禮部主事，歷吏部郎中。其爲詩秀逸深厚，出入錢、劉。吳江計東謂足以鼓吹休明。雅善鼓琴，精騎射蹋鞠。嘗西登太華，循伊闕，南浮江、淮，觀濤錢塘，泝三衢。所至輒命工爲圖，得金石文恆懸之屋壁。有樂圃集、舊雨堂集。

苹，字秋史，歷城人。少落拓不偶，人目爲狂。雯見其詩，爲延譽。嘗賦「黃葉」句絕工，人稱爲王黃葉。康熙四十五年進士，當爲令，以母老改成山衞教授。閉門耽吟，介節彌著。有二十四泉草堂集。

篤慶，字歷久，淄川人。拔貢生。早受知施閏章。會徵鴻博，有欲薦之者，辭不應。詩以盛唐爲宗，有崑崙山房集。

夜，字東癡，新城人，本名元善。舉鴻博，不赴。有詩集。

陳恭尹，字元孝，順德人。父邦彥，明末殉國難，贈尚書。恭尹少孤，能爲詩，習聞忠孝大節。棄家出游，賦姑蘇懷古諸篇，傾動一時。留閩、浙者七年。一日，父友遇諸塗，責之曰：「子不歸葬，奈何徒欲一死塞責耶！」恭尹泣謝之，乃歸。既葬父增城，遂渡銅鼓洋訪故人於海外。久之歸，主何衡家。與陶窳、梁無技及衡弟絳相砥礪，世稱「北田五子」。已，復游贛州，轉泛洞庭，再游金陵，至汴梁，北渡黃河，徘徊大行之下。於是南歸，築室羊城之南，以詩文自娛，自稱羅浮布衣。

恭尹修髯偉貌，氣幹沉深。其爲詩激昂頓挫，足以發其哀怨之思。自言平生文辭多取諸胸臆，僕僕道塗，稽古未遑也。卒，年七十一。著獨漉堂集。王隼取恭尹詩合屈大均、梁佩蘭共刻之，爲嶺南三家集。

大均，字介子，番禺人。初名紹隆，遇變爲僧，中年返初服。工詩，高渾兀奡，有翁山詩文集。

佩蘭，字芝五，南海人。童時日記數千言。順治十四年鄉試第一，又三十一年始成進士，年六十矣。佩蘭夙負詩名。既選庶吉士，館中推爲祭酒。不一年假歸，里居十五載。會詔飭詞臣就職，復入都。踰月散館，以不習國書罷歸。結蘭湖社，與同邑程可則，番禺王邦畿、方殿元及恭尹等稱「嶺南七子」。有六瑩堂集。

可則，字周量。順治九年會試第一。以磨勘停殿試歸，益恣探經史。十七年，始應閣試，授內閣中書，累遷兵部郎中。出知桂林府，以敏幹稱。其官都下，與宋琬、施閏章、王士祿、士禛、陳廷敬、沈荃、曹爾堪輩爲文酒之會，吳之振合刻八家詩選。可則詩曰海日堂集。

殿元，字蒙章。康熙三年進士。歷知剡城、江寧等縣。置祭田以贍兄弟，而自攜長子還、次子朝僑寓蘇州。父子皆有詩名。所稱「嶺南七子」，幷其二子數之也。殿元著九谷集；還，靈州集；朝，勺園集。

佩蘭之友又有南海吳文煒，字山帶。十歲工詩，兼善繪事。詩初效長吉體，務爲險語取快。康熙三十二年舉人。計偕，卒於旅舍。有金茅山堂集，恭尹爲之序。

王隼，字蒲衣，番禺人。父邦畿，明副貢生。隱居羅浮，嶺南七子之一也。有耳鳴集。隼七歲能詩。慕道術，早歲棄家入丹霞，尋入匡廬，居太乙峯，六七年始歸。性喜琵琶，終日理書卷，生事窘不顧，惟取琵琶彈之。琵琶聲急，即其窘益甚。著大樗堂集。妻潘，女瑤湘，並工詩。

馮班，字定遠，常熟人。淹雅善持論，顧性不諧俗。說詩力詆嚴羽，尤不取江西宗派，出入義山、牧之、飛卿之間。書四體皆精。著鈍吟集。趙執信於近代文家少許可者，見班所著獨折服，至具衣冠拜之。嘗謁其墓，寫「私淑門人」刺焚冢前。其爲名流所傾仰類此。

宗元鼎，字定九，江都人。七歲詠梅，遠近傳誦其句。堂有古梅一株，人謂之「宗郎梅」。性狷而孝，釜甑屢空，未嘗以貧告人。康熙初，貢太學，銓注州同知，未仕卒。元鼎與從弟元豫、觀，從子之瑾、之瑜皆工詩，有「廣陵五宗」之目。

劉體仁，字公㦷，潁州人。順治中進士。有家難，棄官從孫奇逢講學。後官考功郎中。體仁喜作畫，鑒識甚精，又工鼓琴。與汪琬、王士禛友善，著七頌堂集。士禛稱其詩似孟東野；又言今日善學才調集者無如元鼎，學西崑體者無如吳殳。

殳，字修齡，原名喬，亦常熟人也。著圍鑪詩話，云：「意喻則米，炊而爲飯者文，釀而爲酒者詩乎？」又曰：「詩之中須有人在。」執信歎爲知言。

胡承諾，字君信，天門人。崇禎時舉人。明亡後，隱居不仕，臥天門巾、柘間。順治十二年，部銓縣職。康熙五年，檄徵入都，六年，至京師，未幾告歸。搆石莊於西村，窮年誦讀，著繹志二十餘萬言。繹志者，繹己所志也。原本道德，切近人事，爲有體有用之學。其吏治篇曰：「古之人不敢輕言變法也。必有明哲之德，於精粗之理無所不昭，不獨精者爲之地，卽粗者亦爲之地；有和悅之氣，於異同之見無所不容，不獨同者樂其然，卽異者亦樂其然；然後可奪其久安之法，授以更新之制，而民不驚顧不讙譁也。」租庸篇曰：「欲富國者，當使君民之力皆常有餘。民之餘力，生於君之約取；君之餘力，生於民之各足。」他篇準此。承諾自擬其書於徐幹中論、顏氏家訓。或頗譏其掇拾羣言，未能如古人自成一家之說，然大體必軌於正。又有讀書錄，則鱗雜細碎，殆繹志取材之餘矣。二十六年，卒，年七十五。

同時篤志撰述，其學與承諾相上下者，又有賀貽孫，字子翼，永新人；唐甄，字鑄萬，達州人。

貽孫九歲能屬文。明季社事盛行，貽孫與萬茂先、陳士業、徐巨源、曾堯臣輩結社豫章。及明亡，遂不出。順治初，學使者慕其名，特列貢榜，避不就。巡按御史笪重光欲舉應鴻博，書至，貽孫愀然曰：「吾逃世而不逃名，名之累人實甚。吾將從此逝矣！」乃翦髮衣緇，結茅深山，無復能蹤跡之者。晚年窮益甚。著有易觸、詩觸、詩筏、騷筏，又著水田居激書。激書者，備名物以寄興，紀逸事以垂勸，援古鑒今，錯綜比類。言之不足，故長言之，長言之不足，故危悚惕厲，必暢所欲言而後已，激濁揚淸。始自貴因，終於空明，凡四十一篇。

甄性至孝，父喪，獨棲殯室三年。以世亂不克還葬，遂葬父虎丘。順治十四年舉人。僦居吳市，選長子令，下車，卽導民樹桑凡八十萬本，民利賴焉。未幾，坐逃人詿誤去官。後以連蹇不遇，炊煙屢絕，至采枸杞葉爲食，衣敗絮，著述不輟。始志在權衡天下，作衡書，後以連蹇不遇，更名潛書。分上下篇，上篇論學，始辨儒，終博觀，凡五十篇；下篇論政，始尚治，終潛存，凡四十七篇。上觀天道，下察人事，遠正古跡，近度今宜，根於心而致之行，非虛言也。寧都魏禧見而歎之曰：「是周、秦之書也，今猶有此人乎！」卒，年七十五。

阿什坦，字金龍，完顏氏，滿洲正白旗人。順治九年進士，授刑科給事中。初繙譯大學、中庸、孝經諸書，詔刊行。阿什坦上言：「學者宜以聖賢爲期，經史爲導，此外無益雜書當屏絕。」又請嚴旗人男女之別，定部院九品之制，俱報可。康熙初，罷職家居。鰲拜專政，欲令一見終不往。嗣以薦起，聖祖召問節用愛人，對曰：「節用莫要於寡欲，愛人莫先於用賢。」聖祖顧左右曰：「此我朝大儒也！」著有大學中庸講義及奏稿。孫留保，以掌院學士充明史總裁，附王蘭生傳。

劉淇，字武仲，漢軍鑲白旗人。弟汶，舉人。受知世宗，時有二難之目。著周易通說、禹貢說、助字辨略、堂邑志、衞園集。

金德純，字素公，漢軍正紅旗人。著旗軍志。

傅澤洪，字育甫，漢軍旗人。累官江南淮揚道。著行水金鑑百七十五卷。

汪琬，字苕文，長洲人。少孤，自奮於學，銳意爲古文辭。於易、詩、書、春秋、三禮、喪服咸有發明。性狷介。深歎古今文家好名寡實，鮮自重特立，故務爲經世有用之學。其於當世人物，褒譏不少寬假。順治十二年進士，授主事，再遷刑部郎中。坐累降兵馬司指揮，能舉其職，不以秩卑自沮。任滿，稍遷戶部主事，民送之溢衢巷。榷江寧西新關，以疾假歸。結廬堯峰山，閉戶撰述，不交世事，學者稱堯峰先生。以宋德宜、陳廷敬薦博學鴻儒科，試列一等。授編修，纂修明史，棘棘爭議不阿。在館六十日，再乞病歸。歸十年而卒，年六十七。

初，聖祖嘗問廷敬今世誰能爲古文者，廷敬舉琬以對。及琬病歸，聖祖南巡駐無錫，諭巡撫湯斌曰：「汪琬久在翰林，有文譽。今聞其居鄉甚清正，特賜御書一軸。」當時榮之。琬爲文原本六經，疏暢類南宋諸家，敍事有法。公卿誌狀，皆爭得琬文爲重。嘗自輯詩文爲類稿、續稿各數十卷，又簡其尤精者，囑門人林佶繕刻之。

計東，字甫草，吳江人。少負經世才，自比馬周、王猛。遭世變，著籌南五論，持謁史可法，可法奇之，弗能用也。順治十四年，舉順天鄉試，旋以江南奏銷案被黜。嘗從湯斌講學，又從汪琬受歐、曾古文義法，故其爲文具有本原，而一出以和平溫雅。旣廢不用，貧無以養，縱遊四方，所至交其豪傑。過鄴城，尋明詩人謝榛葬處，得之南門外二十里，爲修墓立石，請有司禁樵牧。又憩順德逆旅，念歸有光昔嘗佐郡，集中有廳壁記，求其遺址不得，乃卽署旁廢圃中設瓣香，再拜流涕而去，觀者駭其狂。

東外若不羈，內行謹，事母至孝。同邑友人吳兆騫流徙出關，爲卹其家，且以女許配其弱子。大學士王熙素重東，屢欲薦之，未果。會詔舉鴻博，而東已前一年卒，深悼惜焉。初遊河南，見商丘宋犖，輒引重。其後東歿二十餘年，犖至江蘇巡撫，爲序其遺文，曰改亭集，刊行之。

兆騫，字漢槎。亦十四年舉人。以科場蜚語逮繫，遣戍寧古塔。兆騫與弟兆宜皆善屬文，居塞上二十年，侘傺不自聊，一發之於詩。已而友人顧貞觀言於納蘭成德、徐乾學，爲納鍰，遂於康熙二十年赦還。著秋笳集。兆宜嘗注徐、庾二集，韓偓詩集，又注玉臺新詠、才調集，並行於世。

同邑顧我錡，廩生。鄂爾泰任江蘇布政，試古學，得士五十三人，刻南邦黎獻集，推我錡爲冠。乾隆丙辰開詞科，鄂爾泰惜我錡前卒，不獲舉，人謂其遇與東同。有湘南詩集。

彭孫遹，字駿孫，海鹽人。父期生，明唐王時官太僕卿，死贛州。長子孫貽以毀卒，孫遹其少子也。順治十六年進士，授中書。素工詞章，與王士禎齊名，號曰「彭王」。康熙十八年，開博學鴻儒科，詔中外諸臣廣搜幽隱，備禮敦勸，無論已仕未仕，徵詣闕下，月餼太倉米。明年三月朔，召試太和殿。發賦、詩題各一，學士院給官紙，光祿布席，賜宴體仁閣下。於是天子親擢孫遹一等一名，授編修。

自孫遹外，其籍隸浙江者，又有錢塘汪霦，秀水徐嘉炎、朱彝尊，平湖陸菜，海寧沈珩，仁和沈筠、吳任臣、邵遠平，遂安方象瑛、毛升芳，蕭山毛奇齡，鄞陳鴻績，凡十三人。江蘇二十三人，曰：上元倪燦，寶應喬萊，華亭王頊齡、吳元龍，無錫秦松齡、嚴繩孫，武進周清原，宜興陳維崧，長洲馮勗、汪琬、尤侗、范必英，吳錢中諧，儀眞汪楫，淮安邱象隨，吳江潘耒、徐釚，太倉黃與堅，常熟周慶曾，山陽李鎧、張鴻烈，上海錢金甫，江陰曹禾。直隸五人，曰：大興張烈，東明袁佑，宛平米漢雯，獲鹿崔如岳，任丘龐塏。安徽三人，曰：宣城施閏章、高詠，望江龍燮。江西二人，曰：臨川李來泰，清江黎騫。陝西一人，曰富平李因篤。河南一人，曰睢州湯斌。山東一人，曰諸城李澄中。湖北一人，曰黃岡曹宜圃。凡五十人，皆以翰林入史館。其列二等者，亦多知名之士，稱極盛焉。

孫遹歷官吏部侍郎，充經筵講官。明史久未成，特命爲總裁，賜專敕，異數也。年七十，致仕歸，御書「松桂堂」額賜之，遂以名其集。

朱彝尊，字錫鬯，秀水人，明大學士國祚曾孫。生有異秉，書經目不遺。家貧客遊，南踰嶺，北出雲朔，東泛滄海，登之罘，經甌越。所至叢祠荒塚、破爐殘碣之文，莫不搜剔考證，與史傳參校同異。歸里，約李良年、周篔、繆泳輩爲詩課，文名益噪。

康熙十八年，試鴻博，除檢討。時富平李因篤、吳江潘耒、無錫嚴繩孫及彝尊皆以布衣入選，同修明史。建議訪遺書，寬期限，毋效元史之迫時日。辨方孝孺之友宋仲珩、王孟縕、鄭叔度、林公輔諸人咸不及於難，則知從亡、致身錄謂誅九族，幷戮其弟子朋友爲一族不足據，所謂九族者，本宗一族也。又言東林不皆君子，異乎東林者，亦不皆小人。作史者未可存門戶之見，以同異分邪正。二十年，充日講起居注官。典試江南，稱得士。入值南書房，賜紫禁城騎馬。數與內廷宴，被文綺、時果之賚，皆紀以詩。旋坐私挾小胥入內寫書被劾，降一級，後復原官。三十一年，假歸。聖祖南巡，迎駕無錫，御書「研經博物」額賜之。

當時王士禎工詩，汪琬工文，毛奇齡工考據，獨彝尊兼有衆長。著經義考、日下舊聞、曝書亭集。又嘗選明詩綜，或因人錄詩，或因詩存人，銓次爲最當。卒，年八十一。子昆田，亦工詩文，早卒。孫稻孫，舉乾隆丙辰鴻博，能世其家。

彝尊所與爲詩課者，李良年，字武曹，同邑人。與兄繩遠、弟符並著詩名。試鴻博，罷歸。有秋錦山房集。譚吉璁，字舟石，嘉興人，彝尊姑之子也。少遇寇，以身蔽父，寇舍之去。後以諸生試國子監第一，授弘文院撰文中書舍人，出爲延安同知。吳三桂叛，守榆城獨完，論功加一級。舉應鴻博，報罷。遷知登州府。卒。有嘉樹堂集。

尤侗，字展成，長洲人。少補諸生，以貢謁選。除永平推官，守法不撓。坐撻旗丁鐫級歸。侗天才富贍，詩文多新警之思，雜以諧謔，每一篇出，傳誦徧人口。康熙十八年，試鴻博列二等，授檢討，與修明史。居三年告歸。聖祖南巡至蘇州，侗獻詩頌。上嘉焉，賜御書

「鶴棲堂」額，遷侍講。

初，世祖於禁中覽侗詩篇，以才子目之。後入翰林，聖祖稱之曰「老名士」。天下羨其榮遇。侗喜汲引才雋，性寬和，與物無忤。兄弟七人甚友愛，白首如垂髫。卒，年八十七。著西堂集、鶴棲堂集，凡百餘卷。

秦松齡，字留仙，無錫人。順治十二年進士，官檢討，罷歸。後舉鴻博，復授檢討。典江西鄉試，歷左贊善，以諭德終。松齡爲庶常，召試詠鶴詩，有句云：「高鳴常向月，善舞不迎人。」世祖拔置第一，示閣臣曰：「是人必有品！」及告歸，里居二十餘年，專治毛詩。仿黃氏日鈔之例，著毛詩日箋六卷。自爲詩文曰蒼峴山人集。

曹禾，字頌嘉，江陰人。康熙三年進士。選鴻博，授檢討，官至祭酒。與田雯、宋犖、汪懋麟、顏光敏、王又旦、謝重輝、曹貞吉、丁澎、葉封齊名，稱詩中十子。

同時江西選鴻博一等者，李泰來，字石臺，臨川人。順治九年進士。嘗督江南學政，除蘇松常道，以疾歸。試詞科，授侍講。古文博奧，詩以和雅稱。有石臺集。

陳維崧，字其年，宜興人。祖于廷，明左都御史。父貞慧，見遺逸傳。維崧天才絕豔，十歲，代大父撰楊忠烈像贊。比長，侍父側，每名流讌集，援筆作序記，千言立就，瑰瑋無比，皆折行輩與交。補諸生，久之不遇。因出遊，所在爭客之。嘗由汴入都，與朱彝尊合刻一稿，名朱陳村詞，流傳至禁中，蒙賜問，時以爲榮。逾五十，始舉鴻博，授檢討，修明史。在館四年，病卒。

維崧清臞多鬚，海內稱陳髯。平生無疾言遽色，友愛諸弟甚。遊公卿間，慎密，隨事匡正，故人樂近之，而卒莫之狎。著湖海樓詩集、迦陵文集。時汪琬於同輩少許可者，獨推維崧駢體，謂自唐開、寶後無與抗矣。詩雄麗沉鬱，詞至千八百首之多，尤前此未有也。

順、康間，以駢文稱者，又有吳綺，字薗次，江都人。維崧導源庾信，泛濫於初唐四傑，故氣脈雄厚。綺則追步李商隱，才地視維崧爲弱，而秀逸特甚。順治十一年拔貢生，薦授中書舍人。奉詔譜楊繼盛樂府，遷兵部主事，卽以繼盛官官之也。出知湖州府，有吏能。人謂其多風力，尚風節，饒風趣，稱爲「三風太守」。未幾，罷歸。貧無田宅，購廢圃以居。有匄詩文者，以花木潤筆，因顏其圃曰種字林。著林蕙堂集。詞最有名，婦孺皆能習之。以有「把酒祝東風，種出雙紅豆」之句，又稱「紅豆詞人」。

徐釚，字電發，吳江人。應鴻博，授檢討。會當外轉，遽乞歸。後起原官，不就。卒，年七十三。著南州草堂集、本事詩。又嘗刻菊莊樂府。崑山葉方靄稱其綿麗幽深，耐人尋繹。朝鮮貢使以兼金購之。釚既工倚聲，因輯詞苑叢談，具有裁鑒。

潘耒，字次耕，吳江人。生而奇慧，讀書十行並下，自經史、音韻、算數及宗乘之學，無不通貫。康熙時，以布衣試鴻博，授檢討，纂修明史。上書總裁，言要義八端：「宜搜采博而考證精；職任分而義例一；秉筆直而持論平；歲月寬而卷帙簡。」總裁善其說，令撰食貨志，兼他紀傳。尋充日講起居注官，修實錄、聖訓。嘗應詔陳言，謂：「建言古無專責，梅福以南昌尉言外戚，柳伉以太常博士言程元振，陳東以太學生攻六賊，楊繼盛以部曹劾嚴嵩。本朝舊制，京官並許條陳。自康熙十年憲臣奏請停止，凡非言官而言事為越職。夫人主明目達聰，宜導之使言。今乃禁之，豈盛世事？臣請弛其禁，俾大小臣工各得獻替，庶罔上行私之徒，有所忌而不敢肆。於此輩甚不便，於國家甚便也。其在外監司守令，遇地方大利弊，許其條奏。水旱災荒，州縣官得上聞。如此，則民間疾苦無不周知矣。」更請許臺諫官得風聞言事，有能奮擊姦回者，不次超擢，以作敢言之氣。二十三年，甄別議起，坐浮躁降調，遂歸。

耒有至性，初被徵，辭以母老，不獲命，乃行。既除官，三牒吏部以獨子請終養，卒格於議不果歸。逮居喪，哀毀骨立。少受學同郡徐枋、顧炎武。枋歿，賙卹其孤孫，而刻炎武所著書，師門之誼甚篤焉。四十二年，聖祖南巡，復原官。大學士陳廷敬欲薦起之，力辭而止。平生嗜山水，登高賦詠，名流折服。有遂初堂集。又因炎武音學五書爲類音八卷。炎武復古，耒則務窮後世之變云。

當時詞科以史才稱者，朱彝尊、汪琬、吳任臣及耒爲最著。又有倪燦，字闇公，上元人。以舉人授檢討，撰藝文志序，與姜宸英刑法志序並推傑搆。書法詩格秀出一時，有雁園集。

嚴繩孫，字蓀友，無錫人，明尚書一鵬孫。六歲能作擘窠大書。試日，目疾作，第賦一詩，亦授檢討，撰明史隱逸傳。典試江西，尋遷中允，假歸。有秋水集。子泓曾，亦善畫工詩。

徐嘉炎，字勝力，秀水人，明兵部尚書必達曾孫。幼警敏，强記絕人。既，試鴻博，授檢討。康熙二十年，王師收滇、黔，嘉炎仿鐃歌鼓吹曲，撰聖人出至文德舞二十四章以獻；又四年元夕，聖祖於南海大放燈火，縱臣民使觀，嘉炎復應制撰記：皆稱旨。嘗侍直，命背誦咸有一德，終篇不失一字。至「厥德靡常」數語，則斂容讀之，帝爲悚異。又嘗問宋元祐黨人是非，嘉炎舉諸人姓名始末，及先儒評隲語甚悉。特賜御臨蘇軾詩一卷，廷臣拜賜御書自此始也。累擢內閣學士，兼禮部侍郎，充三朝國史及會典、一統志副總裁。有抱經齋集。

方象瑛，字渭仁，遂安人。康熙六年進士。試鴻博，授編修，典試蜀中。尋告歸。象瑛性簡靜，早慧，十歲作遠山淨賦，驚其長老。致仕家居，望益重。邑有大利弊，則嶽嶽爭言，歲省脂膏萬計，邑人建思賢祠祀之。著健松齋集、封長白山記、松窗筆乘。

萬斯同，字季野，鄞縣人。父泰，生八子，斯同其季也。兄斯大，儒林有傳。性彊記，八歲，客坐中能背誦揚子法言。後從黃宗羲遊，得聞蕺山劉氏學說，以愼獨爲宗。以讀書勵名節與同志相劘切，月有會講。博通諸史，尤熟明代掌故。康熙十七年，薦鴻博，辭不就。

初，順治二年詔修明史，未幾罷。康熙四年，又詔修之，亦止。十八年，命徐元文爲監修，取彭孫遹等五十人官翰林，與右庶子盧君琦等十六人同爲纂修。斯同嘗病唐以後史設局分修之失，以謂專家之書，才雖不逮，猶未至如官修者之雜亂，故辭不膺選。至三十二年，再召王鴻緒於家，命偕陳廷敬、張玉書爲總裁。陳任本紀，張任志，而鴻緒獨任列傳。乃延斯同於家，委以史事，而武進錢名世佐之。每覆審一傳，曰某書某事當參校，顧小史取其書第幾卷至，無或爽者。士大夫到門諮詢，了辯如響。

嘗書抵友人，自言：「少館某所，其家有列朝實錄，吾默識暗誦，未敢有一言一事之遺也。長遊四方，輒就故家耆老求遺書，考問往事。旁及郡志、邑乘，私家撰述，靡不搜討，而要以實錄爲指歸。蓋實錄者，直載其事與言，而無可增飾者也。因其世以考其事，覈其言而平心察之，則其人本末可八九得矣。然言之發或有所由，事之端或有所起，而其流或有所激，則非他書不能具也。凡實錄之難詳者，吾以他書證之。他書之誣且濫者，吾以所得於實錄者裁之。雖不敢具謂可信，而是非之枉於人者蓋鮮矣。昔人於宋史已病其繁蕪，而吾所述將倍焉。非不知簡之爲貴也，吾恐後之人務博而不知所裁，故先爲之極，使知吾所取者有所捐，而所不取，必非其事與言之眞，而不可溢也。」又以：「馬、班史皆有表，而後漢、三國以下無之。劉知幾謂得之不爲益，失之不爲損。不知史之有表，所以通紀、傳之窮者。有其人已入紀、傳而表之者，有未入紀、傳而牽連以表之者。表立而後紀、傳之文可省，故表不可廢。讀史而不讀表，非深於史者也。」嘗作明開國訖唐、桂功臣將相年表，以備采擇。其後明史至乾隆初大學士張廷玉等奉詔刊定，卽取鴻緒史藁爲本而增損之。鴻緒藁，大半出斯同手也。

平生淡於榮利，脩脯所入，輒以以賙宗黨。故人馮京第死義，其子沒入不得歸，爲醵錢贖之。尤喜奬掖後進。自王公以至下士，無不呼曰萬先生。李光地品藻人倫，以謂顧寧人、閻百詩及萬季野，此數子者，眞足備石渠顧問之選。而斯同與人往還，其自署則曰「布衣萬某」，未嘗有他稱也。卒，年六十。著歷代史表，創爲宦者侯表，大事年表二例。又著儒林宗派。

名世，字亮工。康熙四十二年一甲進士，授編修。夙負文譽，王士禎見其詩激賞之。鴻緒聘修明史，斯同任考核，付名世屬辭潤色之。官至侍讀，坐投詩諂年羹堯奪職。

劉獻廷，字繼莊，大興人，先世本吳人也。其學主經世，自象緯、律曆、音韻、險塞、財賦、軍政、以逮岐黃、釋老之書，無所不究習。與梁谿顧培、衡山王夫之、南昌彭士望爲師友，而復往來崑山徐乾學之門。議論不隨人後。萬斯同引參明史館事，顧祖禹、黃儀亦引參一統志事。獻廷謂諸公考古有餘，實用則未也。

其論方輿書：「當於各疆域前，測北極出地，定簡平儀制度，爲正切綫表，而節氣之後先，日食之分秒，五星之淩犯占驗，皆可推矣。諸方七十二候不同，世所傳者本之月令。乃七國時中原之氣候，與今不合，則曆差爲之。今宜細考南北諸方氣候，取其核者詳載之，然後天地相應，可以察其遷變之微矣。燕京、吳下，水皆南流，故必東南風而後雨，衡、湘水北流，故必北風而後雨。諸方山水向背分合，皆紀述之，而風土之剛柔，暨陰陽燥濕之徵，可次第而求矣。」

其論水利，謂：「西北乃先王舊都，二千餘年未聞仰給東南。何則？溝洫通，水利修也。

自劉、石雲擾，以訖金、元，千餘年未知水利爲何事，不爲民利，乃爲民害。故欲經理天下，必自西北水利始矣。西北水利，莫詳於水經酈注。雖時移勢易，十猶可得六七。酈氏略於東南，人以此少之。不知水道之當詳，正在西北。」於是欲取二十一史關於水利農田戰守者，考其所以，附以諸家之說，爲之疏證。凡獻廷所撰著，類非一人一時所能成，故卒不就。

又嘗自謂於華嚴字母悟得聲音之道，作新韻譜，足窮造化之奧。證以遼人林益長之說，益自信。其法先立鼻音二，各轉陰、陽、上、去、入之五音共十聲，而不歷喉腭舌齒唇之七位。故有橫轉，無直送，則等韻重疊之失去。次定喉音四，爲諸韻之宗，從此得半音、轉音、伏音、送音、變喉音。又以二鼻音分配之，一爲東北韻宗，一爲西南韻宗，八韻立，而四海之音可齊。於是以喉音互相合，得音十七；喉音鼻音互相合，得音十；又以有餘不盡者三合之，得音五：共三十二音，爲韻父，而韻歷二十二位，爲韻母。橫轉各有五子，而萬有不齊之聲攝於此矣。

同時吳殳盛稱其書。他所著多佚。歿後，弟子黃宗夏輯錄之，爲廣陽雜記。全祖望稱爲薛季宣、王道父一流云。

邵遠平，字戒三，仁和人。康熙三年進士，選庶吉士。歷戶部郎中，出爲江西學政，擢光祿寺少卿。試鴻博，授侍讀，至少詹事，致仕歸。以書史自娛，於世務泊如也。聖祖南巡，賜御書「蓬觀」額，因自號蓬觀子。遠平高祖經邦，明正德中進士，刑部員外郎。以建言獲罪。著弘簡錄，起唐迄宋，附以遼、金，未逮及元也。遠平循其例續之，刊除舊史複重不雅馴者，入制誥於帝紀，采著作於儒林，而文苑分經學、文學、藝學三科，十三志則分載於紀傳，名曰元史類編。朱彝尊稱其書非官局所能逮也。別著史學辨誤，京邸、粤行等集。

同邑吳任臣，字志伊。志行端慤，强記博聞，爲顧炎武所推。以精天官、樂律試鴻博，入翰林，承修明史曆志。著周禮大義、禮通、春秋正朔考辨、山海經廣注、託園詩文集，而十國春秋百餘卷尤稱淹貫。其後如謝啓昆之西魏書，周春之西夏書，陳鱣之續唐書，義例皆精審，非徒矜書法，類史鈔也。

謝啓昆，字蘊山，南康人。乾隆二十五年進士。由編修簡鎭江知府，後至廣西巡撫，卒官。嘗築湘、灕二江之堤，詳見本傳。又修廣西通志，阮元言可爲省志法。啓昆以魏書專主東魏，不載西魏四主，北史亦無糾正，乃作西魏書十二篇。

周春，字芚兮，海寧人。乾隆十九年進士，選岑溪令，父憂去。民懷其澤，合前令山陽劉信嘉、金壇于烜共祀之，曰岑溪三賢祠。重宴鹿鳴，加六品銜。卒，年八十七。撰述甚多，而西夏書爲最著。

春同州陳鱣，字仲魚。强於記誦，喜聚書。州人吳騫拜經樓書亦富，得善本互相鈔藏。嘉慶改元，舉孝廉方正。又明年，中式舉人。計偕入都，從錢大昕、翁方綱、段玉裁遊。後客吳門，與黃丕烈定交。精校勘之學。嘗以朱梁無道，李氏旣系賜姓，復奉天祐年號，至十年立廟太原，合高祖、太宗、懿宗、昭宗爲七廟，唐亡而實存焉；南唐爲憲宗五代孫建王之玄孫，祀唐配天，不失舊物，尤宜大書年號，以臨諸國：於是撰續唐書七十卷。又有論語古訓、石經說、經籍跋文、恆言廣證諸書。卒，年六十五。

喬萊，字石林，寶應人。父可聘，明末爲御史，有聲。萊，康熙六年進士，授內閣中書，乞養歸。十八年，試鴻博，授編修，與修明史。典廣西鄉試，充實錄館纂修官，遷侍讀。時御史奏濬海口，瀉積水，而河道總督靳輔言其不便，請於邵伯、高郵間置閘洩水，復築長堤抵海口束之，使水勢高則趨海易，廷議多主河臣言。適萊入直，詔問萊，疏陳四不可行，略謂：「開河築堤，勢必壞隴畝，毀村落，不可行一。淮、揚地卑，多積潦，今取溼土投深淵，工安得成？不可行二。築丈六之堤，束水高一丈，秋雨驟至，勢必潰；卽當未潰，瀦水屋廬之上，豈能安枕？不可行三。至於七州縣之田，向沒於水，今更束河使高，則田水豈復能涸？不可行四。」帝是之，議乃寢。二十六年，罷歸。久之，召來京。旋卒。

萊著易俟，雜采宋、元諸家易說，推求人事，參以古今治亂得失，蓋誠齋易傳之支流。詩文有應制、直廬、使粤、歸田諸集。孫儵，亦工詩。

汪楫，字舟次，江都人，原籍休寧。性伉直，意氣偉然。始以歲貢生署贛榆訓導。應鴻博，授檢討，入史館。言於總裁，先仿宋李燾長編，彙集詔諭、奏議、邸報之屬，由是史材皆備。二十一年，充册封琉球正使，宣布威德。瀕行，不受例餽，國人建卻金亭志之。歸撰使琉球錄，載禮儀暨山川景物。又因諭祭故王，入其廟，默識所立主，兼得琉球世纘圖，參之明代事實，詮次爲中山沿革志。出知河南府，置學田，嵩陽書院聘耆事耿介主講席。治行爲中州最。擢福建按察使，遷布政使。楫少工詩，與三原孫枝蔚、泰州吳嘉紀齊名。有悔齋集、觀海集。

同里汪懋麟，字季甪，並有詩名，時稱「二汪」。康熙六年進士，授內閣中書。舉鴻博，持服不與試。服闋，復用徐乾學薦，以刑部主事入史館爲纂修官。懋麟績學有幹才。爲中書時，楚人朱方旦挾邪說動公卿，懋麟作辨道論詆之。熊賜履見其文，與定交。及居刑曹，勤於職事。有武某乘車宿董之貴家，之貴利其貲，殺之。車載而棄於道，鞭馬使馳。武父得車馬劉氏之門，訟劉殺其子。懋麟曰：「殺人而置其車馬於門，非理也。」乃微行，縱其馬，馬至之貴門，駭躍悲鳴。因收之貴，一訊得實，置於法。其發姦擿伏多類此。懋麟從王士禎學詩，而才氣橫逸，視士禎爲別格。有百尺梧桐閣集。

陸棻，字次友，平湖人。幼時値大軍收平湖，父被執，棻詣軍前乞代父。軍將手詩箋示之曰：「兒能讀是耶？吾赦汝父。」棻朗誦「收兵四解降王縛，教子三升上將臺」，曰：「此宋人贈曹武惠王詩也。將軍不嗜殺，卽今之武惠王矣！」將軍喜，挾與北行，善育之，爲議婚。以先問名於楊，辭歸。補諸生，入國學，試授中書。康熙六年進士，管內秘書院典籍。再試鴻博，授編修，分纂明史，命直南書房。三十三年，召試翰詹諸臣豐澤園，聖祖親置第一，謂曰：「連試詩文，無出汝右者。」一歲七遷，至內閣學士。長至，奏句決本，請出矜疑二十餘人。後一年告歸。棻性孝友，兄南雄知府世楷前卒，棻教養遺孤，俾成立，有名於時。年七十，卒。著雅坪詩文藁。

奎勳，字聚侯，世楷子也。少隨棻京師，以學行爲公卿所推重，顧久困諸生中。康熙末，年幾六十，始成進士，授檢討，充明史纂修官。匄疾歸，主廣西秀峯書院。奎勳篤於經學，忘飢渴寒暑。著陸堂易學，謂說卦一篇，足該全易。其詩學與明何楷詩世本古義相近。尙書說，惟解伏生今文二十八篇、戴禮緒言，糾正漢人穿鑿附會之失。春秋義存錄，則凡經、傳、子、緯所載孔子語盡援爲據，力主春秋非以一字褒貶。奎勳說經務新奇，使聽者忘倦。最後撰古樂發微，未成而卒。

龐塏，字霽公，任丘人。生有至性。七歲時，父緣事被逮，母每夕禱天。塏卽隨母泣拜，無或間也。稍長，工爲文。康熙十四年舉人，試鴻博，授檢討，分修明史。明都御史某諂附魏忠賢，其裔孫私餽金，匄閹黨傳諱其事勿書，力拒之。大考降補中書，洊擢戶部郎中，出知建寧府。浦城民以令嚴苛激變，夜焚册局，殺吏胥，罷市，令懼而逃。塏聞變卽馳至浦城，集士民明倫堂，曉喻禍福，戮一人而事定。民感其德，立書院祀之。九仙山多盜，至掠人索贖。掩捕數十人，境內帖然。未幾，告歸。

塏嗜吟詠，與同里邊汝元以詩學相劘切。其所作醇雅，以自然爲宗。有叢碧山房集。汝元子連寶，字趙珍。世其家學。以諸生貢成均，廷試第一。應乾隆元年博學鴻詞科，不中選。十四年，復薦經學，辭不赴。或勸之行，曰：「吾自審不能如漢伏勝、董仲舒，安敢倖取哉？」著有隨園集。

陸圻，字麗京，錢塘人。少與弟堦、培以文學、志行見重於時，稱曰「三陸」。所爲詩號西陵體。性穎異，善思誤書。嘗讀韓非子「一從而咸危」，曰：「是『一徙而成邑』也。」戲令他人射覆，不得，惟弟廷中之。平生不喜言人過，有語及者，輒曰：「吾與汝，姑自淑。」莊廷鑨史禍作，圻坐逮。以先嘗具狀自陳，事得白，歎曰：「今幸得不死，奈何不以餘年學道耶！」親歿，遂棄家遠遊，不知所終。子寅，成進士。往來萬里，尋父不得，竟悒悒以死，時稱其孝。培死甲申之難。

丁澎，字飛濤，仁和人。有雋才。嗜飲，一石不亂。弟景鴻、濚並能文，時有「三丁」之目。澎，順治十二年進士，官禮部郎中。嘗典河南鄉試，得一卷奇之。同考請置之乙，澎曰：「此名士也！」榜發，乃廬陽李天馥，出語人曰：「吾以世目衡文，幾失此士。」坐事謫居塞上五載，躬自飯牛，吟嘯自若。所作詩多忠愛，無怨誹之思。有扶荔堂集。

先是陳子龍爲登樓社，圻、澎及同里柴紹炳、毛先舒、孫治、張丹、吳百朋、沈謙、虞黃昊等並起，世號「西泠十子」。

紹炳，字虎臣。在十子中文名最著。持躬尤端謹。有省軒集。

先舒，字稚黃。嘗從劉宗周講學。其詩音節瀏亮，有七子餘風。著思古堂集。

治，字宇台。篤友誼，陸培死，以孤女託爲擇婿，得吳任臣。及立嗣，又以甥女嫁焉。有鑑菴集。

丹，字綱孫。美鬚髯。淡靜不樂交遊，而嗜山水。其詩悲涼沉遠，曰秦亭集。

百朋，字錦雯。以舉人令南和，有異政，百姓祠祀之。有樸庵集。

謙，字去矜。工詩，初喜溫、李，後乃循漢、魏以窺盛唐。有東江草堂集。謙與紹炳、先舒皆精韻學。紹炳作古韻通，先舒作韻學通指、南曲正韻，謙作東江詞韻。陸圻歎曰：「恨孫佪、周德清曾無先覺。」

黃昊，字景明。十歲卽善屬文。薄柳州乞巧，更作辭巧文，識者知其遠到。康熙中舉人，終教諭。

孫枝蔚，字豹人，三原人。少遭闖賊亂，結邑里少年擊賊，墮坎埳，幸不死。乃走江都，習賈，屢致千金，輒散之。旣乃折節讀書，僦居董相祠，高不見之節。王士禎官揚州，以詩先，遂定交，稱莫逆焉。時左贊善徐乾學方激揚士類，才俊滿門，枝蔚弗屑也。以布衣舉鴻博，自陳衰老，乞還山，遂不應試，授內閣中書。著溉堂集，詩詞多激壯之音，稱其高節。

李念慈，字屺瞻，涇陽人。順治十五年進士，以河間府推官改知新城縣。坐逋賦罷，會有荆襄之役，敍運餉勞，再起，補天門。與枝蔚同舉鴻博，試不中選。喜遊，好吟詠。有谷口山房集。施閏章稱其雄爽之氣勃勃眉宇，蓋秦風而兼吳、楚者。

丁煒，字瞻汝，晉江人。諸生。工詩，有吏才。順治十二年，定遠大將軍濟度統師取漳州，詔便宜置郡縣吏，得試士幕下，拔煒第一。授漳平教諭，遷知直隸獻縣，內擢戶部主事。時議稅閩鹽，煒力陳不可，事得寢。由郎中出爲贛南分巡道。閩人佃贛者乘亂劫略，號「田賊」，捕治之，民情大洽。遷湖北按察使，脫重囚爲盜誣者二十餘人於獄。尋坐事謫官，居武昌，未發，武昌卒夏包子作亂，脅使署。巡撫以死拒，東走安慶，乞師巡撫楊素蘊。事平，降補知府雲南。會素蘊移撫湖廣，以煒事聞，復按察職。俄以疾歸。

煒論詩，以爲詩貴合法，然法勝則離；貴近情，然情勝則俚。故其爲詩，力追三唐、漢、魏，無詭薄之失。有問山集。

林侗，字同人，閩人也。縣貢生。喜金石。卒，年八十八。弟佶，字吉人。康熙五十二年進士，官中書。工楷法。文師汪琬，詩師陳廷敬、王士禎。此三人集皆佶手繕付雕，精雅爲世所重。家多藏書，徐乾學輯經解，朱彝尊選明詩，皆就傳鈔。有樸學齋集。

黃任，字莘田，永福人。工書。口辯若懸河。有硯癖，以舉人令四會，罷官歸，惟硯石壓裝。詩清新刻露，有香草齋集。乾隆二十七年，重宴鹿鳴。卒，年八十餘。

鄭方坤，字則厚，建安人。雍正元年進士。爲令邯鄲，屢擢至山東兗州知府。時禁人口出海，抵奉天而未入籍者，悉勒還本土。方坤適知登州，以爲司牧者但當嚴姦宄之防，不得閉其謀生之路，爲白大吏，弛其禁。調武定，能盡心賑務。兗州饑，復移治之。方坤記誦博，詩才淩厲，與兄方城齊名。有蔗尾集，又著經稗、五代詩話、全閩詩話、國朝詩人小傳。

黄與堅，字廷表，太倉人。幼有奇慧，八歲，酷好唐人詩，錄小本，懷袖中諷誦之。已而究心經術，徧讀周、秦古書。性落落，與人交有終始。順治十六年進士，後舉鴻博，授編修，遷贊善，分修明史及一統志。寓居委巷，寂寞著書，如窮愁專一之士。有忍菴集。

吳偉業選「婁東十子」詩，以與堅爲冠。十子者，周肇、許旭、王撰、王攄、王昊、王掞、王忭、王曜昇、顧湄也。肇詩曰東岡集，旭曰秋水集，撰曰三餘集，攄曰蘆中集。昊，爲世貞後，有文藻，下筆如宿搆。康熙十八年，召試，授官正字。所著曰碩園集。掞，順治中進士，所著曰芝廛集。忭曰健菴集，曜昇曰東皋集。

湄，字伊人，亦太倉人。事母以孝聞。父夢麟，長於毛、鄭之學，湄傳其業。尤工詩，清麗婉約，陳瑚以爲過元人。其詩曰水鄉集。

吳雯，字天章，蒲州人，原籍遼陽。父允升，任蒲州學政，卒官，遂家焉。雯少朗悟，記覽甚博，尤長於詩。遊京師，父執劉體仁、汪琬皆激賞之。王士禎目爲仙才。嘗與葉方靄同直，誦其警句，方靄下直卽趨訪，名大噪。大學士馮溥出扇索詩，雯大書二絕句答之，其坦率類是。卒以不遇，不悔也。試鴻博不中選。後居母憂，以毀卒。雯著蓮洋集，詩體峻潔，有其鄉人元好問之風。據名山記蓮洋村在華岳下，取以名集。

陶季，寶應人。初名澂，字季深，以字行，復去其一，稱曰陶季。負異才，鋒穎踔厲。遊燕、趙、齊、魯之郊，踰太行，浮湘、沅，所至皆有詩。士禎删定其客滇南、閩中諸詩，以高岑、龍標相況。先是詔舉鴻博，公卿爭欲薦，季辭不就，以布衣終。有湖邊草堂集及舟車集。

梅淸，字瞿山，宣城人，宋梅堯臣後也。淸英偉豁達，自力於學，以淹雅稱。順治十一年舉人，試禮部不第。朝士爭與之交，王士禎、徐元文尤傾倒焉。詩凡數變，自訂天延閣前後集。年七十餘，復合編瞿山詩略。書法仿顏眞卿、楊凝式。畫尤盤礴多奇氣。嘗作黃山圖，極煙雲變幻之勝，爲當時所重。同族有梅庚者，生後於淸。善八分書，亦工詩畫，與淸齊名。

庚，字耦長。少孤，承其祖鼎祚、父朗中之傳，益昌大之。施閏章見其詩，引爲忘年交。

康熙二十年舉人，爲朱彝尊所得士。性狷介，客遊京師，不妄投一刺。士禎主禮闈，庚復被黜，士禎贈詩引爲恨也。後知泰順縣，有惠政，民德之。

馮景，字山公，錢塘人。國子監生。善屬文，千言立就。康熙時遊京師，侍郎項景襄、金鼐皆遣子弟從受學。會營宮室，求楠木梁不得，有請以他木易國子監彝倫堂梁者。景上書尚書魏象樞，極陳不可，事得寢。由是馮太學生之名盛傳京師。大學士索額圖召欲見之，謝不往。歸館淮安邱象隨家垂十年。宋犖撫江蘇，禮致幕府，或納金求爲緩頰，峻卻之，人益欽其品。景篤師友風義，與仁和汪煜、湯右曾交最篤。二人爲給事中，多所論列，亦由景數責善有以激厲之也。王士禎轉左都御史，景以受知士禎，冀其大有匡濟，爲書諷之。景雖布衣，不求仕進，而未嘗忘當世之務。在淮安時，有水患，湯斌奉詔北上，作書陳災狀及所以致患之由，斌見書嗟賞，又嘗稱其文爲不朽。其著述多佚，今存者解春集。

邵長蘅，字子湘，武進人。十歲補諸生，因事除名，旋入太學。工詩，尤致力古文辭，陶鍊雅正。與景同客犖幕，長蘅亦斤斤持古義，無所貶損，時論賢之。著有青門稿。

姜宸英，字西溟，慈谿人，明太常卿應麟曾孫。父晉珪，諸生，以孝聞。宸英績學工文辭，閎博雅健。屢躓於有司，而名達禁中。聖祖目宸英及朱彝尊、嚴繩孫爲海內三布衣。侍讀學士葉方靄薦應鴻博，後期而罷。方藹總裁明史，又薦充纂修，食七品俸，分撰刑法志。極言明詔獄，廷杖，立枷，東、西廠之害，辭甚愷至。尙書徐乾學領一統志事，設局洞庭東山，疏請宸英偕行。久之，舉順天鄉試。三十六年，成進士。廷對李蟠第一，嚴虞惇第二，帝識宸英手書，親拔置第三人及第，授編修，年七十矣。明年，副蟠典試順天，蟠被劾遣戍，宸英亦連坐。事未白，卒獄中。

宸英性孝友。與人交，坦夷而不阿。祭酒翁叔元劾湯斌僞學，遽移書責之。著湛園集、葦間集。書法得鍾、王遺意，世頗重之。

虞惇，字贊成，常熟人。幼能背誦九經、三史。旣官翰林，館閣文字多出其手。科場獄興，虞惇諸子是科獲雋，考官蟠、宸英皆其同年友。用是罣吏議鐫級，閒居數年。起大理寺寺副，平反內務府殺人移獄被誣者，累遷太僕寺少卿，卒官。著有讀詩質疑。江南人刻其文曰嚴太僕集，以繼明歸太僕云。

黃虞稷，字兪邰，上元人，本籍晉江。七歲能詩。以諸生舉鴻博，遭母喪，不與試。左都御史徐元文薦修明史，又修一統志，皆與宸英同。家富藏書。著千頃堂書目，爲明史藝文志所本。

性德，納喇氏，初名成德，以避皇太子允礽嫌名改，字容若，滿洲正黃旗人，明珠子也。性德事親孝，侍疾衣不解帶，顏色黧黑，疾愈乃復。數歲卽習騎射，稍長工文翰。康熙十四年成進士，年十六。聖祖以其世家子，授三等侍衞，再遷至一等。令賦乾清門應制詩，譯御製松賦，皆稱旨。俄疾作，上將出塞避暑，遣中官將御醫視疾，命以疾增減告。遽卒，年止三十一。嘗奉使塞外有所宣撫，卒後，受撫諸部款塞。上自行在遣中官祭告，其眷睞如是。

性德鄉試出徐乾學門。與從孿討學術，嘗裒刻宋、元人說經諸書，書爲之序，以自撰禮記陳氏集說補正附焉，合爲通志堂經解。性德善詩，尤長倚聲。徧涉南唐、北宋諸家，窮極要眇。所著飲水、側帽二集，清新秀雋，自然超逸。嘗讀趙松雪自寫照詩有感，卽繪小像，仿其衣冠。坐客期許過當，弗應也。乾學謂之曰：「爾何似王逸少！」則大喜。好賓禮士大夫，與嚴繩孫、顧貞觀、陳維崧、姜宸英諸人游。貞觀友吳江吳兆騫坐科場獄戍寧古塔，賦金縷曲二篇寄焉，性德讀之歎曰：「山陽思舊，都尉河梁，並此而三矣！」貞觀因力請爲兆騫謀，得釋還，士尤稱之。

貞觀，字梁汾，無錫人。康熙十一年舉人，官內閣中書。工詩，自定集僅五言三十餘篇，清微婉篤，上睎韋、柳；而世特傳其詞，與維崧及朱彝尊稱詞家三絕。淸世工詞者，往往以詩文兼擅，獨性德爲專長，仁和譚獻嘗謂爲詞人之詞。性德後，又得項鴻祚、蔣春霖三家鼎立。

鴻祚，字蓮生，錢塘人。道光十二年舉人。善詞，上溯温、韋，下逮周密、吳文英。擷精棄滓，以自名其家。屢應禮部試不第。卒，年三十八。自序憶雲詞，有曰：「不爲無益之事，何以遣有涯之生！」學者誦而悲之。

春霖，字鹿潭，江陰人，寄籍大興。咸豐中，官東臺場鹽大使。工詞。時方亂離，傍徨沉鬱，高者直逼姜夔。困於卑官，孤介忤時，益侘傺。舟經吳江，一夕暴卒。春霖慕性德飲水、鴻祚憶雲，自署水雲樓，卽以名其詞。

宗室文昭，字子晉，饒餘親王阿巴泰曾孫，鎭國公百綬子。辭爵讀書，從王士禎遊。工詩，才名藉甚。王式丹稱其詩以鮑、謝爲胚胎，而又兼綜衆有，擷百家之精華，其味在酸鹹之外。著有薌嬰居士集、紫幢詩鈔。

又宗室以詩名者，蘊端，初名岳端，字正子，號紅蘭主人，多羅安郡王岳樂子。封貝子。有玉池生稿。

博爾都，字問亭，號東皋漁父，恪僖公拔都海子，蘊端從弟。封輔國將軍。有問亭詩集。

永忠，字良輔，又字臞仙，多羅貝勒弘明子。輔國將軍。有延芬室集。詩體秀逸，書法遒勁，頗有晉人風味。常不衫不履，散步市衢。遇奇書異籍，必買之歸，雖典衣絕食不顧也。

書諴，字實之，號樗仙，鄭獻親王濟爾哈朗六世孫，輔國將軍長恆子。奉國將軍。有靜虛堂集。性慷慨，不欲嬰世俗情。年四十，卽託疾去官。邸有餘隙地，盡種蔬果，手執畚鍤，從事習勞以爲樂。

永𤅷，字嵩山，康修親王崇安子。鎭國將軍。詩宗盛唐，書法趙文敏。晚年獨居一室，不與人接。詩多散佚。

裕瑞，字思元，豫通親王多鐸裔。封輔國公。工詩善畫，通西番語。常畫鸚鵡地圖，卽西洋地球圖。又以佛經自唐時流入西藏，近日佛藏皆出一本，無可校讐。乃取唐古特字譯校，以復佛經唐本之舊，凡數百卷。著有思元齋集。

趙執信，字仲符，益都人。從祖進美，官福建按察使，詩名甚著。執信承其家學，自少卽工吟詠。年十九，登康熙十八年進士，授編修。時方開鴻博科，四方雄文績學者皆集輦下，執信過從談讌，一座盡傾。朱彝尊、陳維崧、毛奇齡尤相引重，訂爲忘年交。出典山西鄉試，遷右贊善。二十八年，坐國恤中讌飲觀劇，爲言者所劾，削籍歸。卒，年八十餘。

執信爲人峭峻褊直，獨服膺常熟馮班，自稱私淑弟子。娶王士禛甥女，初頗相引重。後求士禛序其詩，士禛不時作，遂相詬厲。嘗問詩聲調於士禛，士禛靳之，乃歸取唐人集排比鉤稽，竟得其法，爲聲調譜一卷。又以士禛論詩，比之神龍不見首尾，雲中所露一鱗一爪而已，遂著談龍錄，云：「詩以言志，詩之中須有人在，詩之外尙有事在。」意蓋詆士禛也。說者謂士禛詩尙神韻，其弊也膚；執信以思路劖刻爲主，其失也纖。兩家才性不同，實足相資濟云。執信所著詩文曰飴山堂集。

當是時，海內以詩名者推士禛，以文名者推汪琬。而嘉興葉燮，字星期，其論文亦與琬不合，往復論難，互譏嘲焉。及琬歿，慨然曰：「吾失一諍友矣！今誰復彈吾文者？」取向所短汪者悉焚之。燮父紹袁，明進士，官工部主事，國亡後爲僧。燮生四歲，授以楚辭，卽成誦。康熙九年進士，選授寶應令。值三藩亂，又歲饑，民不堪苦。累以伉直失上官意，坐累落職。時嘉定知縣陸隴其亦被劾，燮以與隴其同罷爲幸。性喜山水，縱游宇內名勝幾徧。年七十六，猶以會稽、五洩近在數百里獨未游爲憾。復裹糧往，歸遂疾。逾年卒。寓吳時，以吳中論詩多獵范、陸皮毛，而遺其實，著原詩內外篇，力破其非。吳士始而訾謷，久乃更從其說。著已畦詩文集。士禎謂其鎔鑄往昔，獨立起衰。

馮廷櫆，字大木，德州人。康熙二十一年進士，授中書。幼有奇童之目，讀書一覽輒記，尤長於詩。嘗充湖廣副考官，試畢，登黃鶴樓，俯江、漢之流，南望瀟湘、洞庭，慨然遠想，賦詩百餘篇，識者以爲騷之遺也。平生深契者惟執信，其詩孤峭亦相類，歿後散佚。其孫德培搜輯得五百篇，名馮舍人遺詩。

黃儀，字六鴻，常熟人。精輿地之學。嘗以班固地志所載諸川，第詳水出入，其中間經歷之地，備著於水經，然讀者非繪圖不能了，乃反覆尋究，每水各爲一圖。凡都邑建署沿革、山川險易皆具焉，條縷分析，各得其理。閻若璩見之，歎曰：「酈道元千古後一知己也！」若璩嘗問儀：「後漢志溫縣濟水出，王莽時大旱，遂枯絕。是河南無濟矣，何酈氏言之詳也？」儀曰：「新莽時雖枯，後復見，酈氏所謂其後水流逕通，津渠勢改，尋梁脈水，不與昔同是也。杜君卿乃不信水經，專憑彪志，竊以彪特紀一時災變耳，非謂永不截河南過也。」徐乾學修一統志，儀與若璩、胡渭、顧祖禹任分纂，皆地學專家。儀又訂正晉書地理志。兼工詩詞，著有紉蘭集。

鄭元慶，字芷畦，歸安人。通史傳，旁及金石文字。李紱、張伯行雅重其學，欲薦於朝未得也。顏魯公書湖州石柱記，元慶爲之箋釋，甚博贍。又著湖錄百二十卷，七易藁而後成，自謂平生精力殫於是書。平生慕鄭子眞之爲人，自號鄭谷口。晚更治經，其著書處名魚計亭。著有周易集說、詩序傳異同、禮記集說參同、官禮經典參同、家禮經典參同、喪服古今異同考、春王正月考、海運議。

查愼行，字悔餘，海寧人。少受學黃宗羲。於經邃於易。性喜作詩，游覽所至，輒有吟詠，名聞禁中。康熙三十二年，舉鄉試。其後聖祖東巡，以大學士陳廷敬薦，詔詣行在賦詩。又詔隨入都，直南書房。尋賜進士出身，選庶吉士，授編修。時族子昇以諭德直內廷，宮監呼愼行爲老查以別之。帝幸南苑，捕魚賜近臣，命賦詩。愼行有句云：「笠簷簑袂平生夢，臣本煙波一釣徒。」俄宮監傳呼「煙波釣徒查翰林」。時以比「春城寒食」之韓翃云。充武英殿書局校勘，乞病還。坐弟嗣庭得罪，闔門就逮。世宗識其端謹，特許放歸田里，而弟嗣瑮謫遣關西，卒於戍所。

嗣瑮，字德尹。康熙三十九年進士，官至侍講。性警敏，數歲卽解切韻諧聲。詩名與愼行相埒。愼行著敬業堂集、周易玩辭集解，又補注蘇詩，行於世。嗣瑮著查浦詩鈔、音類通考。

昇，字仲韋。康熙二十七年進士。官少詹事。詩筆清麗。尤工書，似董其昌。有澹遠堂集。

史申義，字叔時，江都人。少工詩，與同里顧圖河齊名，稱維揚二妙。康熙二十七年進士，授編修。充雲南鄉試考官，改御史、禮科給事中，乞病歸。王士禎以風雅詔後進，嘗謂申義及湯右曾足傳己衣鉢，人稱「王門二弟子」。在翰林時，聖祖以後進詩人詢大學士陳廷敬，廷敬舉申義、周起渭對，故又有「翰苑兩詩人」之目。

起渭，字漁塘，貴陽人。康熙三十三年進士，由檢討累遷詹事府詹事。詩才雋逸，尤肆力於蘇軾、元好問、高啓諸家。貴州自明始隸版圖，淸詩人以起渭爲冠，而銅仁張元臣、平遠潘淳亦並有詩名。

元臣，字志伊。康熙三十六年進士，由檢討累遷左諭德。有豆村詩鈔。

淳，字元亮。康熙五十四年進士，官檢討。文安陳儀與同榜，一時咸推潘詩陳筆。有椽林詩集。

顧陳垿，字玉停，鎭洋人。少有文名，嘗得徐光啓曆書，精求一月，通其術。康熙五十四年舉人，以薦入湛凝齋修書。書成，議敍行人司行人。時外廷送算學三百餘員候試，聖祖親策之，得七十二人，陳垿爲冠。又充樂館纂修。雍正元年，出使山東、浙江，還督通州倉。三年，以目疾乞歸，閉門撰述，四方走書幣乞文者踵至。性耿介，敦於內行。居喪不飲酒食肉，不處內。沈起元官河南，延主大梁書院，引范文正憂中掌學睢陽以勸；陳垿執象山責東萊故事，謝不往也。乾隆元年，詔起官，又舉鴻博，及六年設樂部，復以洞曉音律宣召，皆辭不赴，時論高之。年七十，卒。

陳垿精字學、算學、樂律，時稱三絕。嘗造八矢注守圖說，謂字學居六藝之末，聲音，樂也，形體，書也，而口出耳入，手運目存，則皆有數焉。學士惠士奇、通政孫勷得其書，置酒延陳垿請其說。陳垿爲言經聲緯音開發收閉之旨，及每矢實義，一矢未發，則聲不能出，字有所避，八矢盡而音定字死矣。二人歎爲天授。少與同里王時翔爲性命交，並工詩。婁東詩人大率宗吳偉業，陳垿晚出，乃自闢町畦。著洗桐集、抱桐集。

何焯，字屺瞻，長洲人。通經史百家之學。藏書數萬卷，得宋、元舊槧，必手加讐校，粲然盈帙。學者稱義門先生，傳錄其說爲義門讀書記。

康熙四十一年，直隸巡撫李光地以草澤遺才薦，召入南書房。明年，賜舉人，試禮部下第，復賜進士，改庶吉士。仍直南書房，授皇八子讀，兼武英殿纂修。連丁內外艱。久之，復以光地薦，召授編修。尙書徐乾學、翁叔元爭延致焯。尋遘讒，與乾學失歡，而叔元劾湯斌，焯上書請削門下籍，天下快之。聖祖幸熱河，或以蜚語上聞，還京卽命收繫。盡籍其卷册文字，帝親覽之，曰：「是固讀書種子也！」無失職觖望語，又見其草藁有手簡吳縣令卻金事，益異之。命還所籍書，解官，仍參書局。六十一年，卒，年六十一。帝深悼惜，特贈侍講學士。贈金，給符傳歸喪，命有司存恤其孤。

焯工楷法，手所校書，人爭傳寶。門人著錄者四百人，吳江沈彤、吳縣陳景雲爲尤著。

景雲，字少章。博聞彊識，能背誦通鑑。年十七，湯斌撫吳，試士拔第一。應京兆試，不遇。館藩邸三年，以母老辭歸，遂不出，以諸生終。少從焯游，焯歿，獨繫吳中文獻幾二十年。著有讀書紀聞及綱目、通鑑、兩漢書、三國志、文選、韓、柳集皆有訂誤，共三十卷。文集四卷，亦簡嚴有法。

子黃中，字和叔。諸生。父子皆長史學，而黃中尤以才略自負。舉乾隆元年博學鴻詞，入都上書，論用人、理財、治兵三端。大學士陳世倌韙其言。頃之，詔求骨鯁之士，如古馬周、陽城者，世倌欲薦之，謝不應。胡天游傲睨羣士，獨推服黃中。示以文，每發其瑕璺，未嘗有忤也。嘗病宋史蕪雜，別撰紀傳表百七十卷。又著國朝謚法考、閣部督撫年表。其卒也貧不能葬，或賻以金，妻張氏固卻之，曰：「奈何以貧故，傷夫子義！」遂賣所居宅以營葬。

戴名世，字田有，桐城人。生而才辨雋逸，課徒自給。以制舉業發名廩生，考得貢，補正藍旗教習。授知縣，棄去。自是往來燕、趙、齊、魯、河、洛、吳、越之間，賣文為活。喜讀太史公書，考求前代奇節瑋行。時時著文以自抒湮鬱，氣逸發不可控御。諸公貴人畏其口，尤忌嫉之。嘗遇方苞京師，言曰：「吾非役役求有得於時也，吾胸中有書數百卷，其出也，自忖將有異於人人。然非屏居深山，足衣食，使身無所累，未能誘而出之也。」因太息別去。康熙四十八年，年五十七，始中式會試第一，殿試一甲二名及第，授編修。又二年而南山集禍作。

先是門人尤雲鶚刻名世所著南山集，集中有與余生書，稱明季三王年號，又引及方孝標滇黔紀聞。當是時，文字禁網嚴，都御史趙申喬奏劾南山集語悖逆，遂逮下獄。孝標已前卒，而苞與之同宗，又序南山集，坐是方氏族人及凡掛名集中者皆獲罪，繫獄兩載。九卿覆奏，名世、雲鶚俱論死。親族當連坐，聖祖矜全之。又以大學士李光地言，宥苞及其全宗。申喬有清節，惟興此獄獲世譏云。名世為文善敍事，又著有孑遺錄，紀明末桐城兵變事，皆燬禁，後乃始傳云。

清史稿卷四百八十五

列傳二百七十二

文苑二

蔣士銓 汪軔 楊垕 趙由儀 吳嵩梁 樂鈞 趙翼 黃景仁 呂星垣 楊倫 徐書受 嚴長明 子觀 朱筠 翁方綱 姚鼐 吳定 魯九臯 陳用光 吳德旋 宋大樽 錢林 端木國瑚 吳文溥 章學誠 章宗源 姚振宗 吳蘭庭 祁韻士 張穆 何秋濤 馮敏昌 宋湘 趙希璜 法式善 孫原湘 郭麐 惲敬 趙懷玉 黎簡 張錦芳 張錦麟 黃丹書 呂堅 胡亦常 張士元 張海珊 張履

諸錦，字襄七，秀水人。少時家貧陋，輒就讀書肆，主人敬其勤學，恣所觀覽。顧嗣立爲之延譽，名大起。雍正二年進士。乾隆初，試鴻博，授編修。閉門撰述，不詣權要。至左贊善，遂告歸。著有毛詩說、饗禮補亡、夏小正注及絳跗閣集。

先是康熙己未徵博學鴻儒，得人稱盛。高宗御極，復舉行焉，內外薦達二百六十七人，試列一等者五人，錦第三；二等十人。明年補試，續取四人，錢塘陳兆崙、仁和沈廷芳、高郵夏之蓉，皆試列二等者也。兆崙自有傳。

廷芳，字畹叔。由監生舉鴻博，授編修，遷御史。奏毀都城智化寺內明閹王振造像及李賢所撰頌德碑，報可。出爲登萊青道，遷河南按察使。廷芳少從方苞遊，爲文無纖佻之習。

詩學本查慎行，著隱拙齋集及十三經注疏正字、續經義考等書。

之蓉，字芙裳。雍正十一年進士。舉鴻博，以檢討典試福建，又督廣東、湖南學政。其校士也，必以通經學古爲先。

當時試一等者，劉綸居首，次則南城潘安禮、金壇于振、錢塘杭世駿；二等自兆崙等三人外，爲無錫楊度汪，荷澤劉玉麟，休寧汪士湟、程恂，錢塘陳士璠，天台齊召南，會稽周長登。其續取者，一等宜興萬松齡，二等桐鄉朱荃、南安洪世澤、石屏張漢，凡十九人。惟綸、玉麟官最顯，而世駿、召南及兆崙尤知名於世云。

厲鶚，字太鴻，錢塘人。家貧，性孤峭，不苟合。始爲詩卽得佳句。於學無所不窺，一發之於詩。康熙五十九年，李紱典試浙江，得鶚卷，閱其謝表，曰：「此必詩人也！」亟錄之。計偕入都，尤以詩見賞湯右曾。再試禮部不第。乾隆元年，舉鴻博，誤寫論置詩前，又報罷。其後赴都銓，行次天津，留友人查爲仁水西莊，觴詠數月，不就選，歸。卒，年六十一。鶚搜奇嗜博。揚州馬曰琯小玲瓏山館富藏書，鶚久客其所，多見宋人集，爲宋詩紀事一百卷。又南宋畫院錄、遼史拾遺、東城雜記諸書，皆博洽詳贍。詩刻鍊，尤工五言，有自得之趣。詩餘亦擅南宋諸家之長。先世本慈谿，徙居錢塘，故仍以四明山樊榭名其集云。

鶚嘗與趙信、符曾等人各爲南宋雜事詩一百首，自采諸書爲之注，徵引浩博，考史事者重之。

汪沆，字師李。少從鶚受詩，亦試鴻博報罷。其後大學士史貽直將以經學薦，以母老辭。

同時浙江舉鴻博未錄用者，符曾，字幼魯。官戶部郎中。鄞縣陳撰最推服其詩。撰，字楞山，毛奇齡弟子。以布衣薦，未就試。仁和趙昱，字功千。貢生。弟信，字辰垣。國學生。兄弟同舉。家有池館之勝，喜購書。連江陳氏世善堂書散出，皆歸之。

王峻，字艮齋，常熟人。少與同里宋君玉師事陳祖范，一時並稱王宋。雍正二年進士，授編修。歷典浙江、貴州、雲南鄉試。乾隆初，改御史，拜官甫三日，劾左都御史彭維新矯詐苛鄙，直聲震都下。以母憂去官，遂不出。主講安定、雲龍、紫陽書院。其學長於史，尤精地理。嘗以水經正文及注混淆，欲一一釐定之，而補唐以後水道之遷變，及地名之同異，爲水經廣注，手自屬稿，未暇成也。惟成漢書正誤四卷。錢大昕謂駕三劉氏、吳氏刊誤上也。書法樵李北海，所書碑碣盛行於時。

王延年，字介眉，錢塘人。雍正四年舉人。乾隆初，舉鴻博，後官國子監學政。十七年，會試，以耆年晉司業，賜翰林院侍講銜。延年史學洽熟，嘗補袁樞通鑑紀事本末，以原書不言田制，則度地居民之法亡；不言漕運，則鑿渠引河之利塞；不言府兵，則耕牧戰守之功隳。至於耶律鴟張遼海，而陳邦瞻書不究其終；党項虎視河、湟，薛應旂書不詳其始。紹建安者又如此，不可不亟正之也。杭世駿序之，比延年於唐杜君卿、宋劉中原父云。晚年，大學士蔣溥、劉統勳皆以經學薦，又自進呈所著書，上嘉許焉。

何夢瑤，字報之，南海人。惠士奇視學廣東，一以通經學古爲教。夢瑤與同里勞孝輿、吳世忠，順德羅天尺、蘇珥、陳世和、陳海六，番禺吳秋一時並起，有「惠門八子」之目。雍正八年成進士，出宰粵西，治獄明愼，終奉天遼陽知州。性長於詩，兼通音律算術。謂蔡元定律呂新書，本原九章，爲之訓釋。更取御製律呂正義研究八音協律和聲之用，述其大要。參以曹廷棟琴學，爲書一編。時稱其決擇精當。又著算迪，述梅氏之學，兼闡數理精蘊、曆象考成之旨。江藩謂近世爲此學者，知有法，不知法之所以然；知之者，惟夢瑤也。

孝輿，字阮齋。乾隆元年，召試鴻博，未用。以拔貢生廷試第五，出爲黔中令。治古州屯務，足繭萬山中。將去，民攀轅曰：「公勞苦以衣食我！」皆泣下。歷錦屛、龍泉、鎭遠諸邑，皆有績。卒於官。

天尺，字履先。年十七，應學使試。士奇手錄其賦、詩示諸生，名大起。徵鴻博，念親老不就，以舉人終。雍正時修一統志，與孝輿同纂粵乘。孝輿忤俗，被口語，天尺力白之。所居里曰石湖，世以前有范石湖，因稱後石湖以別之云。

珥，字瑞一。爲文長於序記，詩有別趣，書法亦工。惠士奇稱之曰「南海明珠」。舉鴻博，以母老，辭不試。乾隆初鄉舉，一試禮部，遂不出。

時粵東舉鴻博者，又有番禺車騰芳，字圖南。康熙末，與里人許遂同徵。至京後期，即乞終養歸。後爲海豐學官。學使吳鴻雅重之，嘗從容問其諸子頗有應試者乎，騰芳以皆失學對，吳益歎異焉。

遂，字揚雲。康熙中舉人。爲清河令，蠲逋賦，民德之。坐事去職。巡撫薦應鴻博，格於部議，未試歸。

韓海，字偉五，亦番禺人也。雍正十一年進士，官封川敎諭。大府欲薦應鴻博，海賦詩以見志，大府覽詩憮然，遂不復强。海亦旋卒。

劉大櫆，字才甫，一字耕南，桐城人。曾祖日燿，明末官歙縣訓導，鄉里仰其高節。其後累世皆爲諸生，至大櫆益有名。始年二十餘入京師，時方苞負海內重望，後生以文謁者不輕許與，獨奇賞大櫆。雍正中，兩登副榜，竟不獲舉。乾隆元年，苞薦應詞科，大學士張廷玉黜落之，已而悔。十五年，特以經學薦，復不錄。久之，選黟縣教諭，數年告歸。居樅陽江上不復出，年八十三，卒。

大櫆修幹美髯，能引拳入口。縱聲讀古詩文，聆其音節，皆神會理解。桐城自方苞爲古文之學，同時有戴名世、胡宗緒。名世被禍，宗緒博學，名不甚顯。大櫆雖游苞門，傳其義法，而才調獨出，著海峰詩文集。姚鼐繼起，其學說盛行於時，尤推服大櫆。世遂稱曰「方劉姚」。

宗緒，字襲參。康熙末，以舉人薦充明史館纂修。雍正八年進士，授編修，遷國子監司業。少孤貧，母潘苦節，課之嚴而有法。感憤勵學，自經史以逮律曆、兵刑、六書、九章、禮儀、音律之類，莫不硏窮。著易管、洪範皇極疑義、古今樂通、律衍數度衍參注、晝夜儀象說、歲差新論、測量大意、梅胡問答、九九淺說、正字通芟誤、正蒙解、大學講義、方輿考、南河北河論、膠萊河考、臺灣考、兩戒辨、苗疆紀事等書。自爲詩文曰環隅集，古藻過大櫆。

大櫆同邑門人自姚鼐外推王灼。

灼，字濱麓。乾隆五十一年舉人，選東流教諭。嘗館於歙，與金榜、程瑤田及武進張惠言諸人相友善。一日見惠言黃山賦，曰：「子之才可追古作者，何必託齊、梁以下自域乎！」

惠言遂棄儷體爲古文。灼所著悔生詩文鈔，鮑桂星爲刊行焉。

李鍇，字鐵君，漢軍正黃旗人。祖恆忠，副都統。湖廣總督輝祖子。鍇娶大學士索額圖女，家世貴盛，其於榮利泊如也。性友愛，兄伊山、衎山仕不遂，鍇省伊山戍所，累月乃歸。衎山罷官還，無宅，以己屋授之，並鬻產爲清宿逋。嘗一充官庫筆帖式，旋棄去。乾隆元年，舉鴻博，未中選。十五年，詔舉經學，大臣交章論薦，以老疾辭。少好山水，游蹤所至，務窮其奇。苦嗜茗，爲鐵鐺瓦缶，一奴負以從。客江南，嘗月夜挾琴客泛舟采石，彈大雅之章，扣舷和之，水宿者皆驚起，人莫測其致也。鍇既以屋讓兄，乃築室盤山廌青峯下，閉戶躭吟，罕接人事。歲一至城中，一二日卽去。居盤山二十載而歿。詩古奧峭削。著睫巢集，又著原易及春秋通義、尙史。

陳景元，字石閭，漢軍鑲紅旗人。詩擬孟郊、賈島。有石閭集。與戴亨、長海爲「遼東三老」。

亨，字通乾，號遂堂，瀋陽人，原籍錢塘。父梓，以事戍遼，見藝術傳。亨，康熙六十年進士。官山東齊河縣知縣，以抗直忤上官，解組去。寄居京師，家益貧，晏如也。爲人篤於至性，不輕然諾，夙敦風義。其詩宗杜少陵，上溯漢、魏，卓然名家。有慶芝堂詩集。

長海，字滙川，納喇氏，滿洲鑲白旗人，鎮安將軍瑪奇子。例予廕，長海不就。檄補戶部庫使，又逃，曰：「庫使司帑藏，歲豐入，懼焉。逃死，非逃富貴也。」其母賢，聽之，遂布衣終其身。沖遠任眞，趣無容心。博古多識，嗜金石書畫，當意則傾囊購之。嘗襲裘行弔，解裘以濟戚喪。歸塗見未見書，買之，復解其衣。由是中寒疾，乃夷然曰：「獲多矣！」中歲愛易水雷溪之勝，築大盋菴，因以爲號。晚入京居委巷，又顏其閣曰「玉衡」，懸畫四壁，對之吟諷。其詩矩矱古人，而不膠於固，斷句尤冠絕一時。論詩以性情爲主，舉靡麗之習而空之。有雷溪草堂詩。乾隆九年，卒，年六十有七。

遼東以詩文名者，又有吳麟，字子瑞，號晚亭，滿洲鑲黃旗人。康熙四十九年舉人，授內閣中書。與鍇同舉鴻博，與修明史，纂本紀，充明史綱目纂修官。善詩文，兼工山水。著有黍谷山房集。

曹寅，字楝亭，漢軍正白旗人，世居瀋陽，工部尙書璽子。累官通政使、江寧織造。有楝亭詩文詞鈔。

鮑鉁，字冠亭，秘書院大學士鮑承先裔。乾隆初，官嘉興海防同知。有道腴堂全集。

高鶚，字蘭墅，亦漢軍旗人。乾隆六十年進士。有蘭墅詩鈔。

至道光年則有劉文麟，字仙樵，遼陽人。九歲能詩。以進士用廣東知縣，總督林則徐器之。權平遠，兼長樂。俗悍，喜械鬬，文麟甫涖任，單輿遽入解之，衆羅拜，皆釋兵，俗爲之易。補文昌，丁憂。再選河南沈丘。時患匪，設方略擒其渠，盜賊息迹。以忤上官劾降，遂歸，主瀋陽書院。論詩以婉至爲宗，語必有寄託。英光偉氣，一發之於詩。論者謂足繼遼東三老。有仙樵詩鈔。其門人王乃新，字雪樵，承德人。亦能詩，有雪樵詩賸。

沈炳震，字東父，歸安人。少喜博覽，讀史於年月世系，人所忽者，必默識之。嘗著新舊唐書合鈔，紀傳以舊書爲綱，分注新書爲目；舊志多舛略，則以新書爲綱，分注舊書爲目。又補列方鎭表，拜罷承襲諸節目，積數十寒暑乃成。又著二十四史四譜：一紀元，二封爵，三宰執，四謚法。其體出於表曆，而變其旁行斜上爲標目。乾隆元年，與弟炳謙皆以貢生試鴻博，報罷。逾年，卒，年五十九。卒後六年，侍郎錢陳羣奏進其唐書合鈔，詔付書局，采錄唐書考證中。

炳謙，字幼孜，炳震季弟也。次弟炳巽，字繹旃。著水經注集釋訂譌，據明黃省曾刊本，以己意校定之。徧檢古籍，錄其文字異同者，間附諸家考訂之說。州縣沿革，則悉以今名釋焉。初未見朱謀瑋本，後求得，多與之合。同時治水經者，有全祖望、趙一清。

一清，字誠夫，仁和人。國子監生。父昱，季父信，見厲鶚傳。一清稟其家學，博極羣書。水經注傳寫訛奪，歐陽玄、王禕稱其經、注混淆，祖望又謂道元注中有注。一清因從其說，辨驗文義，離析之，使文屬而語不雜。又唐六典注稱桑欽所引天下之水百三十七，江、河在焉，今少二十一水。考崇文總目，水經注三十六卷，蓋宋代已佚其五卷。此二十一水，卽在所佚中。於是雜采他書，證以本注，得滏、洺等十八水。又分灤水、灤餘水，淸、濁漳，大小遼水，增多二十一，與六典注合。爲水經注釋，又成水經箋刊誤，以正朱謀㙔之失。方觀承督直隸，撰直隸河渠志，一清所草創，而戴震要删之。其自著有東潛文集。

曹仁虎，字來殷，嘉定人。少稱奇才。乾隆二十二年，南巡，獻賦，召試列一等，賜舉人，授內閣中書。二十六年，成進士，選庶吉士，授編修。每遇大禮，高文典册，多出其手。擢右中允，充日講起居注官，累遷侍講學士。五十一年，視學粵東。方按試連州，聞母訃，酷暑奔喪，晝夜號泣，竟以毀，卒於途。

仁虎以文字受主知，聲華冠都下，屢典文衡。詩宗三唐，而神明變化，一洗粗率佻巧之習。格律醇雅，醞釀深厚，爲一時所推。著有宛委山房詩集、蓉鏡堂文稿。與王鳴盛、王昶、錢大昕、趙文哲及吳泰來、黃文蓮稱「吳中七子」。鳴盛等四人皆自有傳。

泰來，字企晉，長洲人。乾隆二十五年進士，用內閣中書。乞病歸，築遂初園於木瀆。

藏書多宋、元善本。畢沅延主關中及大梁書院，與洪亮吉輩往還唱和。其詩一本漁洋，著有淨名軒、硯山堂等集。

文蓮，字芳亭，上海人。官知縣，有聽雨集。

胡天游，字稚威，山陰人，初姓方，名遊。副榜貢生。乾隆元年，尚書任蘭枝薦舉鴻博，次年補試，鼻衄大作，投卷出。時四方文士雲集京師，每置酒高會，分題命賦，天游輒出數千言，沉博絕麗，見者咸驚服。性耿介，公卿欲招致一見，不可得。後舉經學，再報罷。客山西，卒。著有石笥山房集。

自言古文學韓愈，然往往澀險似劉蛻，非其至也。儷體文自三唐而下，日趨頹靡。清初陳維崧、毛奇齡稍振起之，至天游奧衍入古，遂臻極盛。而邵齊燾、孔廣森、洪亮吉輩繼起，才力所至，皆足名家。後數十年而有鎭洋彭兆蓀，以選聲鍊色勝，名重一時。

兆蓀，字湘涵。少有才名，久困無所遇。舉道光元年孝廉方正。胡克家爲江蘇布政使，客其所。時總督以國用不足議加賦，兆蓀爲克家力陳其不可，事得寢。又偕顧廣圻同校元本通鑑及文選，世稱其精槧。晚依曾燠兩淮鹽運使署。著小謨觴館集，燠爲點定之。

袁枚，字子才，錢塘人。幼有異稟。年十二，補縣學生。弱冠，省叔父廣西撫幕，巡撫金鉷見而異之，試以銅鼓賦，立就，甚瑰麗。會開博學鴻詞科，遂疏薦之。時海內舉者二百餘人，枚年最少，試報罷。乾隆四年，成進士，選庶吉士。改知縣江南，歷溧水、江浦、沭陽，調劇江寧。時尹繼善爲總督，知枚才，枚亦遇事盡其能。市人至以所判事作歌曲刻行四方。枚不以吏能自喜，既而引疾家居。再起發陝西，丁父憂歸，遂牒請養母。卜築江寧小倉山，號隨園，崇飾池館，自是優游其中者五十年。時出游佳山水，終不復仕。盡其才以爲文辭詩歌，名流造請無虛日，詼諧詄蕩，人人意滿。後生少年一言之美，稱之不容口。篤於友誼，編修程晉芳死，舉借券五千金焚之，且恤其孤焉。

天才穎異。論詩主抒寫性靈，他人意所欲出，不達者悉爲達之。士多效其體。著隨園集，凡三十餘種。上自公卿下至市井負販，皆知其名。海外琉球有來求其書者。然枚喜聲色，其所作亦頗以滑易獲世譏云。卒，年八十二。

晉芳，字魚門，江都人。家世業鹺。乾隆初，兩淮殷富，程氏尤豪侈。晉芳獨好儒，購書五萬卷，不問生產，罄其貲。少問經義於從父廷祚，學古文於劉大櫆。而與袁枚、商盤諸人往復唱和，甚相得也。乾隆七年，召試，授中書。十七年，成進士，以吏部員外郎爲四庫館纂修，書成改編修。晚歲益窮，官京師至不能舉火。就畢沅謀歸計，抵關中一月卒，年六十七。晉芳於易、書、詩、禮皆有撰述，又有諸經答問、羣書題跋、蕺園詩文集。

張問陶，字仲冶，遂寧人，大學士鵬翮玄孫。以詩名，書畫亦俱勝。乾隆五十五年進士，由檢討改御史，復改吏部郎中。出知萊州府，忤上官意，遂乞病。游吳、越，未幾，卒於蘇州。始見袁枚，枚曰：「所以老而不死者，以未讀君詩耳！」其欽挹之如此。著有船山集。兄問安，字亥白。舉人。家居奉母，淡於榮利。其詩才超逸，與問陶有二難之目。

王又曾，字受銘，秀水人。乾隆十六年，南巡召試，賜舉人，授內閣中書。十九年，成進士，授刑部主事。同縣錢載論詩宗黃庭堅，務絀深鑿險，不墮臼科。又曾與朱沛然、陳向中、祝維誥和之，號「南郭五子」。又有萬光泰、汪孟鋗、仲鈖皆與同時相鏃礪，力求捐棄塵壒，毋一語相襲取。爲詩不異指趣，亦不同體格。時目爲秀水派，而又曾與維誥、光泰尤工。

又曾卒，其子復乞載定其詩，號丁辛老屋集。畢沅爲之序，謂於漢、魏、六朝及唐、宋諸家外，能融會變化自成一家，取材於衆所不經見，用意於前人所未發，尤又曾所獨到云。維誥，字宣臣。乾隆三年舉人，官內閣中書。有綠谿詩鈔。光泰，字循初。乾隆元年舉人。有柘坡居士集。維誥詩，全祖望稱其俊雅，李鍇稱其醇靜。光泰詩，杭世駿稱其秀朗，載亦稱其綺麗。蓋雖宗庭堅，而鍛鍊精到，絕無西江槎枒詰屈之習。沛然，舉人，知高安縣，卒官。向中客死涼州，詩傳者差少。孟錩，進士，吏部主事；仲鈖，舉人：皆有集。而復與載子世錫，維誥子喆相與稱。詩守家法。世錫已見載傳，有麂山老屋集。

復，字敦初。官河南鄢陵知縣。有樹萱堂、晚晴軒二集。沅採入吳會英才集。

喆，字明甫。乾隆二十五年舉人。有西澗詩鈔。

孟錩子如洋，乾隆四十五年會試，廷試皆第一，亦與復等唱和。

邵齊燾，字叔宀，昭文人。幼異敏，甫受書卽能了大義。乾隆七年進士，以編修居詞館十年。嘗獻東巡頌，時稱班、揚之亞，羣公爭欲致門下。齊燾意度夷曠，殊落落也。年三十六，卽罷歸。自顏其室曰「道山𧙗隱」。主常州龍城書院，洪亮吉、黃景仁皆從受學。善爲儷體文，氣格排奡，意欲矯陳維崧、吳綺、章藻功三家之失。卒，年五十有二。著玉芝堂集。

王太岳，字基平，定興人。齊燾同年進士，授檢討。由侍讀出補甘肅平慶道，調西安，遷湖南按察使。調雲南，擢布政使，坐事落職。命充四庫館總纂官。四十三年，仍授檢討。後遷司業，卒。太岳蒞官有惠政，尤留心水利，與齊燾最善，駢文淸剛簡直亦相近。有淸虛山房集。

吳錫麒，字穀人，錢塘人。性至孝。乾隆四十年進士，授編修。累遷祭酒，以親老乞養歸。主講揚州安定樂儀書院。錫麒工應制詩文，兼善倚聲。浙中詩派，前有朱彝尊、查愼行，繼之者杭世駿、厲鶚。二人殂謝後，推錫麒，藝林奉爲圭臬焉。著有正山房集。仝椒吳鼒嘗輯錄齊燾、亮吉、錫麒及劉星煒、袁枚、孫星衍、孔廣森、曾燠之文爲八家四六云。此八家外，有金匱楊芳燦，與弟揆並負時名。

芳燦，字蓉裳。母夢五色雀集庭樹而生。詩文華贍，學使彭元瑞大異之。乾隆四十二年拔貢生。廷試得知縣，補甘肅之伏羌。回民田五反，縣民馬稱驤應之。未發，芳燦從稱驤甥馬映龍偵得，立捕斬之，因城守。賊奄至，以無應，解圍去。憾映龍洩其謀，揚言映龍故與通，約五日後獻城也。阿桂逮映龍，將殺之，卒以芳燦言得免。敍功，擢知靈州，顧不樂外吏，入貲爲戶部員外郎。與修會典，益務記覽。爲詞章，嘗曰：「色不欲麗，氣不欲縱，沉博奧衍，斯駢體之能事矣。」丁母憂，貧甚，鬻書以歸。著芙蓉山館詩文鈔。

揆，字荔裳。乾隆中，召試舉人，授中書。從福康安征衞藏。官至四川布政使。有藤花館稿。

鼒，字山尊。嘉慶四年進士，終侍講學士。以母老告歸，主講揚州。亦長駢體，有夕葵書屋集。

徐文靖，字位山，當塗人。父章達，以孝義稱鄉里。文靖務古學，無所不窺。著述甚富，皆援據經史。雍正改元，年五十七，始舉江南鄉試。侍郎黃叔琳典試還朝，以得三不朽士自矜，蓋指文靖及任啓運、陳祖范也。乾隆改元，試鴻博，不遇。詹事張鵬翀以所著山河兩戒考、管城碩記進呈，賜國子監學正。十七年，徵經學，入都。會開萬壽恩科，遂與試，年八十六，以老壽賜檢討，給假歸。卒，年九十餘。其所著又有周易拾遺、禹貢會箋、竹書統箋諸書。

趙青藜，字然一，涇縣人。九歲能文，乾隆元年，舉會試第一，選庶吉士，授編修，充浙江鄉試考官。遷御史，再充浙江考官，母憂歸。服闋，還臺，又充湖南考官。在臺前後五年，有直聲。如請淸屯田、歸運丁、弛米禁、濟民食、提耗羨歸公、興西北水利；又劾總督高斌、侍郎周學健奏開捐例，啓言利之端，爲害甚大。所言能持大體，不爲激切之論。尋以耳疾乞休，年八十餘，卒。青藜外和內嚴，以不欺爲主。受古文義法於方苞，苞稱及門中如青藜者，可信其操行之終不迷。著有漱芳居集，讀左管窺，於春秋二百四十二年穿穴甚深。

先是青藜同郡以史學稱者，推南陵汪越，字師退。康熙四十四年舉人。食貧勵節，守令咸折節致敬。不妄干謁。著綠影草堂集，沖淡典博。其讀史記十表，排比舊文，鉤稽徵義，所得尤多。

朱仕琇，字斐瞻，建寧人。資性朗悟，而記誦拙，日可數十言，援筆爲文輒立就。從南豐汪世麟學古文，臨別請益，世麟曰：「子但通習諸經，則世無與抗矣。」仕琇驚詫其言，遂以己意求之經傳，旁及百家諸子書，一以昌黎爲宗。副都御史雷鋐見其文，歎爲醇古沖澹，近古大家，自是名大著。乾隆九年，舉鄉試第一。踰四年，成進士，選庶吉士。散館，出知夏津縣，民爲之謠曰：「夏津清，我公能。」在任七年，以河決，改福寧府學教授。歸，主鰲峯講席者十年，卒，年六十六。

仕琇以古文辭自力，其意欲追古之立言者。以爲清穆者惟天，澹泊者惟水，含之咀之，得其妙以爲文者惟人。嘗與友人書曰：「爲文在先高其志。其心有以自得，則吾心猶古人之心也，以觀古人之言，猶吾言也。然後辨其是非焉，究其誠僞焉，定其高下焉，如黑白之判於前矣。於是順其節次焉，還其訓詁焉，沉潛其義蘊焉，調和其心氣焉，久則自然合之，又久則變化生之。於是文之高也，如纍土之成臺，如鴻漸之在天，有莫知其所以然者。」仕琇與大興朱筠及弟珪友善，筠推服其文甚至。著梅崖文集。

福建古文之學自仕琇。其後再傳有高澍然，字雨農，光澤人。嘉慶七年舉人，授內閣中書。未幾，移病歸。研説經傳，尤篤嗜昌黎集。其文陳義正，言不過物，高視塵壒之表。名不如仕琇，要其自得之趣，有不求人知能自樹立者。著春秋釋經、論語私記、韓文故及抑快軒文集。

蔣士銓，字心餘，鉛山人。家故貧，四歲，母鍾氏授書，斷竹篾爲點畫，攢簇成字教之。既長，工爲文，喜吟詠。由舉人官中書。乾隆二十二年，成進士，授編修。文名藉甚，裘曰修、彭元瑞並薦其才。旋乞病歸。帝屢從元瑞詢之，元瑞以士銓母老對。帝賜詩元瑞，有「江西兩名士」之句。士銓感恩眷，力疾起補官，記名以御史用。未幾，仍以病乞休，遂卒，年六十二。

士銓賦性悱惻，以古賢者自勵，急人之難如不及。詩詞雄傑，至敍述節烈，能使讀者感泣。著忠雅堂集。少時與武寧汪軔、南昌楊垕爲昆弟交，出入必偕，財物與共。

軔，字魚亭，優貢生。垕，字子載，舉人，本天全六番招討宣慰使孫，雍正初，改土歸流，安置江西，遂爲南昌人。詩名與軔相埒。士銓甚推服之。同時有南豐趙由儀，字山南。與士銓等並稱四子。其後繼起者，曰東鄉吳嵩梁、臨川樂鈞。

嵩梁，字蘭雪。以舉人官中書，選知黔西州。著香蘇山館集。聲播外夷，朝鮮吏曹判書金魯敬以梅花一龕供奉之，稱爲詩佛。日本賈人斥四金購其詩扇。其名重如此。

鈞，初名宮譜，字元淑。嘉慶六年舉人。與嵩梁同爲翁方綱弟子。著青芝山館集。

趙翼，字耘松，陽湖人。生三歲能識字，年十二，爲文一日成七篇，人奇其才。乾隆十九年，由舉人中明通榜，用內閣中書，入直軍機，大學士傅恆尤重之。二十六年，復成進士，殿試擬一甲第一，王杰第三。高宗謂陝西自國朝以來未有以一甲一名及第者，遂拔杰而移翼第三，授編修。

後出知鎭安府。粵民輸穀常社倉，用竹筐，以權代概。有司因購馬濟滇軍，別置大筐斂穀，後遂不革，民苦之。翼聽民用舊筐，自權，持羨去，民由是感激，每出行，爭肩輿過其村。先是鎭民付奉入雲南土富州爲姦，捕獲百餘人，付奉顧逸去，前守以是罷官。已而付奉死，驗其尸良是。總督李侍堯疑其爲前守道地，翼申辨，總督怒，劾之。適朝廷用兵緬甸，命翼赴軍贊畫，乃追劾疏還。傅恆旣至滇，經略兵事，議以大兵渡戛鳩江，別遣偏師從普洱進。翼謂普洱距戛鳩江四千餘里，不如由江東岸近地取猛密，如其策入告。其後戛鳩兵遭瘴多疾病，而阿桂所統江東岸一軍獨完，卒以蕆事。尋調守廣州，擢貴西兵備道。以廣州讞獄舊案降級，遂乞歸，不復出。

五十二年，林爽文反臺灣，侍堯赴閩治軍，邀翼與俱。時總兵柴大紀城守半載，以易子析骸入告。帝意動，諭大紀以兵護民內渡。侍堯以詢翼，翼曰：「總兵欲內渡久矣，憚國法故不敢。今一棄城，則鹿耳門爲賊有，全臺休矣！卽大兵至，無路可入。宜封還此旨。」侍堯悟，從之，明日接追還前旨之諭。侍堯膺殊賞；而大將軍福康安續至，遂得由鹿耳門進兵破賊，皆翼計也。

事平，辭歸，以著述自娛。尤邃史學，著廿二史劄記、皇朝武功紀盛、陔餘叢考、簷曝雜記、甌北詩集。嘉慶十五年，重宴鹿鳴，賜三品銜。卒，年八十六。同時袁枚、蔣士銓與翼齊名，而翼有經世之略，未盡其用。所爲詩無不如人意所欲爲，亦其才優也。

其同里學人後於翼而知名者，有洪亮吉、孫星衍、趙懷玉、黃景仁、楊倫、呂星垣、徐書受，號爲「毘陵七子」。亮吉、星衍、懷玉自有傳。

景仁，字仲則，武進人。九歲應學使者試，臨試猶蒙被索句。後以母老客遊四方，覓升斗爲養。朱筠督學安徽，招入幕。上巳修禊，賦詩太白樓。景仁年最少，著白袷立日影中，頃刻成數百言，坐客咸輟筆。時士子試當塗，聞使者高會，畢集樓下，咸從奚童乞白袷少年詩競寫，名大噪。嘗自恨其詩無幽、幷豪士氣，遂遊京師。高宗四十一年東巡，召試二等。武英殿書簽，例得主簿。陝西巡撫畢沅奇其才，厚貲之，援例爲縣丞，銓有日矣，爲債家所迫，抱病逾太行，道卒。亮吉持其喪歸，年三十五。著兩當軒集。子乙生，通鄭氏禮，善書，早卒。

倫，字敦五。乾隆中進士，蒼梧縣知縣。著有杜詩鏡詮。

星垣，字叔諸，大學士宮五世孫。乾隆五十年，辟雍禮成，進頌册，欽取一等一名，選訓導。後官河間縣知縣。有白雲草堂集。

書受，副貢生。葉縣知縣。有教經堂集。

嚴長明，字道甫，江寧人。幼奇慧。年十一，爲李紱所賞，告方苞曰：「國器也！」遂從苞受業。尋假館揚州馬氏，盡讀其藏書。高宗二十七年南巡，以諸生獻賦，賜舉人，用內閣中書，入軍機。長明通古今，多智數，工於奏牘，大學士劉統勳最奇其才。戶部奏天下錢糧雜項名目繁多，請併入地丁徵收，長明曰：「今之雜項折徵銀，皆古正供也。若去其名，他日吏忘之，謂其物官所需，必且再徵，是使民重困也。」統勳曰善，乃奏巳之。大學士溫福征大金川，欲長明從行，長明固辭。退，有咎之者，答曰：「是將敗沒，吾奈何從之！」既而溫福果軍潰以死，隨往者皆盡。

長明在軍機七年，幹敏異衆，然亦以是見嫉。其救羅浩源事，人尤喜稱之。浩源，雲南糧道也。分償屬吏汪應繳所虧帑金，有詔逾期卽誅。浩源繳不如數，逾期十日，牒請弛限。上下其議，時統勳主試禮部，秋曹無敢任其事者。長明因撾鼓入闈，見統勳，爲言汪已捐復，將曳組綬出都，獨坐浩源，義未協，宜仍責汪自繳。統勳曰：「具疏稿乎？」曰：「具。」卽振袖出之，辭義明晰。疏入報可，獄遂解。其他事多類此。人有圖其像祀之者。三十六年，擢侍讀。嘗扈蹕木蘭，大雪中失橐駞並所裝物，越日故吏以駞至。問「何以知爲吾物」，曰：「軍機官披羊裘者獨君耳。」長明勞而遣之。

後以憂歸，遂不復出。客畢沅所，爲定奏詞。又主講廬陽書院。博學强記，所讀書，或舉問，無不能對。爲詩文用思周密，和易而當於情。著毛詩地理疏證、五經算術補正、三經三史答問、石經考異、漢金石例、獻徵餘錄等書。

子觀，字子進。嗜學，好金石文字。父乞歸後，築歸求草堂，藏書二萬卷，觀丹黃幾滿。著江寧金石記，錢大昕甚高其品節。

朱筠，字竹君，大興人。乾隆甲戌進士，選庶吉士，授編修。由贊善大考擢侍讀學士，屢分校鄉會試。庚寅，典福建鄉試，辛卯，督安徽學政。

詔求遺書，奏言翰林院藏永樂大典內多古書，請開局校輯。旋奉上諭：「軍機大臣議復朱筠條奏校核永樂大典一節，已派軍機大臣爲總裁。又朱筠所奏將永樂大典擇取繕寫，各自爲書，及每書校其得失，撮舉大旨，敍於本書卷首之處，卽令承辦各員，將各原書詳細檢閱，並書中要旨總敍厓略，呈候裁定；又將來書成，著名四庫全書。」四庫全書自此始。筠又請仿漢熹平、唐開成故事，校正十三經文字，勒石太學。未幾，坐事降編修，充四庫全書纂修官，兼修日下舊聞考。高宗嘗稱筠學問文章殊過人。尋，復督學福建。歸，卒，年五十有三。

筠博聞宏覽，以經學、六書訓士。謂經學本於文字訓詁，周公作爾雅，釋詁居首；保氏敎六書，說文僅存。於是敍說文解字刊布之。視學所至，尤以人才經術名義爲急務，汲引後進，常若不及。因材施敎，士多因以得名，時有朱門弟子之目。好金石文字，謂可佐證經史。諸史百家，皆考訂其是非同異。爲文以鄭、孔經義，遷、固史書爲質，而參以韓、蘇。詩出入唐、宋，不名一家，並爲世重。筠銳然以興起斯文爲己任，搜羅文獻，表章風化，一切破崖岸而爲之。好客，善飮，談笑窮日夜。酒酣論天下事，自比李元禮、范孟博，激揚淸濁，分別邪正，聞者悚然。著有笥河集等。

翁方綱，號覃溪，大興人。乾隆壬申進士，選庶吉士，授編修。擢司業，累至內閣學士。

先後典江西、湖北、順天鄉試，督廣東、江西、山東學政。嘉慶元年，預千叟宴。四年，左遷鴻臚寺卿。十二年，重宴鹿鳴，賜三品銜。十九年，再宴恩榮，加二品卿，年八十二矣。又四年，卒。

方綱精研經術，嘗謂考訂之學，以衷於義理爲主，論語曰「多聞」、曰「闕疑」、曰「愼言」，三者備而考訂之道盡。時錢載斥戴震爲破碎大道，方綱謂：「詁訓名物，豈可目爲破碎？考訂訓詁，然後能講義理也；然震謂聖人之道，必由典制名物得之，則不盡然。」方綱讀羣經，有書、禮、論語、孟子附記，並爲經義考補正。尤精金石之學，所著兩漢金石記，剖析毫芒，參以說文、正義，考證至精。所爲詩，自諸經注疏，以及史傳之考訂，金石文字之爬梳，皆貫徹洋溢其中。論者謂能以學爲詩。他著有復初齋全集及禮經目次、蘇詩補注等。〔一〕

姚鼐，字姬傳，桐城人，刑部尙書文然玄孫。乾隆二十八年進士，選庶吉士，改禮部主事。歷充山東、湖南鄉試考官，會試同考官，所得多知名士。四庫館開，充纂修官。書成，以御史記名，乞養歸。

鼐工爲古文。康熙間，侍郎方苞名重一時，同邑劉大櫆繼之。鼐世父範與大櫆善，鼐本所聞於家庭師友間者，益以自得，所爲文高簡深古，尤近歐陽修、曾鞏。其論文根極於道德，而探原於經訓。至其淺深之際，有古人所未嘗言。鼐獨抉其微，發其蘊，論者以爲辭邁於方，理深於劉。三人皆籍桐城，世傳以爲桐城派。

鼐清約寡欲，接人極和藹，無貴賤皆樂與盡懽；而義所不可，則確乎不易其所守。世言學品兼備，推鼐無異詞。嘗仿王士禎五七言古體詩選爲今體詩選，論者以爲精當云。自告歸後，主講江南紫陽、鍾山書院四十餘年，以誨迪後進爲務。嘉慶十五年，重赴鹿鳴，加四品銜。二十年，卒，年八十有五。所著有九經說十七卷，老子、莊子章義，惜抱軒文集二十卷、詩集二十卷，三傳補注三卷，法帖題跋二卷、筆記四卷。

子景衡，舉人，知縣。有儁才，鼐故工書，景衡學其筆法，能亂眞。

吳定，字殿麟，歙縣人。舉孝廉方正。與姚鼐相友善，論文嚴於法。鼐每爲文示定，定所不可，必盡言，得當乃止。定嘗語陳用光曰：「先生虛懷善取，爲文尙如是，其爲學可知矣。」著有周易集注十卷，紫石泉山房文集十二卷、詩集六卷。

魯九皋，原名仕驥，字絜非，新城人。嘗從鼐問古文法，又使其甥陳用光及鼐門。乾隆三十六年進士，選山西夏縣，以積勞致疾卒。所著曰山木居士集。

用光，字碩士。嘉慶六年進士，由編修累官禮部侍郎。篤於師友誼，嘗爲姚、魯兩師置祭田，以學行重一時。著有太乙舟文集。

當嘉、道間，傳古文法者，有宜興吳德旋、上元梅曾亮諸人，曾亮自有傳。德旋，字仲倫。諸生。以古文鳴。與陽湖惲敬、永福呂璜以文相砥鏃。詩亦高澹絕俗，有初月樓集。

宋大樽，字左彝，仁和人。弱歲，刲股愈母疾，讓產其弟。乾隆三十九年舉人，爲國子監助教，以母老引疾歸。豪於飲酒，善鼓琴，時時出游佳山水，助其詩興。其詩由唐人而上溯之，極於古歌謠而止，才力足以相儷。有茗香論詩、學古集、牧牛村舍詩鈔。

同縣錢林，字金粟。嘉慶十三年進士，由編修至侍讀學士，左遷庶子。林熟於本朝名臣言行，及河漕、鹽榷、錢法諸大政。詩亦醞釀於漢、魏、六朝。阮元督學浙江，稱爲華實兼茂之士。著文獻徵存錄、玉山草堂詩集。

端木國瑚，青田人。青田故產鶴，國瑚生而清傲似鶴，其大父字之曰鶴田。阮元督學得之，恆誇示人曰：「此青田一鶴也！」命賦使署定香亭，賦成，一時傳誦。國瑚好學深思，通天文之奧。嘗被召相山陵，敍勞官中書。道光十三年進士，選用知縣。性不耐劇，投牒就原官。著周易指，屬稿二十六年而後成。詩才淸麗，有太鶴山人集。又著周易葬說、地理元文，後頗悔之，不輕爲人營葬。

吳文溥，字澹川，嘉興貢生。亦以詩名。其爲人有韜略，超然不羣，能作蘇門長嘯。著南野堂集。

章學誠，字實齋，會稽人。乾隆四十三年進士，官國子監典籍。自少讀書，不甘爲章句之學。從山陰劉文蔚、童鈺游，習聞蕺山、南雷之說。熟於明季朝政始末，往往出於正史外，秀水鄭炳文稱其有良史才。繼游朱筠門，筠藏書甚富，因得縱覽羣籍，與名流相討論，學益宏富。著文史通義、校讐通義，推原官禮而有得於向、歆父子之傳。其於古今學術，輒能條別而得其宗旨，立論多前人所未發。嘗與戴震、汪中同客馮廷丞寧紹台道署，廷丞甚敬禮之。

學誠好辯論，勇於自信。有實齋文集，視唐宋文體，夷然不屑。所修和州、亳州、永清縣諸志，皆得體要，爲世所推。

章宗源，字逢之。乾隆五十一年，大興籍舉人，其祖籍亦浙江也。嘗輯錄唐、宋以來亡佚古書，欲撰隋書經籍志考證，積十餘年始成。稿爲仇家所焚，僅存史部五卷。

後百有餘年，有姚振宗，字海槎，山陰人。著漢藝文志、隋經籍志考證，能訂宗源之失。又補後漢、三國兩藝文志。目錄之學，卓然大宗。論者謂足紹二章之傳。

而學誠同時有歸安吳蘭庭，字胥石。乾隆三十九年舉人。稽古博聞，多所纂述。嘗以宋吳縝著有五代史記纂誤，因更取薛居正舊史參校，爲纂誤補四卷。同邑丁杰邃於經，蘭庭熟於史，一時有「丁經吳史」之目。嘉慶元年，與千叟宴。他所著又有五代史考異、讀通鑑筆記、南霅草堂集。

祁韻士，字鶴皋，壽陽人。乾隆四十三年進士，官編修，擢中允，大考改戶部主事。嘉慶初，以郎中監督寶泉局。局庫虧銅案發，戍伊犁。未幾，赦還。卒於保定書院，年六十五。

韻士幼喜治史，於疆域山川形勝、古人爵里名氏，靡不記覽。弱冠，館靜樂李氏，李藏書十餘楹，多善本，韻士寢饋其中五年，益賅洽。旣入翰林，充國史館纂修。時創立蒙古王公表傳，計內扎薩克四十九旗，外扎薩克喀爾喀等二百餘旗，以至西藏及回部糾紛雜亂，皆無文獻可徵據。乃悉發庫貯紅本，尋其端緒，每於灰塵坌積中忽有所得，如獲異聞。各按部落立傳，要以見諸實錄、紅本者爲準；又取皇輿全圖以定地界方向。其王公支派源流，則核以理藩院所存世譜，八年而後成書；又別撰藩部要略，以年月編次。蓋傳仿史記，而要略仿通鑑。李兆洛序之，謂如讀邃皇之書，覩鴻濛開闢之規模矣。及戍伊犁，有所纂述，大興徐松續修之，成新疆事略。

韻士又著西域釋地、西陲要略，皆考證古今，簡而能核。外有萬里行程記、己庚編、書史輯要、詩文集。

張穆，字石洲，平定州人。道光中，優貢生。善屬文。歙縣程恩澤見之，驚曰：「東京崔、蔡之匹也！」通訓詁、天算、輿地之學。著蒙古游牧記，用史志體，韻士要略用編年體，論者謂二書足相埒。又以魏書地形志分併建革，一以天平、元象、興和、武定爲限，純乎東魏之志。其雍、秦諸州地入西魏者，遂挩失踳駮不可讀。乃更事排纂，書未成，其友何秋濤爲補輯之。又著顧炎武、閻若璩年譜，㐆齋詩、文集。

秋濤，字願船，光澤人。道光二十四年進士，授刑部主事。留心經世之務。以俄羅斯與中國壤地連接，宜有專書資考鏡，始著北徼彙編六卷。後復詳訂圖說，起漢、晉訖道光，增爲八十卷。文宗垂覽其書，賜名朔方備乘。召見，擢員外郎、懋勤殿行走，旋以憂去。同治改元，年三十九，卒。又著王會篇箋釋、一鐙精舍甲部藁。刑部奉敕撰律例根源，亦秋濤在官時創藁云。

馮敏昌，字伯求，欽州人。童年補諸生。翁方綱按試廉州，以拔貢選入國學。乾隆四十三年進士，授編修。大考，改戶部主事，調補刑部。性至孝友，聞父喪，一痛嘔血，大雪，徒跣竟日。方綱憂曰：「敏昌萬無生理！」則持其母夫人書促令歸省。及丁內艱，廬墓久，遂不復出。

平生足跡半天下，嘗登岱，題名絕壁；游廬阜，觀瀑布；抵華嶽，攀鐵鏈，躋嶂峽。在河陽時，親歷王屋、大行諸山。又以北嶽去孟縣不千里，騎駿馬直造曲陽飛石之巔，窮雁門、長城而返。最後宿南嶽廟，升祝融峯，觀雲海。其悱惻之情，曠逸之抱，一寓於詩。著有小羅浮草堂詩集、孟縣志、華山小志、河陽金石錄。學者稱魚山先生。

其後嶺南以詩名家者，有嘉應宋湘，字煥襄。嘉慶四年進士。以編修典試四川、貴州，出知曲靖府。敎屬地種木棉，人稱「宋公布」。署廣南、永昌，皆有績。永昌灣甸土州知州死，遠族景在東謀襲其職，據境專殺自恣，如是者五六年。當事怯，莫敢發。民、夷赴愬，湘請諸鎭帥，不允；乃率僚屬游讌棲賢山，從容賦詩，密約鄉兵乘夜兼行，出不意，擒在東斬之，費銀八千兩，不取償公家，邊隅以靖。終湖北督糧道。詩學少陵，有不易居集。

敏昌同時又有趙希璜，字渭川，長寧人。少讀書羅浮山，與順德黎簡友善。乾隆四十四年舉人。知安陽縣，邑志久未修，希璜聘武億共成之。紀昀推其體例合古法。末附金石錄十二卷，尤精確。希璜工詩，著有四百三十二峯草堂詩鈔。

業。法式善，字開文，蒙古烏爾濟氏，隸內務府正黃旗。乾隆四十五年進士，授檢討，遷司業。五十年，高宗臨雍，率諸生七十餘人聽講，禮成，賞賚有差。本名運昌，命改今名，國語言「竭力有爲」也。由庶子遷侍讀學士，大考降員外郎，阿桂薦補左庶子。性好文，以宏獎風流爲己任。顧數奇，官至四品卽左遷。其後兩爲侍講學士，一以大考改贊善，一坐修書不謹貶庶子，遂乞病歸。

所居後載門北，明李東陽西涯舊址也。搆詩龕及梧門書屋，法書名畫盈棟几，得海內名流詠贈，卽投詩龕中。主盟壇坫三十年，論者謂接迹西涯無愧色。著清秘述聞、槐廳載筆、存素堂詩集。平生於詩所激賞者，舒位、王曇、孫原湘，作三君子詠以張之。然位豔曇狂，惟原湘以才氣寫性靈，能以韻勝，著天眞閣集。

原湘，字子瀟，昭文人。嘉慶十年進士。選庶吉士，未仕。

同時江蘇與原湘負才名者，有吳江郭麐，字祥伯。附監生。一眉瑩白如雪，風采超俊。家貧客遊，人爭倒屣。詩學李長吉、沈下賢，詞尤清婉。著靈芬館集。嘗病潘昂霄金石例之隘，因據洪氏隸釋爲金石例補，又撰詞品十二則，以繼司空表聖之詩品。

惲敬，字子居，陽湖人。幼從舅氏鄭環學，持論能獨出己見。乾隆四十八年舉人，以教習官京師。時同縣莊述祖、有可、張惠言，海鹽陳石麟，桐城王灼集輦下，敬與爲友，商榷經義，以古文鳴於時。既而選令富陽，銳欲圖治，不隨羣輩俯仰。大吏怒其強項，務裁抑之，令督解黔餉。敬曰：「王事也。」怡然就道。後遭父喪，服闋，選新喻。吏民素横暴，繩以法，人疑其過猛。已乃進秀異士與論文藝，俗習大變。調知瑞金，有富民進千金求脫罪，峻拒之。關說者以萬金相啗，敬曰：「節士苞苴不逮門，吾豈有遺行耶！」卒論如法。由是廉聲大著。卓異，擢南昌同知。敬爲人負氣，所至輒忤上官，以其才高優容之，然忌者遂銜之次骨。最後署吳城同知，坐姦民誣訴隸詐財失察被劾。忌者聞而喜曰：「惲子居大賢，乃以贓敗耶！」

敬既罷官，益肆其力於文。深求前史興壞治亂之故，旁及縱横、名法、兵農、陰陽家言。會其友惠言歿，於是敬慨然曰：「古文自元、明以來漸失其傳，吾向所以不多爲者，有惠言在也。今惠言死，吾安敢不併力治之？」其文蓋出於韓非、李斯，與蘇洵爲近。卒，年六十一。著大雲山房稿。其治獄曰子居決事，附集後。

趙懷玉，字億孫，武進人，尚書申喬四世孫。乾隆中召試舉人，授中書。久之，出爲青州府同知，以憂歸，終於家。性坦易，工古文辭。嘗自言不敢好名爲欺人之事，不敢好奇爲欺世之學。惲敬稱其文無有雜言詖義離眞反正者。著有生齋文集。

黎簡，字簡民，順德人。十歲能詩。益都李文藻令朝陽，見簡詩，曰：「必傳之作也。」勸令就試。學使李調元得其擬昌黎石鼎聯句，奇賞之。補弟子員，人號之曰黎石鼎。久之，膺選拔。尋丁外艱，遂終於家，足不踰嶺。海內名流，欽其高節。袁枚負盛名，游羅浮，邀與相見，謝不往也。著五百四峰草堂詩文鈔。所與交同邑張錦芳、黃丹書，番禺呂堅皆以詩名。

錦芳，字粲夫。乾隆中進士，官編修。通說文，喜金石文字。弟錦麟，字瑞夫。舉人。兄弟並爲翁方綱所器異。錦麟以賦「碧天如水雁初飛」句得名，時呼張碧天。早卒。錦芳著逃虛閣詩鈔，與欽州馮敏昌、同邑胡亦常稱「嶺南三子」。

丹書，字廷授。亦以詩受知調元。貢優行，事親孝，居喪能盡哀。後舉於鄉。至都，朝貴爭延之，辭不就。嘗曰：「貧與富交則損名，賤與貴交則損節。」晚官教諭，兼工書畫。著鴻雪齋詩鈔。

堅，字介卿。歲貢生，窮老不遇。著遲删集。

亦常，字同謙。舉人。落第南歸，與戴震同舟，至富春江乃別。舟中手寫震所著書，謀刊之。多噉瓜果解渴，得胃寒疾，抵家卒。有賜書樓集。

張士元，字翰宣，震澤人。工古文辭，師法歸有光。歲正，陳其集几上，北面拜之。又用歸氏評點史記法，上推之左氏，下逮韓、歐，無不合者。乾隆五十三年舉人，久不第，留京師館董誥第八年。誥主會試，欲令士元出門下，不能得也。姚文田督學江南，士元與有舊，戒諸子勿應試。年老，銓教諭，以耳聵謝不就。曰：「國家設學校，使師弟子相從講學，豈漫以廩祿拯寒生哉？」乃歸老爛谿之上，撰述自娛。學者稱鱸江先生。性澹泊寡交，獨與王芑孫、秦瀛、陳用光以學問相切劘。姚鼐見其文，亦擬之震川。卒，年七十。著嘉樹山房集。

同邑張海珊，字越來；張履，字淵甫：皆舉人。海珊道光元年鄉試解首，榜發，已前卒。其論學以宋賢爲歸，又恥迂儒寡效，自農田、河渠、兵制、天下形勢所在，及漕糧利弊，悉心究討。三吳亢旱港涸，一日北風大作，水入，糾衆築堤儲之，歲以有秋。著小安樂窩集、喪禮問答、火攻秘錄。

履，海珊門人也。傳海珊之學，尤精三禮。其議禮之文，皆犁然有當，非徒習訓詁名物者。官句容訓導。著積石山房集。

〔一〕按：朱筠傳、翁方綱傳，關內本和關外一次本均無。

清史稿卷四百八十六

列傳二百七十三

文苑三

張澍 邢澍 莫與儔 子友芝 陸繼輅 從子燿遹 彭績
洪頤煊 兄坤煊 弟震煊 鄧顯鶴 萬希槐 周濟 陳鶴
徐松 沈垚 陳潮 李圖 李兆洛 承培元 宋景昌 繆尚誥 六承如
錢儀吉 從弟泰吉 包世臣 齊彥槐 姚椿 顧廣譽
張鑑 楊鳳苞 施國祁 黃易 瞿中溶 張廷濟 沈濤 陸增祥
董祐誠 方履籛 周儀暐 俞正燮 趙紹祖 汪文臺 湯球
潘德輿 吳昆田 張維屏 譚敬昭 彭泰來 梅曾亮 管同 劉開

毛嶽生　湯鵬　張際亮　龔鞏祚　魏源　方東樹　從弟宗誠
蘇惇元　戴鈞衡　魯一同　子蕢　譚瑩　熊景星　黃子高　瑩子宗浚
吳敏樹　楊彝珍　周壽昌　李希聖　斌良　錫縝　李雲麟
何紹基　孫維樸　李瑞清　馮桂芬　王頌蔚　葉昌熾　管禮耕　袁寶璜
李慈銘　陶方琦　譚廷獻　李稷勳　張裕釗　范當世　朱銘盤　楊守敬
吳汝綸　蕭穆　賀濤　劉孚京　林紓　嚴復　辜湯生

張澍，字介侯，武威人。父應舉，有孝行。嘉慶四年，澍年十八，成進士。是科得人最盛，澍選庶吉士，文詞博麗。散館改知縣，初令玉屏，以病歸。敍防河勞，選屏山，攝興文，丁父艱。再起，知永新。署臨江通判，坐徵解綏，罷官。開復，補瀘溪，復以憂去。

澍性亢直，所至輒有聲。在黔時，巡撫初彭齡過縣，澍杖其僕之索金者。座主蔣攸銛督四川，甫下車，舉劾屬吏，風采嚴峻。澍上書論其循情市恩，黜陟不當，以此官不遂。務博覽經史，皆有纂著。遊跡半天下，詩文益富。留心關、隴文獻，蒐輯刊刻之。纂五涼舊聞、三古人苑、續黔書、秦音、蜀典，而姓氏五書尤爲絕學。自著詩文外，又有詩小序翼、說文引經考證。

同時甘肅有與之同名者，曰邢澍，字雨民，階州人也。兩人學派亦略相近。乾隆五十五年進士，官至南安知府。好古博聞，孫星衍輯寰宇訪碑錄，多資於澍。著有關右經籍考、兩漢希姓錄、金石文字辨異、守雅堂集。

莫與儔，字猶人，獨山州人。少有志操，兄歿，持期服，不與試。嘉慶四年，朱珪、阮元總裁會試，所拔取多樸學知名士，與儔亦以是年成進士，選庶吉士。散館，改令鹽源縣。俗，富民買田好擇取無稅者，貧民往往鬻產存賦，久輒逃亡。與儔責賦富人，而貰其隱占罪。又上言河西寧遠子稅所府隸橫征病民，得裁去。木裏喇嗎左所有山產銀銅，布政使符縣開礦，與儔持不可，以爲礦山實土官經堂所據，奸民所呈地圖距經堂遠，實無礦，開廠聚衆，滋擾夷境，貪小利，賈大釁，事誠不便。大吏檄與儔覆勘，至則礦山果在經堂右。其衆嚴兵以待，既瞻與儔貌，聆其溫語，皆解甲羅拜。縣令至，土司例有供餽，盡却之，又懸諸禁。比還，老幼遮道獻酒，塡咽不得前。舉治行卓異，以父憂去。母老，遂請終養。

久之，被吏部檄復起，自請改教授，選遵義。士人聞其至，爭請受業。學舍如蠭房，猶不足，僦居半城市。旦暮進諸生而詔之：「學以盡其下焉者而已，上焉者聽其自至可也。程、朱氏之論，窮神達化，不越灑埽應對日用之常。至六藝故訓，則國朝專經大師，實邁近古。」其稱江、閻、惠、陳、段、王父子，未嘗隔三宿不言，聽者如旱苗之得膏雨。其後門人鄭珍及子友芝遂通許、鄭之學，爲西南大師。與儔著二南近說，詩文散佚。友芝記其言行爲過庭碎錄。

友芝，字子偲。家世傳業，通會漢、宋。工詩。眞行篆隸書不類唐以後人，世爭寶貴。友芝亦樂易近人，癯貌玉立，而介特內含。道光十一年舉人，在京師遠迹權貴。胡林翼、曾國藩皆其舊好，留居幕府，評騭書史外，榮利泊如也。咸豐時，嘗選取縣令，棄去。至是中外大臣密疏薦其學行，有詔徵至，復謝不就。卒，年六十一。著黔詩紀略、遵義府志、聲韻考略、邵庭詩鈔、宋元舊本經眼錄、樗繭譜注、唐本說文木部箋異。

陸繼輅，字祁孫，陽湖人。幼孤，生母林嚴督之，非其人，禁勿與遊。甫成童，出應試，得識丁履恆，歸告母，母察其賢，始令與結。其後益交莊曾詒、張琦、惲敬、洪飴孫輩，學日進。嘉慶五年舉人，選合肥訓導。以修安徽省志敍勞，遷貴溪令，三年引疾歸。繼輅儀幹秀削，聲清如唳鶴。不以塵務經心，惟肆力於詩。清溫多風，如其人也。

常州自張惠言、惲敬以古文名，繼輅與董士錫同時並起，世遂推爲陽湖派，與桐城相抗。然繼輅選七家古文，以爲惠言、敬受文法於錢伯坰，伯坰親業劉大櫆之門；蓋其淵源同出唐、宋大家，以上窺史、漢，桐城、陽湖，皆未嘗自標異也。繼輅著崇百藥齋集、合肥學舍札記。

從子耀遹，字劭文。縣學生。工爲詩，喜金石文字，與繼輅齊名。其爲人韜斂精采，而遇事侃侃無所撓。遊公卿間，尤長尺牘。嘗客陝西巡撫幕，教匪反滑縣，那彥成過長安，聞耀遹名，卽請見，爲陳機宜數十事，因囑具草以聞，多施行。道光初，舉孝廉方正，選阜寧教諭，卒。有雙白燕堂集、金石續編。

繼輅所鈔七家文者，大槪、惠言、敬外，則方苞、姚鼐、朱仕琇、彭績也。

績，字秋士，長洲人。品詣孤峻。乾隆末，窮而客死。無子，年四十四。族子紹升曰：「人之弔先生者，悲其窮。吾獨謂先生竹柏之性，有節有文采，其英亦元結、孟郊之匹，未見其窮也。」有秋士遺集。餘六人皆自有傳。

洪頤煊，字旌賢，臨海人。少時自力於學，與兄坤煊、弟震煊讀書僧寮，夜就佛鐙講誦不輟。學使阮元招頤煊、震煊就學行省，名日起。嘉慶六年，充選拔貢生。入貲爲州判，權知新興縣事。適阮元督粵，知頤煊學優非吏才，延致幕府，相與諮諏經史。後卒於家。性喜聚書，廣購嶺南舊本至三萬餘卷，碑版彝器多世所罕覯。著禮經宮室答問、孔子三朝記、管子義證、漢志水道疏證、讀書叢錄、台州札記、筠軒詩文集。

坤煊，字載厚。乾隆末，以拔貢生舉鄉試，題名後十餘日卒。

震煊，字百里。精選學，詩才敏贍。阮元修經籍籑詁、十三經校勘記皆任其役。後頤煊十二年充選拔貢生。既廷試，貧不克歸，遂以客死。著夏小正疏義。

鄧顯鶴，字子立，新化人。少與同里歐陽紹洛以詩相勵，遊客四方，所至傾動。嘉慶九年舉人。厭薄仕進，一以籑著爲事，繫楚南文獻者三十年，學者稱之曰湘皋先生。內行修，事兄白首無間，撫其子勤於己子。尤篤於師友風義。嘗以爲洞庭以南，服嶺以北，屈原、賈誼傷心之地也，歷代通人志士相望，而文字湮鬱不宣。乃從事搜討，每得貞烈遺行於殘簡斷册中，爲之驚喜狂拜，汲汲彰顯，若大讁隨其後。凡所著有資江耆舊集、沅湘耆舊集、楚寶增輯考異、武岡志、寶慶志、朱子五忠祠傳略及續傳、明季湖南殉節傳略。又易述、毛詩表、南村草堂詩文集，共數百卷。晚授寧鄉訓導。卒，年七十五。

同時萬希槐，字蔚亭，黃岡人。以廩膳生官南漳訓導。通經史百家言，著十三經證異、困學紀聞集證，陳嵩慶推爲王氏功臣。

周濟，字保緒，荆溪人。好讀史，喜觀古將帥兵略，騎射擊刺藝絕精。嘉慶十年進士。或謂之曰：「對策語幸無過激。」濟曰：「始進，敢欺君乎！」及廷對，縱言天下事，字逾恆格。以三甲歸班選知縣，改就淮安府學教授。上丁釋奠，禮畢，知府王轂就殿門外升輿，濟趨前阻之，知府不懌去，濟遂引疾歸。是秋冒賑事發，自轂以下吏皆得罪，濟以先去免。淮南北鹽梟充斥，總督孫玉庭知濟能，以防撫事屬之。濟集營弁，勒以兵法，姦民皆斂迹。已而歎曰：「鹽務不理其本，徒緝私，私不可勝緝也。」因謝去。濟與李兆洛、張琦、包世臣訂交。當是時，數吳中士有裨世用者，必首及世臣、濟兩人。

濟雖以才自喜，一日盡屏豪習，閉門撰述，成晉略八十卷，例精辭潔，於攻取防守地勢多發明論贊中，非徒考訂已也。晚復任淮安教授，遴秀童教以樂舞，禮成，觀者盈千。周天爵移督湖廣，邀濟偕行。道卒，年五十九。

陳鶴，字鶴齡，元和人。操行修潔，亦精史學。嘉慶元年進士，以主事分工部，出無車馬。與棲霞牟昌裕、陽山鄭士超有「工部三君子」之目。熟於明代事，輯明紀六十卷。未成，卒。後八卷其孫克家續成之。克家，道光末舉人。官中書。後參張國樑軍事，殉難，贈知府銜。

徐松，字星伯，大興人。嘉慶十年進士，授編修。簡湖南學政，坐事戍伊犂。松留心文獻，既出關，置開方小册，隨所至圖其山川曲折，成西域水道記，擬水經；復自爲釋，以比道元之注。又以新疆入版圖數十年，視同畿甸，而未有專書，乃纂述成編，於建置、控扼、錢糧、兵籍，言之尤詳。將軍松筠奏進其書，賜名新疆事略，特旨赦還，御製序付武英殿刊行。道光改元，起內閣中書，洊擢郎中，補御史，出知榆林府。未幾，卒。他所著有新斠注地理志集釋、漢書西域傳補注、唐兩京城坊考、唐登科記考、新疆賦共數十卷。

松喜延譽後進。其客有沈垚者，字子惇，烏程人。優貢生。性沉默，足不越關塞，好指畫絕域山川。初爲何凌漢、陳用光所賞拔。入京師，館於松。松稱其地學之精。歙程恩澤嘗讀西游記，擬爲文疏通其說。及見垚所撰西游記金山以東釋，歎曰：「遐荒萬里在目前矣！」遂閣筆。垚客死，張穆裒其遺著，爲落颿樓藁。

陳潮，字東之，泰興人。通經，工小篆，又擅周髀之學。嘗夜登高臺窺星象，不寐。遊京師，亦卒於松寓。

李圖，字少伯，掖縣人。以拔貢生官直隸無極縣知縣，謝病歸。圖讀書十行俱下，天才卓越。工詩古文詞，力屏近世浮靡之習。嘗曰：「文非司馬子長，詩非蘇、李，不足爲師法也。」徐松爲濟南濼源書院山長，見圖詩，嘆曰：「三百年來無此作矣！」著有鴻桷齋詩文集。山左稱詩者，王士禎、趙執信以後，以圖爲巨擘云。

李兆洛，字申耆，陽湖人。嘉慶十年進士，選庶吉士。改令鳳臺，俗獷悍多盜，地接蒙城、阜陽，遠者至百八十里，官或終任不一至。兆洛親行縣，辨其里落繁耗、地畝廣袤饒瘠，次第經理之。焦岡湖，漢芍陂也，濱淮，易爲災。乃增隄防，設溝閘，歲以屢豐。擇耆老勸民孝謹，優奬之。於僻遠設義學，爲求良師。其捕盜，尤爲人所喜稱。嘗騎率健勇出不意得其魁，因察而撫用之。兆洛嘗曰：「鳳、潁、泗民氣可用，揀集五千人，方行天下有餘矣。然唯其豪能使之，官帥至千里外，必客兵勢勝足相鈐制乃可。」兆洛在縣七年，以父憂去，遂不出。主講江陰書院幾二十年，以實學課士，其治經學、音韻、訓詁，訂輿圖，考天官曆術及習古文辭者輩出。如江陰承培元、宋景昌、繆尚誥、六承如等，皆其選也。

兆洛短身碩腹，豹顱剛目，望之若不可近，而接人和易，未嘗疾言遽色。資恤故舊窮乏無不至。藏書逾五萬卷，皆手加丹鉛，尤嗜輿地學。其論文欲合駢散爲一，病當世治古文者知宗唐、宋不知宗兩漢，因輯駢體文鈔。其序略云：「自秦迄隋，其體遞變，而文無異名。自唐以來，始有古文之目，而目六朝之文爲駢體。爲其學者，亦自以爲與古文殊路。夫氣有厚薄，天爲之也；學有純駁，人爲之也；體格有遷變，人與天參焉者也；義理無殊途，天人合焉者也。得其厚薄純雜之故，則於其體格之變，可以知世焉；於其義理之無殊，可以知文焉。文之體至六代而其變盡，夫沿其流極而泝之以至乎其源，則其所出者一也。」卒，年七十一。其自著曰養一齋集。所輯有皇朝文典、大清一統輿地全圖、鳳臺縣志、地理韻編。

培元，字守丹。優貢生。著說文引經證例、籀雅、經滯揭櫫。

景昌，字冕之。縣學生。著星緯測量諸篇。

尚詰，字芷卿。舉人。著古韻譜、雙聲譜、經星考。

承如及族人嚴，皆貢生。兆洛訂輿地圖，六氏兩生所手繪也。

錢儀吉，字衎石，嘉興人，尚書陳羣曾孫。父福胙，侍讀學士。儀吉生有五色文禽翔其室，故初名逵吉，後易焉。嘉慶十三年進士，選庶吉士。改戶部主事，累遷至工科給事中。皆能舉其職，因公罷歸。

儀吉治經，先求古訓，博考衆說，一折衷本文大義，不持漢、宋門戶。嘗著經典證文、說文雅厭。雅厭者，以十九篇之次，寫九百四部之文，而以經籍傳注推廣之。其讀史，補晉兵志、朔閏諸表，撰三國晉南北朝會要，體例視徐天麟有所出入，不限斷以本書。又仿宋杜大珪名臣琬琰碑傳集，得清臣工文儒等八百餘人，輯錄之爲碑傳集。後卒於大梁書院，年六十八。

從弟泰吉，字警石。少孤，執喪盡哀禮。與儀吉以學行相磨，遠近盛稱「嘉興二石」。爲詩文原本情性，讀其辭，知其於孝友最深也。以廩貢生得海寧州學訓導。居閒務讀書，自經史百氏下逮唐、宋以來詩文集，靡不博校。以其學語諸生，諸生之賢且文者大附。嘗修學宮，以費所羨修海昌備志。既又得民間節孝行者千餘事爲旌之，曰：「吾職也。」再三請，必得乃已。爲訓導幾三十年，不以枝官自放曠。粤寇陷浙，往依曾國藩，卒於安慶。著曝書雜志、甘泉鄉人稿。儀吉子寶惠，泰吉子炳森，皆能世其學。

包世臣，字愼伯，涇縣人。少工詞章，有經濟大略，喜言兵。嘉慶十三年舉人，大挑以知縣發江西。一權新喻，被劾去。復隨明亮征川、楚，發奇謀不見用，遂歸，卜居金陵。世臣精悍有口辯，以布衣遨遊公卿間。東南大吏，每遇兵、荒、河、漕、鹽諸鉅政，無不屈節諮詢，世臣亦慷慨言之。

初，海盜蔡牽犯上海，鎭道迎世臣閱沿海島嶼。見黃浦停泊商船千艘，遂建海運可救漕弊之議。游袁浦，值河事亟，箸策河四略。是時鹽法以兩淮爲大，私梟充斥，議者爭言緝私。世臣擬多裁鹽官，惟留運司主錢糧，場大使督竈戶，不分畛域，仿現行鐵硝之例，聽商販領本地官印照，赴場繳課買鹽。州縣具詳，運司存核，則場官不能乾沒正課；而轉輸迅速，則鹽價必銳減；私鹽皆輸官課，課入必倍。以之津貼辦公，并增翰、詹、科、道廉俸，爲計甚便。其論西北水利曰：「今國家南漕四百萬石，中歲腴田二百萬畝所產也。有田四百萬畝，歲入與佃半之，遂當全漕。先減運十之一，糴其穀及運資置官屯，遞減至十年，則漕可罷，賦可寬。以其盈餘量加賦餉，而官可廉，兵可練。不然，漕東南以贍西北，浮收勒折，日增一日，竭民力，積衆怒。東南大患，終必在此。」世臣能爲大言。其論書法尤精，行草隸書，皆爲世所珍貴。著有小倦遊閣文集，別編爲安吳四種。

齊彥槐，字梅麓，婺源人。嘉慶十三年召試舉人，明年成進士，選庶吉士。散館，授金匱令。毀淫祠，歲旱，勤賑務。擢蘇州府同知，陳海運策，巡撫召詰之，條舉以對，巡撫不能難，終以更張寢其事。後十餘年，改行海運，仍仿其法焉。嘗製渾天儀、中星儀，并各爲之說，及龍尾、恆升二車，便民運水。又著北極星緯度分表、海運南漕叢議、梅麓詩文集。

姚椿，字春木，婁縣人。父令儀，四川布政使，又屢參戎幕。椿高才博學，幼隨父游歷諸行省，洞知閭閻疾苦，慨然欲效用於世。以國子監生試京兆，日與洪亮吉、楊芳燦、張問陶輩文酒高會，才名大起。顧試輒不遇。既，又受學於姚鼐，退而發宋賢書讀之，屏棄夙習，壹意求道，泊如也。嘗得寶應朱澤澐遺著，歎曰：「此眞爲程、朱之學者！」親詣其墓拜之，申私淑之禮。道光元年，舉孝廉方正，不就。主書院講席，以實學勵諸生。其論文必舉桐城所稱，曰：「好學深思，心知其意。」又曰：「文之用有四：曰明道，曰記事，曰考古有得，曰言詞深美。」其錄清代人文八十餘卷，一本此旨。著有通藝閣錄、晚學齋文錄。

顧廣譽，字維康，平湖人。優貢生，舉咸豐元年孝廉方正。寇亂，未廷試。廣譽慕其鄉張履祥、陸隴其之爲人，刻意厲行。其治經一依程端禮讀書分年日程遺法。著學詩詳說，用力至勤。又憫晚近喪祭禮廢，恩紀衰薄，婚娶僭侈踰度，乃變通古禮，酌時俗之宜，成四禮榷疑八卷。姚椿推爲一時宗匠。有悔過齋文稿。卒於上海龍門書院。

張鑑，字春治，歸安人。巡撫阮元築詁經精舍西湖，鑑及同里楊鳳苞、施國祁肄業其中，皆知名。嘉慶初，副榜貢生。元剿海寇，賑兩浙水災，一資鑑贊畫。時方議海運，鑑力主之。以爲河運雖安，費鉅；海運費省，得其人熟習海道，未嘗不安。乃著海運芻言，凡料淺占風之法，定盤望星之規，放洋泊舟之處，考之甚悉，侍郎英和亟稱其書。道光四年，河決高家堰，漕運阻。英和遂奏行海運，多採用鑑說。卒，年八十三。著十五經叢說、西夏紀事本末、眉山詩案廣證。

鳳苞，字傅九。元編經籍纂詁，鳳苞與分纂。熟明季事，嘗爲南疆逸史跋十二篇，傳於時。晚館郡城陳氏，其書室爲鄭元慶魚計亭，人以爲元慶復生云。

國祁，字非熊。與鳳苞皆廩膳生。國祁病金史蕪雜，積二十餘年，成金史詳校。以其帙繁，乃列舉條目爲金源劄記。又作元遺山集箋、金源雜事詩。國祁工詩文，善塡詞。家貧，爲人主計市肆中。有一樓，顏曰吉貝居，著書其中，燬於火，著述多燼。

黃易，字小松，錢塘人。父樹穀，以孝聞，工隸書，博通金石。易承先業，於吉金樂石，寢食依之，遂以名家。官山東運河同知，勤於職事。嘗得武班碑及武梁祠堂石室畫像於嘉祥，乃卽其地起武氏祠堂，砌石祠內。又出家藏精拓雙鉤鋟木。凡四方好古之士得奇文古刻，皆就易是正，以是所蓄甲於一時。自乾、嘉以來，漢學盛行，羣經古訓無可蒐輯，則旁及金石，嗜之成癖，亦一時風尚然也。

瞿中溶，字木夫，嘉定人。爲錢大昕女夫。尤邃金石之學。官湖南布政司理問，搜奇訪僻於人跡罕至之境，所獲益多。著有孔廟從祀弟子辨證、漢魏蜀石經考異辨正、說文地名考異、古泉山館彝器圖錄、錢志補正集、古官印考證、古鏡圖錄、續漢金石文編，凡二十餘種。

張廷濟，字叔未，嘉興人。嘉慶三年，舉鄉試第一。應禮部試輒躓，遂歸隱，以圖書金石自娛。建清儀閣，藏庋古器，名被大江南北。

沈濤，字西雝。與廷濟同邑。嘉慶十五年舉人。咸豐初，署江西鹽法道。粵賊攻南昌，隨巡撫張芾城守。圍解，授興泉永道，未到官，卒。濤尚考訂之學，喜金石，著常山貞石志、說文古本考。

陸增祥，字星農，太倉人。道光三十年一甲一名進士，授修撰，至辰永沅靖道。踵王昶金石萃編成金石補正百二十卷，凡三千五百餘通。又著甎錄一卷。其訂正金石款識名物，何紹基服其精。

董祐誠，字方立，陽湖人。生五歲，曉九九數。稍長，善屬文。游陝西，成華山神廟賦，一時傳誦。其學於典章、禮儀、輿地、名物皆肆力探索，而尤精曆算，盡通諸家法。特善深沉之思，書之鈎棘難讀者，一覽輒通曉。復能出新意，闡曲隱，補罅漏。嘉慶二十三年舉人。越五年卒，年三十三。

祐誠讀諸史曆志，因著三統衍補。復取三統以次迄明大統、萬年、回回各術，擬撰五十三家曆術，屬稿未成，其兄基誠取已成五種附水經注圖說刊之。其所著算學，有割圜連比例術圖解、斜弧三邊求角補術、堆垜求積術若干種。

基誠，字子詵。進士。由刑部郎中出知開封府。工詞章，與祐誠文合刊曰柊華館駢體文。

方履籛，字彥聞，大興人。與祐誠同年舉人，爲令閩中。初試吏署永定，里豪胡鳳兆掘族人父棺，並殺其子，名捕不得。履籛至，爲書諭之，鳳兆自首，遂論如法。調閩縣，會旱，禱雨烈日中，體豐碩，中暑卒。履籛亦以駢文著稱。尤嗜金石文字，所積幾萬種，有伊闕石刻錄、富蘅齋碑目、河內縣志、萬善花室集。

周儀暐，字伯恬，陽湖人。嘉慶初舉人，宣城訓導。擢知山陽縣，調鳳翔。能詩。有夫椒山館集。

其後又有吳頡鴻，字嘉之。道光中進士，官代州知州；莊縉度，字眉叔。進士，戶部主事；趙申嘉，字芸酉；陸容，字蓉卿；徐廷華，字子楞；汪士進，字逸雲；周儀顥，字叔程，舉人，卽儀暐弟也。號「毘陵後七子」，其名位亞於前七子。

兪正燮，字理初，黟縣人。性彊記，經目不忘。年二十餘，北走兗州謁孫星衍。時星衍爲伏生建立博士，復訪求左氏後裔。正燮因作邱明子孫姓氏論、左山考，星衍多據以折衷羣議，由是名大起。道光元年舉人。明年，阮元主會試，士相謂曰：「理初入彀矣！」後竟落第。其經策淹博，爲他考官所乙，元未之見也。房考王藻嘗引爲恨。

正燮讀書，置巨册數十，分題疏記，積歲月乃排比爲文，斷以己意。藻爲刻十五卷，名曰癸巳類稿，又有存稿十五卷，山西楊氏刻之。弟正禧，亦舉人。多義行，文學與正燮齊名。

趙紹祖，字琴士，涇縣人。年十二，受知學使朱筠，補諸生。筠授以說文，曰：「讀此日無過十字。讀注疏，亦無過十葉。必精造乃已。」紹祖熟於史事，嘗應布政使陶澍聘，修安徽省志，詳贍有法。道光初，年七十，舉孝廉方正。又十二年，卒。注有通鑑注商、新舊唐書互證、金石跋、安徽金石記、涇川金石記、金石文正續鈔。

汪文臺，字士南。與正燮同縣，相善。宗漢儒，以論語邢疏疎略，因取證古義，博采子史箋傳，依韓嬰詩傳例作論語外傳。見阮元十三經注疏校勘記，謂有益於後學，然成於衆手，時有駮文，別爲表識，作校勘記識語，寄示阮元，元服其精博，禮聘之。又嘗纂輯七家後漢書、淮南子校勘記及脞稿，皆行於世。道光二十四年，卒，年四十九。

湯球，字伯玕，亦黟人。少耽經史，從正燮、文臺游，傳其考據之學。通曆算星緯，恥以藝名。嘗輯鄭康成逸書九種、劉熙孟子注、劉珍等東觀漢記、皇甫謐帝王世紀、譙周古史考、傅子、伏侯古今注。球讀史用力於晉書尤深，廣蒐載籍，補晉史之闕，成書數種。同治六年，舉孝廉方正。光緒七年，卒，年七十八。

潘德輿，字四農，山陽人。年五六歲，母病不食，亦不食。父咯血，封臂肉和藥進，父察其色動，泣曰：「固知兒有是也！」既孤，大母猶在堂，孝敬彌至。居喪一遵禮制，柴瘠傫然。著喪禮正俗文、祭儀，爲家法。撫寡妹嗣子，教養盡二十年。其他行多類此。嘗以挽回世運，莫切於文章，文章之根本在忠孝，源在經術。其說經，不祖漢、宋，力求古人微言大義。其論治術，謂天下大病不外三言：曰「吏」、曰「例」、曰「利」。世儒負匡濟大略，非雜縱橫，卽陷功利，未有能破「利」字而成百年休養之治者。道光八年，舉江南鄉試第一。入都，座主侍郎鍾昌館德輿於家，語人曰：「四農乃吾師也。」大挑以知縣分安徽，未到官卒，年五十五。

初，阮元總督漕運，招之，謝不往。後朱桂楨、周天爵皆號爲名臣，折節願納交，德輿遠引避之，以爲義無所居也，天爵喟然有望塵之歎。其所與遊，若永豐郭儀霄、建寧張際亮、震澤張履、益陽湯鵬、歙徐寶善，皆一時之選。德輿詩文精深博奧，有養一齋集。

門人淸河吳昆田，字雲圃。舉人，刑部員外郎。晚年家居，賊犯淸河，團練防守，邑賴以安。著漱六軒集。

張維屏，字子樹，番禺人。工詩，計偕入都，翁方綱賞異之。與黃培芳、譚敬昭稱「粵東三子」。道光二年進士，改官知縣，署黃梅。江水潰隄，乘小舟勘災，水急舟衝溜，掛樹免。民爲謠曰：「犯急湍，官救民，神救官。」調補廣濟，公費一資漕折，民苦之，勢不可革，引疾去。汪廷珍語人曰：「縣官不願收漕，世罕見也！」丁艱服闋，願就閒，援例改郡丞，權南康。建太白、東坡祠廬山，暇則集諸生談藝，以風雅寓規勸焉。未一載，復罷歸。築聽松園，頹然不與世事，癖愛松，又號松心子。見松形奇古，輒下拜。精書法，朝鮮、小呂宋得其書，咸寶愛之。卒，年八十。有松心草堂集、國朝詩人徵略。培芳，香山人。

敬昭，字子晉，陽春人。順德黎簡者，以詩名海內，敬昭賦鵬鶴篇投之，簡歎爲異才。嘉慶二十二年進士，官戶部主事。著聽雲樓集。

同時廣東以學行名者，又有高要彭泰來，字子大。生二十月，能卽事誦古經，語無不切。嘉慶十八年拔貢生。絕意進取，學使李棠階高其品，屏騶從徒步就見，詢以挽回風俗之道。泰來爲書數千言復之，棠階表其廬，下教高要令，歲時存問。自惠士奇禮下胡方後，此爲再見焉。著端州金石略、昨夢齋、詩義堂各集。

梅曾亮，字伯言，上元人。少時工駢文。姚鼐主講鍾山書院，曾亮與邑人管同俱出其門，兩人交最篤，同肆力古文，鼐稱之不容口，名大起。間以規曾亮，曾亮自喜，不爲動也。久之，讀周、秦、太史公書，乃頗寤，一變舊習。義法本桐城，稍參以異己者之長，選聲練色，務窮極筆勢。道光二年進士，用知縣，援例改戶部郎中。居京師二十餘年，與宗稷辰、朱琦、龍啓瑞、王拯、邵懿辰輩游處，曾國藩亦起而應之。京師治古文者，皆從梅氏問法。當是時，管同已前逝，曾亮最爲大師；而國藩又從唐鑑、倭仁、吳廷棟講身心克治之學，其於文推挹姚氏尤至。於是士大夫多喜言文術政治，乾、嘉考據之風稍稍衰矣。未幾，曾亮依河督楊以增。卒，年七十一。以增爲刊其詩文，曰柏梘山房集。

同，字異之。少孤，母鄒以節孝聞。同善屬文，有經世之志，稱姚門高足弟子。嘗擬言風俗書、籌積貯書，爲一時傳誦。道光五年，陳用光典試江南，同中式。用光語人曰：「吾校兩江士，獨以得一異之自憙耳。」用光亦鼐弟子也。同卒，年四十七，著因寄軒集。子嗣復，字小異。能世其業，兼通算術。

鼐門下著籍者衆，惟同傳法最早。其於同里，則亟稱劉開之才。開，字明東。以孤童牧牛，聞塾師誦書，竊聽之，盡記其語。塾師留之學，而妻以女。年十四，以文謁鼐，有國士之譽，盡授以文法。游客公卿，才名動一時。年四十，卒。著孟塗集。子繼，字少塗。有信義。徧走貴勢求刻其父書，以此孟塗集益顯。

寶山毛嶽生，字申甫。用難廕改文學生。孤貧，以孝聞。自力於學，未弱冠，賦白雁詩，得名。亦從鼐學古文，以鉤棘字句爲工。有休復居集。

湯鵬，字海秋，益陽人。道光二年進士。初喜爲詩，自上古歌謠至三百篇、漢、魏、六朝、唐，無不形規而神絜之，有詩三千首。旣，官禮部主事，兼軍機章京。旋補戶部主事，轉員外郎，改御史。意氣蹈厲，其議論所許可，惟李德裕、張居正輩，徒爲詞章士無當也。於是勇言事，未踰月，三上章。最後以言宗室尚書叱辱滿司官非國體，在已奉旨處分後，罷御史，回戶部，轉郎中。是時英吉利擾海疆，求通市。鵬已黜，不得言事，猶條上三十事於尚書轉奏，報聞。

鵬負才氣，鬱不得施，乃著之言，爲浮邱子一書。立一意爲幹，一幹而分數支，支之中又有支焉，支幹相演，以遞於無窮。大抵言軍國利病，吏治要最，人事情僞，開張形勢，尋躡要眇，一篇數千言者九十餘篇，最四十餘萬言。每遇人輒曰：「能過我一閱浮邱子乎？」其自喜如此。二十四年，卒。同時有張際亮者，亦以才氣磊落聞。

際亮，字亨甫，建寧人。少孤，伯兄業賈，以其才，資之讀書。補諸生，肄業福州鼇峯書院，院長陳壽祺器之。尋試拔貢，入京師，朝考報罷，而時皆嘖嘖稱其詩。鹺使曾燠以事至，召之飲。燠以名輩自處，縱意言論，同坐贊服，際亮心薄之。燠食瓜子粘鬚，一人起爲拈去，際亮大笑，衆慚。旣罷，復投書責燠不能教後進，徒以財利奔走寒士門下。燠怒，毀於諸貴人，由是得狂名，試輒不利。乃徧游天下山川，窮探奇勝，以其窮愁慷慨牢落古今之意，發爲詩歌，益沉雄悲壯。十八年，鄉試者約：「張際亮狂士不可中。」而際亮已易名亨輔，中式。拆卷，疑欲去之，副考官申解而止。及來謁，果際亮也，主試者愕然。會試復報罷。際亮故與桐城姚瑩善。二十三年，聞瑩以守土事被誣下獄，入都急難。及事白而際亮疾篤，以所著思伯子堂詩集囑瑩，遂卒。其後瑩子濬昌輯而刊之，都三十二卷。

龔鞏祚，原名自珍，字璱人，仁和人。父麗正，進士，官蘇松兵備道，爲段玉裁婿，能傳其學。鞏祚十二歲，玉裁授以說文部目。鞏祚才氣橫越，其舉動不依恆格，時近俶詭，而說經必原本字訓，由始教也。初由舉人援例爲中書。道光時成進士，歸本班。洊擢宗人府主事，改禮部。謁告歸，遂不出。官中書時，上書總裁論西北塞外部落源流、山川形勢，訂一統志之疎漏，凡五千言。後復上書論禮部四司政體宜沿革者，亦三千言。其文字驚桀，出入諸子百家，自成學派。所至必驚衆，名聲藉藉，顧仕宦不達。年五十，卒於丹陽書院。著有尚書序大義、大誓答問、尚書馬氏家法、左氏春秋服杜補義、左氏決疣、春秋決事比、定菴詩文集。

魏源，字默深，邵陽人。道光二年，舉順天鄉試。宣宗閱其試卷，揮翰褒賞，名藉甚。會試落第，房考劉逢祿賦兩生行惜之。兩生者，謂源及龔鞏祚。兩人皆負才自喜，名亦相埒。源入貲爲中書，至二十四年成進士。以知州發江蘇，權興化。二十八年，大水，河帥將啓閘。源力爭不能得，則親擊鼓制府，總督陸建瀛馳勘得免，士民德之。補高郵，坐遲誤驛遞免。副都御史袁甲三奏復其官。咸豐六年，卒。

源兀傲有大略，熟於朝章國故。論古今成敗利病，學術流別，馳騁往復，四座皆屈。嘗謂河宜改復北行故道，至咸豐五年，銅瓦廂決口，河果北流。又作籌鹺篇上總督陶澍，謂：「自古有緝場私之法，無緝鄰私之法。鄰私惟有減價敵之而已。非裁費曷以輕本減價？非變法曷以裁費？」顧承平久，撓之者衆。迨漢口火災後，陸建瀛始力主行之。

源以我朝幅員廣，武功實邁前古，因借觀史館官書，參以士大夫私著，排比經緯，成聖武記四十餘萬言。晚遭夷變，謂籌夷事必知夷情，復據史志及林則徐所譯西夷四州志等，成海國圖志一百卷。他所著有書古微、詩古微、元史新編、古微堂詩文集。

方東樹，字植之，桐城人；宗誠，字存之，「從兄弟也」：皆諸生。東樹曾祖澤，拔貢生，爲姚鼐師。東樹既承先業，更師事鼐。當乾、嘉時，漢學熾盛，鼐獨守宋賢說。至東樹排斥漢學益力。阮元督粵，闢學海堂，名流輻湊，東樹亦客其所，不苟同於衆。以謂：「近世尚考據，與宋賢爲水火。而其人類皆鴻名博學，貫穿百氏，遂使數十年承學之士，耳目心思爲之大障。」乃發憤著漢學商兌一書，正其違謬。又著書林揚觶，戒學者勿輕事著述。東樹始好文事，專精治之，有獨到之識，中歲爲義理學，晚耽禪悅，凡三變，皆有論撰。務盡言，惟恐詞不達。年八十，卒於祁門東山書院。他所著有大意尊聞、向果微言、昭味詹言、儀衞軒集，凡數十卷。東樹博極羣書，窮老不遇，傳其學宗誠。既歿，宗誠刊布其書，名乃大著。

宗誠能古文，熟於儒家性理之言，欲合文與道爲一。咸豐時寇亂，轉徙不廢學，益留心兵事吏治。著俟命錄，以究天時人事致亂之原，大要歸於植綱常、明正學，志量恢如也。山東布政使吳廷棟見之，聘爲子師。倭仁、曾國藩皆因廷棟以知宗誠。倭仁爲師傅，寫其書數十則，進御經筵。國藩督直隸，奏以自隨。令棗强十餘年，設鄉塾，創敬義書院，刻邑先正遺著，舉孝子、悌弟、節婦，建義倉，積穀萬石，皆前此未有也。國藩去，李鴻章繼任，亦不以屬吏待之，有請輒施行。嘗歲旱，已逾報災期，手書爲民請，幷及鄰郡邑，不以侵官自嫌，卒得請普免焉。舉治行卓異，不赴部，自免歸。以學行詔後進，人有一善，奬譽之不容口。勤於纂述，逾時越月輒成帙。著柏堂經說、筆記、文集百五十餘卷。詔加五品卿銜，從安徽學政請也。其同縣友人又有蘇惇元，字厚子；戴鈞衡，字存莊：皆東樹弟子。

惇元，咸豐元年孝廉方正。其學近張楊園，文似方望溪。編有楊園、望溪年譜。所著曰四禮從宜、遜敏錄、詩文集。

鈞衡，道光二十九年舉人。自謂生方、姚之鄉，不敢不以古文自任。與惇元重訂望溪集，增集外文十之四。其後榮成孫葆田更得遺稿若干篇刻之，方氏一家之言備矣。鈞衡有經濟才，與國藩爲友，著書傳補商，國藩亟稱之。避寇臨淮，妻李、妾劉皆殉難，鈞衡嘔血卒，年未四十。有蓉州集、味經山館詩文鈔。

魯一同，字通甫，淸河人。善屬文，師事潘德輿。道光十五年舉人。時承平久，一同獨深憂，謂：「今天下多不激之氣，積而不化之習；在位者貪不去之身，陳說者務不駭之論。風烈不紀，一旦有緩急，莫可倚仗。」旣，再試不第，益硏精於學。凡田賦、兵戎諸大政，及河道遷變、地形險要，悉得其機牙。爲文務切世情，古茂峻厲，有杜牧、尹洙之風。漕督周天爵見之，曰：「天下大材也，豈直文字哉！」曾國藩尤歎異之。

試禮部，入都，國藩數屏騶從就問天下事。粵逆踞金陵也，同年生吳棠方宰清河，一同爲草檄，傳示列縣，辭氣奮發，江北人心大定。江忠源師抵廬州，友人戴鈞衡爲書通國藩之指，欲其起佐忠源。一同謝不出，復書極論用兵機宜，謂當緩金陵，專攻旁郡。其後大兵築長圍，期旦夕破金陵，一同獨決其必敗。未幾，果潰裂，蘇、浙淪陷。已而國藩克安慶，復金陵，一如所論。同治二年，卒，年五十九。著邳州志、淸河志、通甫類稿。

子蕡，字仲實。諸生，文有家法。善綜核，知府章儀林議減淸河賦，苦繁重，叩蕡。蕡爲剖析條目，退草三千言，明旦獻之。儀林驚喜，因請主辦，三年而成。又佐修安東水道，役竣，費無毫髮溢。

譚瑩，字玉生，南海人。弱冠應縣試，總督阮元遊山寺，見瑩題壁詩，驚賞，告縣令曰：「邑有才人，勿失之！」令問姓名，不答。已而得所爲賦以告元，元曰：「是矣。」逾年，元開學海堂課士，以瑩及侯康、儀克中、熊景星、黃子高爲學長。瑩性强記，述往事，雖久遠，時日不失。博考粵中文獻，友人伍崇曜富於貲，爲彙刻之，曰嶺南遺書五十九種，曰粵十三家集，曰楚南耆舊遺詩，益擴之爲粵雅堂叢書。瑩爲學長三十年，英彥多出其門。道光二十四年，舉於鄉，官化州訓導。久之，遷瓊州教授，加中書銜。少與侯康等交莫逆，晚歲陳澧與之齊名。著樂志堂集。

景星，字伯晴，亦南海人也。以詩見賞於元。顧其意恨文士綿弱，學騎射技擊。以舉人終學官，無所試，一假書畫自娛。

子高，字叔立，番禺人。優貢生。精小篆，喜考證金石。藏書多異本。

瑩子宗浚，字叔裕。工駢文。同治十三年一甲二名進士，授編修。初舉於鄉，齒尚少。瑩課令讀書十年，乃許出仕。授以馬氏通考，略能記誦。既，入翰林，督學四川，又充江南副考官。以伉直爲掌院所惡，出爲雲南糧儲道。宗浚不樂外任，辭，不允。再權按察使，引疾歸，鬱鬱道卒。

吳敏樹，字本深，巴陵人。父達德，歲歉，貸貧民穀逾萬石，不償，有名湖、湘間。敏樹生而好學，爲文章力求岸異，刮去世俗之見。道光十二年，舉於鄉。時梅曾亮倡古文義法京師，傳其師姚氏學說。敏樹起湖湘，不與當世士接手，錄明崑山歸氏文成册。既，入都，與曾亮語合。於是京師盛傳敏樹能古文。曾國藩官京師，與敏樹交最篤，既出治軍，欲使參幕事，辭不赴。

敏樹貌溫而氣夷，意趣超曠，視人世忻戚得喪無累於其心。以大挑選瀏陽訓導，旋自免去。時登君山江樓，徜徉吟嘯。學者稱南屏先生。著柈湖文錄。卒，年六十九。

敏樹之友以文名者，曰楊彝珍，字性農，武陵人。父丕復，舉人，官石門訓導，著歷代輿地沿革。彝珍，道光末進士，選庶吉士，改兵部主事。與曾國藩、左宗棠往還，好奔走聲氣。重宴鹿鳴，賞四品卿。年九十餘，卒。有移芝室集。

周壽昌，字應甫，長沙人。道光二十五年進士，選庶吉士，授編修。咸豐初，洊擢至侍讀。時粵寇犯湖南，督師賽尚阿逗遛不戰，上疏劾之，一時推爲敢言。迨寇踞金陵，分黨北犯，命隨辦京畿防務。鄉民十七人闌入城，當事者偵獲，以賊諜論，壽昌廉得實，趣令釋之；或疑失要人旨，且得罪，壽昌曰：「我豈以人命阿權貴哉？」卒釋之。穆宗親政，疏請躬行典禮，戒逸豫，報聞。

壽昌精核強記，雖宦達，勤學過諸生。篤嗜班固書，塗染無隙紙，成漢書注校補五十卷，易藁十有七。又有後漢注補正、三國志注證遺、思益堂集。官終內閣學士。

李希聖，字亦園，湘鄉人。以進士官刑部主事。嗜學，初治訓詁，通周官、春秋、穀梁，史習新舊唐書，文法騷、選，詩多淒艷，似玉谿。好讀書，通古今治法，慨然有經世之志。嘗纂光緒會計錄以總綜財賦。又草律例損益議，張百熙等皆極重之。光緒末，卒。

斌良，字笠畊，號梅舫，瓜爾佳氏，滿洲正紅旗人，閩浙總督玉德子。由廕生歷官刑部侍郎，爲駐藏大臣。善爲詩，以一官爲一集，得八千首。其弟法良彙刊爲抱沖齋全集，稱其早年詩，風華典贍，雅近竹垞、樊榭。迨服官農部，從軍滅滑，詩格堅老。古體胎息漢、魏、韓、杜、蘇、李，律詩則純法盛唐。秉臬陜、豫，奉召還都，時與陳荔峰、李春湖、葉筠潭、吳蘭雪唱酬，詩境益高。奉使蒙藩，跋馬古塞，索隱探奇，多詩人未歷之境，風格又一變，以薩天錫、元遺山自況。阮元爲序，亦頗稱之。

法良，字可盦。梅曾亮稱其詩學東坡，得淸曠之氣，而運以唐賢優遊平夷之情。有滬羅盦詩集。

錫縝，原名錫淳，字厚安，博爾濟吉特氏，滿洲正藍旗人。咸豐六年進士。由戶部郞中授江西督糧道，爲駐藏大臣，乞病歸。工書，善詩文。著有退復軒詩文集。

李雲麟，字雨蒼，漢軍正白旗人。以諸生從曾國藩督師剿粤匪，累功至副都統。時新疆設布倫托海辦事大臣，以雲麟任之。署伊犂將軍。治邊皆著績，爲言官劾罷。雲麟性剛使氣，少好遊，徧歷五嶽，歸著曠遊偶筆一卷。紀遊詩有奇氣。初謁國藩，適遇其子不爲禮，雲麟怒批之。國藩延入謝過，使獨領一軍。左宗棠奏調，亦稱其有將才。雲麟時被酒狂言，與世多忤。罷歸後，卒貧困死。有詩集，西陲紀行。

道、咸以來，滿洲如觀成，字葦杭，瓜爾佳氏。有瓜亭雜錄、語花館詩集。鄂恆，字松亭，伊爾根覺羅氏。有求是山房集。震鈞，字在廷，改名唐宴，瓜爾佳氏。有渤海國志、天咫偶聞。英華，字斂之，赫佳氏，正紅旗人。博學善詩文，工書法。著書立說，中外知名。有安蹇齋集、萬松野人言善錄等。蒙古盛元，字愷廷，巴魯特氏。有南昌府志、杭營小志、怡園詩草。漢軍宗山，字歗梧，魯氏。有窺生鐵齋詩集、希晦堂遺文。皆以詩文名。

何紹基，字子貞，道州人，尚書凌漢子。道光十六年進士，選庶吉士，授編修。紹基承家學，少有名。阮元、程恩澤頗器賞之。歷典福建、貴州、廣東鄉試，均稱得人。咸豐二年，簡四川學政。召對，詢家世學業，兼及時務。紹基感激，思立言報知遇，時直陳地方情形，終以條陳時務降歸。歷主山東濼源、長沙城南書院，教授生徒，勗以實學。同治十三年，卒，年七十又五。

紹基通經史，精律算。嘗據大戴記考證禮經，貫通制度，頗精切。又爲水經注刊誤。於說文考訂尤深。詩類黃庭堅。嗜金石，精書法。初學顏眞卿，遍臨漢、魏各碑至百十過。

運肘斂指，心摹手追，遂自成一家，世皆重之。所著有東洲詩文集四十卷。

弟紹京，字子愚。亦工書，筆法頗似其兄。

孫維樸，字詩孫。以副貢爲中書，累至道員。工書畫，字摹其祖。久寓滬，國變後，卒，年八十餘。

與維樸同時以書名海上者李瑞清，字梅盦，臨川人。光緒二十年進士，選庶吉士。改道員，分江蘇，攝江寧提學使，兼兩江師範學堂監督。宣統三年，武昌亂起，江寧新軍亦變，合浙軍攻城。官吏潛遁，瑞清獨留不去，仍日率諸生上課如常。布政使樊增祥棄職走，以瑞清代之。急購米三十萬斛餉官軍，助城守，設平糶局，賑難民。城陷，瑞清衣冠坐堂皇，矢死不少屈。民軍不忍加害，縱之行。乃封藩庫，以鑰與籍囑之士紳，積金尙數十萬也。自是爲道士裝，隱滬上，匿姓名，自署曰清道人，鬻書畫以自活。瑞清詩宗漢、魏，下涉陶、謝。書各體皆備，尤好篆隸。嘗謂作篆必目無二李，神遊三代乃佳。丁巳復辟，授學部侍郎。又三年卒，謚文潔。

馮桂芬，字林一，號景亭，吳縣人。道光二十年一甲二名進士，授編修，充廣西鄉試正考官，丁母憂。服闋，文宗御極，用大臣薦召見。旋丁父憂，服甫闋而金陵陷。詔募貲團練於鄉，以克復松江府諸城功晉五品銜，擢右中允。赴京，期年告歸。同治元年，以治團功加四品銜。亂定，復以耆宿著書裨治加三品銜。

桂芬少工駢體文，中年後乃肆力古文辭。於書無所不窺，尤留意天文、地輿、兵刑、鹽鐵、河漕諸政。初佐某邑令治錢穀，以事不合拂衣去，入兩江總督陶澍幕。自未仕時已名重大江南北。及粵賊陷蘇州，避居上海。時大學士曾國藩治軍皖疆。蘇州士大夫推錢鼎銘持書乞援，陳滬城危狀，及用兵機宜，累數千言，其稿，桂芬所手創也。國藩讀之感動，乃遣李鴻章率師東下。既解滬上圍，進克蘇州，皆辟以爲助。桂芬立會防局，調和中外雜處者。設廣方言館，求博通西學之才，儲以濟變。嘗從容爲鴻章言吳人糧重之苦，往往因催科破家。會松江知府方傳書亦上書，謂：「江蘇自南宋籍沒諸王大臣田，官徵其租，延及元代，官田民田淆亂，租額浸淫入賦額，民既苦之；其後張士誠又盡攘諸豪田爲官產，明太祖平吳，怒吳人附士誠，依田租私籍數定稅，乃重困。雍正、乾隆間，嘗再議減，然但及地丁。今儻乘民亂後覈減浮糧，疲民大悅，賊勢且益衰。」鴻章以聞。有詔減蘇、松、太米賦三之一，常、鎮十一，著爲令。

桂芬性恬澹，服官僅十年，然家居遇事奮發，不避勞怨。凡濬河、建學、積穀諸舉，條議皆出其手。先後主講金陵、上海、蘇州諸書院，與後進論學，昕夕忘倦。精研書數，嘗以意造定向尺及反羅經，以步田繪圖。又以江南清丈用部頒五尺步弓，田多溢額，乃考會典定用舊行六尺步弓量舊田，新頒者量新漲沙田。著說文解字段注考證、弧矢算術細草圖解、西算新法直解、校邠廬抗議、顯志堂詩文集，都數十卷。同治十三年，卒。

王頌蔚，字芾卿，長洲人。光緒五年進士，選庶吉士。吳縣潘祖蔭、常熟翁同龢皆稱頌蔚才。散館，改官戶部，補軍機章京。暇輒從事著述。嘗於方略館故紙堆中見殿板初印明史殘本，眉上黏有黃籤，審爲乾隆朝擬撰考證未竟之本。因多方搜求，逐條釐訂，芟其繁冗，采其精要，成明史考證攟逸四十餘卷。光緒十八年，試御史第一，軍機處奏留。頌蔚思立言抒忠讜，轉鬱鬱不樂。嘗派充工程監督差，例有分饋，頌蔚獨卻之，曰：「我輩取與之間，貴自審慎，不可隨俗浮沉。昔陳稽亭先生官部曹時，印結公項，且猶不取。矧此實爲廠商之賄賂乎？」

二十一年，中日釁起，戰事多北洋大臣主之。會翁同龢復入軍機，乃進言曰：「讀聖祖、高宗聖訓，凡事關軍務者，皆由中朝謀定後動。今日戰局既成，非直隸一省事，豈能悉諉之北洋乎？」及議和，頌蔚益爲悲憤，嘗曰：「今之敗績，徒歸咎於師之不練、器之不利，猶非探本之論。頻年以來，盈廷習泄沓之風，宮中務游觀之樂，直臣擯棄，賄賂公行，安有戰勝之望？此後償金既巨，民力益疲，恐大亂之不在外患而在內憂矣。」明年，卒。著有寫禮廎文集、詩集、讀碑記、古書經眼錄各一卷，明史考證攟逸四十二卷。

葉昌熾，字鞠裳，元和人。光緒十六年進士，選庶吉士，授編修。累至侍講，督甘肅學政，邊地樸陋，昌熾校閱盡職。以裁缺歸，著書終老。國變後五年，卒。著有藏書紀事詩六卷，語石十卷，邠州大佛寺題刻考二卷，均考訂精確。

管禮耕，字申季。歲貢生。父慶祺，從陳奐遊。禮耕篤守家學，尤長訓詁。嘗言唐以正義立學官，漢、魏、六朝遺說，積久泰半闕不完。凡所考見，獨存釋文，而今本踳駁非其舊，思綜稽羣籍爲校證，未及半而卒。

袁寶璜，字壞禹，元和人。光緒二十一年進士，官刑部主事。通經、小學，兼及算術。著書亦未成而卒。

李慈銘，字愛伯，會稽人。諸生，入貲爲戶部郎中。至都，卽以詩文名於時。大學士周祖培、尚書潘祖蔭引爲上客。光緒六年，成進士，歸本班，改御史。時朝政日非，慈銘遇事建言，請臨雍，請整頓臺綱。大臣則糾孫毓汶、孫楫，疆臣則糾德馨、沈秉成、裕寬，數上疏，均不報。慈銘鬱鬱而卒，年六十六。

慈銘爲文沉博絕麗，詩尤工，自成一家。性狷介，又口多雌黃。服其學者好之，憎其口者惡之。日有課記，每讀一書，必求其所蓄之深淺，致力之先後，而評騭之，務得其當，後進翕然大服。著有越縵堂文十卷，白華絳趺閣詩十卷，詞二卷，又日記數十册。弟子著錄數百人，同邑陶方琦爲最。

方琦，字子珍。光緒二年進士，選庶吉士，授編修。督學湖南。年四十，卒於京邸。方琦學有本末，汲汲於古，述造無間歲時。治易鄭注，詩魯故，爾雅漢注，又習大戴禮記。其治淮南王書，力以推究經訓，蒐采許注，拾補高誘。再三屬草，矻矻十年，實事求是。有淮南許注異同詁、許君年表、漢孳室文鈔、駢文、詩詞。

譚廷獻，字仲修，仁和人。同治六年舉人。少負志節，通知時事。國家政制典禮，能講求其義。治經必求西漢諸儒微言大義，不屑屑章句。讀書日有程課，凡所論箸，櫽栝於所爲日記。文導源漢、魏，詩優柔善入，惻然動人。又工詞，與慈銘友善，相唱和。官安徽，知歙、全椒、合肥、宿松諸縣。晚告歸，貧甚。張之洞延主經心書院，年餘謝歸，卒於家。

李稷勳，字姚琴，秀山人。光緒二十四年二甲一名進士，改庶吉士，授編修。充會試同考官，精衡鑒，重實學，頗得知名士。累官郵傳部參議，總川漢路事。博學善古文，嘗受詩法於王闓運，而不囿師說。專步趨唐賢，意致深婉，得風人之遺。慈銘嘗稱賞之。有甓盦詩錄四卷。

張裕釗，字廉卿，武昌人。少時，塾師授以制舉業，意不樂。家獨有南豐集，時時竊讀之。咸豐元年舉人，考授內閣中書。曾國藩閱卷賞其文，旣，來見，曰：「子豈嘗習子固文耶？」裕釗私自喜。已而國藩益告以文事利病及唐、宋以來家法，學乃大進，寤前此所爲猶凡近，馬遷、班固、相如、揚雄之書，無一日不誦習。又精八法，由魏、晉、六朝以上窺漢隸，臨池之勤，亦未嘗一日輟。國藩旣成大功，出其門者多通顯。裕釗相從數十年，獨以治文爲事。國藩爲文，義法取桐城，益閎以漢賦之氣體，尤善裕釗之文。嘗言「吾門人可期有成者，惟張、吳兩生」，謂裕釗及吳汝綸也。

裕釗文字淵懿，歷主江寧、湖北、直隸、陝西各書院，成就後學甚衆。嘗言：「文以意爲主，而辭欲能副其意，氣欲能舉其辭。譬之車然，意爲之御，辭爲之載，而氣則所以行也。欲學古人之文，其始在因聲以求氣，得其氣，則意與辭往往因之而益顯，而法不外是矣。」世以爲知言。著濂亭文集。

裕釗門下最知名者，有范當世、朱銘盤。當世，字肯堂，江蘇通州諸生。能詩，汝綸嘗歎其奇橫不可敵。著范伯子詩文集。銘盤，字曼君，泰興舉人。敍知州。其學長於史，兼工詩古文。著晉會要一百卷，朝鮮長編四十卷，及桂之華軒詩文集。

與裕釗同時者，有楊守敬，字惺吾，宜都人。爲文不足躋裕釗，而其學通博。精輿地，用力於水經尤勤。通訓詁，考證金石文字。能書，摹鐘鼎至精。工儷體，爲箴銘之屬，古奧聳拔，文如其人。以舉人官黃岡教諭，加中書銜。嘗遊日本，搜古籍，多得唐、宋善本，辛苦積貲，藏書數十萬卷，爲鄂學靈光者垂二十年。卒，年七十有七。著有水經注圖、水經注要刪、隋書地理志考證、日本訪書志、晦明軒稿、鄰蘇老人題跋、望堂金石集等。

吳汝綸，字摯父，桐城人。少貧力學，嘗得鷄卵一，易松脂以照讀。好文出天性，早著文名。同治四年進士，用內閣中書。曾國藩奇其文，留佐幕府，久乃益奇之，嘗以漢禰衡相儗。旋調直隸，參李鴻章幕。時中外大政常決於國藩、鴻章二人，其奏疏多出汝綸手。

尋出補深州，丁外內艱。服除，補冀州。其治以教育爲先，不憚貴勢，籍深州諸村已廢學田爲豪民侵奪者千四百餘畝入書院，資膏火。聚一州三縣高材生親教課之，民忘其吏，推爲大師。會以憂去，豪民至交通御史以壞村學劾奏，還其田。及涖冀州，仍銳意興學，深、冀二州文教斐然冠畿輔。又開冀、衡六十里之渠，洩積水於滏，以溉田畝，便商旅。時時求其士之賢有文者禮先之，得十許人。月一會書院，議所施爲興革於民便不便，率不依常格。稱疾乞休。

鴻章素重其人，延主蓮池講席。其爲教，一主乎文，以爲：「文者，天地之至精至粹，吾國所獨優。語其實用，則歐、美新學尚焉。博物格致機械之用，必取資於彼，得其長乃能共競。舊法完且好，吾猶將革新之，況其窳敗不可復用。」其勤勤導誘後生，常以是爲說。嘗樂與西士遊，而日本之慕文章者，亦踔海來請業。會朝旨開大學堂於京師，管學大臣張百熙奏薦汝綸加五品卿銜總教務，辭不獲，則請赴日本考學制。既至其國，上自君、相及教育名家，婦孺學子，皆備禮接款，求請題詠，更番踵至。旋返國，先乞假省墓，興辦本邑小學堂。規制粗立，遽以疾卒，年六十四。

汝綸爲學，由訓詁以通文辭，無古今，無中外，唯是之求。自羣經子史、周、秦故籍，以下逮近世方、姚諸文集，無不博求愼取，窮其原而竟其委。於經，則易、書、詩、禮、左氏、穀梁、四子書，旁及小學音韻，各有詮釋。於史，則史記、漢書、三國志、新五代史、資治通鑑、國語、國策皆有點校，尤邃於史記，盡發太史公立言微旨。於子，則老、莊、荀、韓、管、墨、呂覽、淮南、法言、太玄各有評騭，而最取其精者。於集，則楚辭、文選、漢魏以來各大家詩文皆有點勘之本。凡所啓發，皆能得其深微，整齊百代，別白高下，而一以貫之。盡取古人不傳之蘊，昭然揭示，俾學者易於硏求；且以識夫作文之軌範，雖萬變不窮，而千載如出一轍。

其論文，嘗謂：「千秋蓋世之勳業皆尋常耳，獨文章之事，緯地經天，代不數人，人不數篇，唯此爲難。」又謂：「中國之文，非徒習其字形而已，綴字爲文，而氣行乎其間，寄聲音神采於文外。雖古之聖賢豪傑去吾世邈矣，一涉其書，而其人之精神意氣若儼立乎吾目中。」務欲因聲求氣，凡所爲抗墜、詘折、斷續、斂侈、緩急、長短、伸縮、抑揚、頓挫之節，一循乎機勢之自然，以漸於精微奧窔之域。乃有以化裁而致於用，悉舉學問與事業合而爲一；而尤以瀹民智自强亟時病爲兢兢云。著有易說二卷、寫定尙書一卷、尙書故三卷、夏小正私箋一卷、文集四卷、詩集一卷、深州風土記二十二卷，及點勘諸書，皆行於世。

汝綸門下最著者爲賀濤，而同時有蕭穆，亦以通考據名。

穆，字敬孚。縣學生。其學博綜羣籍，喜談掌故，於顧炎武、全祖望諸家之書尤熟。復多見舊槧，考其異同，朱墨雜下。遇孤本多方勸刻，所校印凡百餘種。有敬孚類藁十六卷。

濤，字松坡，武强人。光緒十二年進士，官刑部主事。以目疾去官。初，汝綸牧深州，見濤所爲反離騷，大奇之，遂盡授以所學，復使受學於張裕釗。濤謹守兩家師說，於姚鼐義理、考據、詞章三者不可偏廢之說，尤必以詞章爲貫澈始終，日與學者討論義法不厭。與同年生劉孚京俱治古文，濤言宜先以八家立門戶，而上窺秦、漢；孚京言宜先以秦、漢爲根柢，而下攬八家，其門徑大略相同。濤有文集四卷。

孚京，字鎬仲，南昌人。有文集六卷。

林紓，字琴南，號畏廬，閩縣人。光緒八年舉人。少孤，事母至孝。幼嗜讀，家貧，不能藏書。嘗得史、漢殘本，窮日夕讀之，因悟文法，後遂以文名。壯渡海遊臺灣，歸客杭州，主東城講舍。入京，就五城學堂聘，復主國學。禮部侍郎郭曾炘以經濟特科薦，辭不應。生平任俠尚氣節，嫉惡嚴。見聞有不平，輒憤起，忠懇之誠發於至性。念德宗以英主被扼，每述及，常不勝哀痛。十謁崇陵，匍伏流涕。逢歲祭，雖風雪勿爲阻。嘗蒙賜御書「貞不絕俗」額，感幸無極，誓死必表於墓，曰「清處士」。憂時傷事，一發之於詩文。

爲文宗韓、柳。少時務博覽，中年後案頭唯有詩、禮二疏，左、史、南華及韓、歐之文，此外則說文、廣雅，無他書矣。其由博反約也如此。

其論文主意境、識度、氣勢、神韻，而忌率襲庸怪，文必己出。嘗曰：「古文唯其理之獲，與道無悖者，則味之彌臻於無窮。若分畫秦、漢、唐、宋，加以統系派別，爲此爲彼，使讀者炫惑莫知所從，則已格其途而左其趣。經生之文樸，往往流入於枯淡，史家之文則又隳突恣肆，無復規檢，二者均不足以明道。唯積理養氣，偶成一篇，類若不得已者，必意在言先，修其辭而峻其防，外質而中膏，聲希而趣永，則庶乎其近矣。」紓所作務抑遏掩蔽，能伏其光氣，而其眞終不可自閟。尤善敍悲，音吐悽梗，令人不忍卒讀。論者謂以血性爲文章，不關學問也。

所傳譯歐西說部至百數十種。然紓故不習歐文，皆待人口達而筆述之。任氣好辯，自新文學興，有倡非孝之說者，奮筆與爭，雖脅以威，累歲不爲屈。尤善畫，山水渾厚，冶南北於一爐，時皆寶之。紓講學不分門戶，嘗謂清代學術之盛，超越今古，義理、考據，合而爲一，而精博過之。實於漢學、宋學以外別創清學一派。時有請立清學會者，紓撫掌稱善，力贊其成。甲子秋，卒，年七十有三，門人私謚貞文先生。有畏廬文集、詩集、論文、論畫等。

嚴復，初名宗光，字又陵，一字幾道，侯官人。早慧，嗜爲文。閩督沈葆楨初創船政，招試英俊，儲海軍將才，得復文，奇之，用冠其曹，則年十四也。既卒業，從軍艦練習，周歷南洋、黃海。日本窺臺灣，葆楨奉命籌防，挈之東渡詗敵，勘測各海口。光緒二年，派赴英國海軍學校肄戰術及礮臺建築諸學，每試輒最。侍郎郭嵩燾使英，賞其才，時引與論析中西學術同異。學成歸，北洋大臣李鴻章方大治海軍，以復總學堂。二十四年，詔求人才，復被薦，召對稱旨。諭繕所擬萬言書以進，未及用，而政局猝變。越二年，避拳亂南歸。

是時人士漸傾向西人學說，復以爲自由、平等、權利諸說，由之未嘗無利，脫靡所折衷，則流蕩放佚，害且不可勝言，常於廣衆中陳之。復久以海軍積勞敍副將，盡棄去，入貲爲同知，累保道員。宣統元年，海軍部立，特授協都統，尋賜文科進士，充學部名詞館總纂。以碩學通儒徵爲資政院議員。三年，授海軍一等參謀官。復殫心著述，於學無所不窺，舉中外治術學理，靡不究極原委，抉其失得，證明而會通之。精歐西文字，所譯書以瓌辭達奧旨。

其天演論自序有曰：「仲尼之於六藝也，易、春秋最嚴。司馬遷曰：『易本隱而之顯，春秋推見至隱。』此天下至精之言也。始吾以爲本隱之顯者，觀象繫辭，以定吉凶而已；推見至隱者，誅意褒貶而已。及觀西人名學，則見其格物致知之事，有內籀之術焉，有外籀之術焉。內籀云者，察其曲而知其全者也，執其微以會其通者也。外籀云者，援公理以斷衆事者也，設定數以逆未然者也。是固吾易、春秋之學也。遷所謂『本隱之顯』者外籀也，所謂『推見至隱』者內籀也，二者卽物窮理之要術也。夫西學之最爲切實，而執其例可以御蕃變者，名、數、質、力四者之學而已。而吾易則名、數以爲經，質、力以爲律，而合而名之曰『易』。大宇之內，質、力相推，非質無以見力，非力無以呈質。凡力皆乾也，凡質皆坤也。奈端動之例三，其一曰：『靜者不自動，動者不自止，動路必直，速率必均。』而易則曰：『乾，其靜也專，其動也直。』有斯賓塞爾者，以天演自然言化，其爲天演界說曰：『翕以合質，闢以出力，始簡易而終雜糅。』而易則曰：『坤，其靜也翕，其動也闢。』至於全力不增減之說，則有自强不息爲之先；凡動必復之說，則有消息之義居其始。而『易不可見，乾坤或幾乎息』之旨，尤與熱力平均、天地乃毀之言相發明也。大抵古書難讀，中國爲尤。二千年來，士徇利祿，守闕殘，無獨闢之慮，是以生今日者，乃轉於西學得識古之用焉。」凡復所譯著，獨得精微皆類此。

世謂紓以中文溝通西文，復以西文溝通中文，並稱「林嚴」。辛酉秋，卒，年六十有九。著有文集及譯天演論、原富、羣學肆言、穆勒名學、法意、羣己權界論、社會通詮等。

同時有辜湯生，字鴻銘，同安人。幼學於英國，爲博士。遍遊德、法、意、奧諸邦，通其政藝。年三十始返而求中國學術，窮四子、五經之奧，兼涉羣籍。爽然曰：「道在是矣！」乃譯四子書，述春秋大義及禮制諸書。西人見之，始歎中國學理之精，爭起傳譯。庚子拳亂，聯軍北犯，湯生以英文草尊王篇，申大義。列强知中華以禮教立國，終不可侮，和議乃就。張之洞、周馥皆奇其才，歷委辦議約、濬浦等事。旋爲外務部員外郎，晉郎中，擢左丞。

湯生論學以正誼明道爲歸，嘗謂：「歐、美主强權，務其外者也；中國主禮教，修其內者也。」又謂：「近人欲以歐、美政學變中國，是亂中國也。異日世界之爭必烈，微中國禮教不能弭此禍也。」湯生好辯，善罵世。國變後，悲憤尤甚。窮無所之，日人聘講東方文化，留東數年，歸。卒，年七十有二。

清史稿卷四百八十七

列傳二百七十四

忠義一

特音珠 阿巴泰　固山 僧錫等　納密達 炳圖等　書寧阿 咸濟泰等
穆護薩 覺羅蘭泰等　索爾和諾 齋薩穆等　席爾泰 滿達理
卓納 納海　覺羅鄂博惠 覺羅阿賚等　同阿爾
董廷元 弟廷儒　廷柏　常鼎 白忠順等　格布庫 阿爾津等
濟三 瑚密色等　敦達里 安達里　許友信 成陞等

清天命、天聰年間，明御史張銓，監軍道張春，均以被擒不屈，聽其自盡，載諸實錄，風厲天下。厥後以明臣來歸者，有功亦入貳臣傳；死軍事之尤烈者，於京師祀昭忠祠：褒貶嚴矣。文武一二品以上，既入大臣傳，以下則另編忠義傳，列翰林院職掌，凡自一二品以下，或死守土，或死臨陣，備載出身、官階、殉難時地，及予謚、建祠、贈官、廕後。二百數十年，綜八千餘人，略以類別。

入關之先，如降服烏喇、哈達、索倫、葉赫諸部落爲特音珠等二十人是。征朝鮮則勞漢等十人是。其伐明也，自天命三年至崇德八年，始克撫順，屢偪近畿，分下山西、山東諸郡縣，尤以瀋陽、大淩河、皮島、松山數役爲大，爲西佛萊百六十二人是。

順治元年，定鼎燕京，後追擊流賊，奠定各省者，爲恩克伊等一千二百四十五人。康熙朝，討平逆藩及殲滅附逆諸鎮將，爲索諾穆等九百四十七人。親征噶爾丹之役，爲富成額等百人。厄魯特之役，爲諾里爾達等五十五人。羅刹、西藏諸役，爲紐默淳等七人。平各省土賊及海寇、苗、瑤諸役，先後爲郝爾德等二百八十五人。

雍正朝，承康熙征厄魯特之役，用兵準噶爾，爲和溥等三百六十二人。其先青海之役，爲姬登第等十四人。外則滇、黔、蜀、桂土司苗亂與夫臺灣土番等役，爲劉洪度等二百十三人。

乾隆朝，始蕩平準部，旋戡定回疆，則爲傅澤布等五百十二人。初年，湖南苗亂，爲李如松等十五人。廣西土賊，爲倪國正等十人。瞻對土司之亂，爲陳文華等十三人。隨傅淸、拉布敦同死西藏，爲策塔爾等六人。金川用兵，其初定也，爲楊先春等百又四人；其再定也，爲占闢納等八百五人。緬甸用兵，爲馬成龍等百六十七人。安南用兵，爲英林等百六十人。廓爾喀用兵，爲索多爾凱等七十六人。逆回蘇十三、田五之亂，爲新柱等百又十人。山東王倫之亂，有音濟圖等十八人。臺灣林爽文及陳周全之亂，有耿世文等百五十九人。黔、楚等省苗亂及川、楚、陝三省教匪，均始乾隆末年，而定於嘉慶，苗亂有六達色等二百七十八人；教匪之亂，爲楊治寧等七百四十二人。仲苗滋事，爲胡慶遠等百十三人。閩、粵洋面蔡牽之亂，爲陳名魁等六十七人。先後以巡洋遇風死者，爲黃勇等十七人。滑縣李文成之亂，爲强克捷等六十三人。追剿陝匪及瞻對永北廳夷匪等役，爲馬魁等十四人。馬營壩搶險者盧順。

道光重定回疆一役，爲劉發恆等二百六人。江華瑤滋事，爲馬韜等五人。陝、甘番滋事，爲胡文秀等十三人。雲南永昌回匪滋事，爲朱日恭等九人。臺灣嘉義土匪，爲方振聲等七人。山西曹順之亂，爲楊延亮等。英吉利開釁，爲朱貴等八十八人。髮匪之亂，熾於咸豐而殄於同治，其先爲廣西會匪，始道光季年，爲王叔元等五十一人。已而竄陷各省，爲褚汝航等五百七十九人。捻匪之亂，爲龍汝元等七十八人。

咸豐、同治之交，滇匪滋事，爲林廷禧等四十二人。

同治朝，甘肅回匪滋事，爲訥勒和春等三十七人。其自嘉慶迄光緒先後剿辦各省匪徒等役，爲和致等三十八人。咸豐換約起釁，殉淀園者，爲覺羅貴倫、玉潤等。辦匪而以勞卒者，爲李文安等十三人。蓋原傳可數者如此。中以不從尙之信叛而死之金光，私家傳述，心跡殊異，則出以存疑。

將帥之死事者，既有專傳，凡上列諸人之義烈尤著者，與夫官書既漏而不能無紀載者，則別編爲傳，俾見本末。若夫道光以後死於外釁，及光緒庚子拳亂，宣統辛亥革命，於義宜詳，並備列之，用資後鑒云。

特音珠，滿洲鑲藍旗人，姓完顏。清初，偕阿巴泰來歸。阿巴泰，姓覺爾察，屬滿洲正白旗。太祖始編佐領，以特音珠兼管六佐領事，設札爾固齊十人，阿巴泰預焉。乙未年，特音珠從額駙揚古利征輝發部，奪塔思哈橋，掌纛者中礮仆，佐領五岱代舉之。薄城，爲飛石所中，與額駙托柏、佐領和羅俱歿於陣。特音珠先登，克其多璧城。己亥年，從征哈達，城上矢石如雨，佐領耶陳奮勇登，被戕，特音珠在事有功。庚戌年，阿巴泰從內大臣額亦都招撫東海窩集部之那木都祿、綏芬、寧古塔、尼瑪察四路，降其長康古哩等。復取雅蘭路，阿巴泰力戰陣亡。

辛亥年，特音珠從揚古利攻呼爾哈路札庫塔城，三等侍衞貝和，佐領貴三、松阿里戰歿，特音珠負創，戰益力。三等侍衞阿達海先登，克其城，阿達海，額亦都第五子也。癸丑年，烏拉貝勒布占泰負恩叛，大兵討之，布占泰率兵三萬由富哈城而東，特音珠、阿達海率護衞業中額等邀擊之。阿達海、業中額及閒散米拉渾均歿於陣，大兵敗布占泰，遂平烏拉，特音珠尋以創發卒。征烏拉之役，死事者有阿蘭珠、納蘭察，均自有傳。

固山，滿洲正黃旗人，姓哲爾德，世居界凡。初任佐領，天聰三年，征明，固山偕驍騎校僧錫、閒散達蘭從揚古利爲前哨，攻永平、遵化。達蘭先登，圍明都，固山步戰大紅門，上下高坡，騰躍如飛，明兵奪氣，涿州援兵至，敗之。崇德元年，復隨揚古利征明，攻順義，僧錫先登。十二月，太宗親征朝鮮，豫親王多鐸等先驅，圍其國都，固山等從，屢斬馘。朝鮮國王李倧遁南漢，追圍之。太宗至臨津江，冬煖冰泮，多鐸令僧錫等潛測江水，欲浮馬以濟。僧錫等夜至，大風，冰復堅，還報，大軍安驅而渡，抵南漢山城西。二年正月，全羅、忠淸兩道巡撫、總兵來援，多鐸與揚古利迎戰，揚古利率僧錫冒霧馳擊，援兵敗走。復依山列陣，矢石如雨，僧錫與雲騎尉鄂海，參領特穆爾，佐領弼雅達、阿紐、都敏俱力戰，歿於陣。進偪山頂敵營，敵兵棄馬遁。達蘭率二十人乘夜用雲梯襲南漢山城，先登，中槍卒。

又命分兵攻江華島，將渡江，敵船百餘，分兩翼以拒，舟師從中衝入。固山手發紅衣礮，皆敗竄，既登岸，鳥槍手千人，復列岸以拒，固山力戰陣亡。大兵繼進，盡殲其岸兵，遂克江華島。李倧降，朝鮮以定。

納密達，滿洲鑲白旗人，姓索綽羅，世居吉林。天聰八年，從大兵征明，攻雄縣，梯城首登。崇德元年，親征朝鮮，明總兵沈世魁、副總兵金日觀駐皮島，爲朝鮮援。納密達偕閒散扈習從攻南漢城，有功。二年正月，朝鮮降，世魁等不能救。先是明帥毛文龍據皮島，欲牽掣我師。既而文龍爲巡撫袁崇煥所殺，世魁代領其衆，失士卒心，勢益弱，猶乘間擾邊。

三月，命武英郡王阿濟格、貝子碩託，率恭順王孔有德、智順王尚可喜等攻皮島，以納密達及護軍參領炳圖爲前隊，佐領巴雅爾圖、武爾格以大臣子弟從征。巴雅爾圖，額駙揚古利之從子；武爾格，弘毅公額亦都之孫，內大臣圖爾格之子也。師攻鐵山，頭等侍衞拜音台柱、佐領珠三先登，克之。世魁遁入石城。

四月，阿濟格令納密達等乘小舟攻皮島西北隅，日觀列兵堡上。衝入，將及岸，巴雅爾圖、武爾格躍登，明人辟易，納密達、炳圖並登，而後隊金玉和等不進。日觀見師少，復進戰，武爾格陣亡。納密達等往來衝突，拜音台柱、珠三及護軍校彰吉泰急棹小舟登岸援之，明人空城出戰，納密達、巴雅爾圖、炳圖、拜音台柱、珠三、彰吉泰並戰歿。有德等乘巨艦攻東北隅，日觀殊死鬭，有德等部將洪文魁等多戰死，阿濟格麾八旗騎兵蹴之，護軍參領瑚什、雲騎尉果科暨扈習奮勇先入，歿於陣，大兵繼之，陣斬日觀，追擊世魁，戮之。是役也，敗明兵一萬七千有奇，俘三千餘，自是明不復守皮島。

書寧阿，滿洲正黃旗人，姓札庫塔。崇德三年八月，命睿親王多爾袞統左翼，貝勒岳託統右翼，分道征明。書寧阿以佐領偕騎都尉感濟泰、參領扈敏屬右翼。九月，攻牆子嶺，感濟泰力戰，歿於陣。師入青山口，攻豐順護軍校扈護、巴雅拉，攻靈壽閒散噶普碩，攻南皮騎都尉阿延圖，攻深州閒散巴林，均戰歿。岳託攻欒城，明督師盧象昇來援，書寧阿乘其未至，麾衆薄其城，護衞袞布躍登城樓，火藥發，焚死。書寧阿復衝入，克其城。轉戰，下慶都，奮勇陷陣，被戕。

十二月，兩翼連營大戰鉅鹿之賈莊，象昇戰死。於是分徇山東，四年正月，左翼克濟南，右翼分兵略地，破茌平護軍三晉、破臨清佐領花應春、破館陶佐領佟桂、破濟寧佐領祖大春、破鄒縣佐領尙安福、破滕縣騎都尉傅察，俱歿於陣。二月，大軍還，扈敏復攻破首陽及順德，負重傷，戰益力。還至永平，與佐領巴海、烏納海俱遇伏，死之。騎都尉阿爾休隨大軍同徇山東，克濟南，復從承政索海征索倫，陣亡。

穆護薩，滿洲正黃旗人，姓賴布，世居佛阿拉。崇德五年，以武備院卿從大兵征明，距錦州城五里列陣，以礮攻城北晾馬臺，克之。七月，睿親王多爾袞遣卒刈城西北禾稼，明兵突出，槍礮並施，穆護薩與護軍參領覺羅蘭泰、署護軍參領溫察力戰，明兵大潰，追至壕，掩殺之，克臺九，及小淩河西岸臺二。錦州外城蒙古貝勒諾木齊等見大兵困城，志必得，謀來降，遂持書縋城下，約內應。信洩，大兵至，明總兵祖大壽出拒戰，城內蒙古縋繩，前隊援之以登，吹角夾攻，穆護薩躍上，被創卒。覺羅蘭泰、參領宏科俱陣歿。鏖戰久，明師退守內城，大兵遂入外城。

明年五月，明總督洪承疇率六總兵兵六萬來援，屯松山北岡，擊斬其二千，敵勢猶勁，騎都尉旦岱、參領彰庫善、三等侍衞博朔岱陷陣死。八月，大軍駐松山、杏山間，立營截大路。承疇率馬步兵十三萬，營松山城北亂峰岡，旋犯汛地。閒散輝蘭同參領囊古擊卻之。參領阿福尼越衆衝突，負重傷，猶斬將奪幟，諸軍繼之，敵奔塔山，遂進兵松山城外。十二月，承疇以兵六千夜至，輝蘭奮殺，既出，復進擊，與溫察、啓心郎邁圖皆歿，復沿壕射擊，殺四百餘人，敵退入松山城。

圍既合，明總兵曹變蛟欲突圍出，至正黃旗汛地，佐領彰古力戰死，變蛟亦中創奔還。七年二月，克松山，擒承疇及明巡撫邱民仰，總兵王廷臣、變蛟等。時明總兵吳三桂猶駐塔山，鄭親王濟爾哈朗率兵至城下，列紅衣礮攻之，佐領崔應泰被創死，參領邁色力戰陣亡，城壞二十餘丈，諸軍悉登，遂克塔山。先是蒙古兵有降於明者，特穆德格執而戮之，及兩師酣戰，復有訥木奇突出躧陣，乘馬衝入多爾袞營，將行刺，特穆德格隻身奮救，相抱持急，卒遇害。

索爾和諾，滿洲鑲紅旗人，姓科奇理，世居瓦爾喀。少孤，兄瑚禮納撫之，瑚禮納爲讐所害，嘗手刃讐二人祭兄墓，宗黨義之。崇德三年，來歸，授佐領，從征錦州、松山，皆有功。七年十月，命饒餘貝勒阿巴泰爲奉命大將軍征明，索爾和諾率驍騎校佟噶爾爲前隊，次黃崖口。阿巴泰使三等輕車都尉齋薩穆，佐領綽克托，護軍多羅岱、圖爾噶圖伏隘口舉火，明兵驚潰。遂入薊州，敗明總兵白廣恩軍。齋薩穆、綽克托及佐領額貝、參領五達納、護軍校渾達善皆歿於陣。分攻霸州，多羅岱先登，攻定州，圖爾噶圖先登，俱克之，並以傷重卒。閏十月，次河間，明分守參議趙珽、知府顏允紹城守。既進攻，允紹發礮拒擊，參領署都統陳維道陣亡。礮裂，毀城堞，護軍薩爾納冒火躍上，明兵死鬭，被戕。允紹完堞拒守，馳檄四出請援，阿巴泰連營圍之。時明於山海關內外分設總督，復設昌平、保定二總督，又有寧遠、永平、順天、密雲、天津、保定六巡撫，寧遠、山海、中協、西協、昌平、通州、天津、保定八總兵，皆擁兵壁旁縣，懾不敢近。索爾和諾曰：「河間不下者，恃外援也。破其一營，皆瓦解矣。」阿巴泰從之，遣將襲明總兵薛敵忠營，敵忠遁，諸援師悉潰。使人諭速降，允紹等守益力，急攻之，索爾和諾梯登，師繼進，破其城。珽、允紹並死，索爾和諾亦戰歿。

十二月，大兵徇山東，諸州縣各設城守，攻臨清閒散瑚通格，攻泗水護軍校務珠克圖，攻新泰閒散特庫殷，攻冠縣閒散特穆慎，攻館陶閒散東阿，攻滕縣閒散赫圖、富義，攻郯縣閒散貴穆臣，攻費縣閒散索羅岱，攻兗州佟噶爾及驍騎尉屯岱，皆戰死。諸州縣皆下，乘勝至海州，八年五月，旋師。

席爾泰，姓棟鄂。父綸布，清初，率四百人來歸，賜名普克素，編佐領，使席爾泰統之。有功，授世職，在十六大臣之列。時明總兵毛文龍籠絡遼陽沿海居民，踞皮島爲重鎭，時窺邊界。鎭江城中軍陳良策潛通文龍，令別堡之民詐稱文龍兵至，大譟，城中驚擾。良策乘亂城守，席爾泰偕同族佐領格朗擊卻之。後復偕格朗從攻瀋陽，陣亡於渾河。其妻嘗違禁屠馬祭夫，例當死，削世職，原之。

時戰渾河者爲滿達理。滿達理，正黃旗人，姓納蘭，世居布顏舒護魯。任佐領，隨揚古利軍瀋陽。明兵二萬渡渾河來援，長矛大刀，鎧冑重棉，氣甚銳。參領西佛先歿於陣，滿達理繼進，敗之。明總兵李秉誠率三千人守奉集堡，効死者無算，卒大創之，遂克瀋陽。滿達理以先登功最，隨攻遼陽，明經略袁應泰急注太子河於隍，閉西閘，環城列守，大兵軍其城東南，秉誠曁總兵侯世祿以兵五萬背城五里而陣；擊走世祿，奪橋，從小西門緣梯登城，遂拔之，旋歿於陣。

卓納，姓納喇氏，滿洲鑲藍旗人，哈達貝勒萬之孫。太祖時來歸，授佐領，賜姓覺羅。天聰五年，征明，圍大淩河城。明監軍道張春，總兵吳襄、宋緯等率馬步兵四萬自錦州來援，副都統綽和諾冒礮矢力戰，殞於陣。備禦多貝先戰歿，卓納繼之。時襄兵先敗，逐北三十餘里。張春復收潰衆立營，風起，黑雲見，春大縱火，風順火熾，卓納益銳進，與管武備院事達穆布、二等輕車都尉朱三、佐領拜桑武、騎都尉尼馬禪、護軍校愛賽、雲騎尉瓦爾喀均戰死。天忽雨，反風，大軍乘之，緯敗走，生擒春。

信勇公費英東子納海亦於是役被創，齒落其三，復從舟師攻旅順。明總兵黃龍禦甚力，納海與參領岳樂順、護軍校額德、千總程國輔、騎都尉塔納喀等奮勇登城，冒矢石而殞，遂克旅順口。

覺羅鄂博惠，興祖玄孫，隸鑲紅旗；阿賚，景祖曾孫，隸鑲黃旗：並爲佐領，隨征有功。天聰三年，大兵征明，並從貝勒岳託克大安口。抵遵化，明巡撫王元雅嬰城守。命分旗環攻之，鑲紅旗西之東，鑲黃旗西之南，各分領前隊，與正藍、正黃、正白各旗兵並進，城上矢石如雨，乘護軍校阿海躍登，急攻之，克其城。大貝勒代善率護軍及火器營至薊，衝明山海關援兵，阿賚死之。趨永平沙庫山，鄂博惠中創歿。

雍貴，隸正白旗。崇德三年，從睿親王多爾袞征明，下山東。四年，師旋，敗通州河岸兵。五年，從圍錦州，敗松山兵，破杏山援兵，皆有功。七年，復圍錦州，同覺羅薩哈連等直前衝陣，大敗其衆。明總督洪承疇以十三萬衆來援，薩哈連戰歿，雍貴同護軍統領伊爾德連敗之，乘雨偪松山，擊走其馬軍，復率本旗兵攻塔山。明總兵曹變蛟夜犯鑲黃旗汛地，復隨伊爾德擊走之。八年九月，隨鄭親王濟爾哈朗征寧遠，抵中後所，偕護軍參領額爾碧衝入敵陣，拔其城。十月，進攻前屯衞，以第五人登，中礮歿。大兵繼進，遂克之。

登西克，隸鑲黃旗。官散秩大臣。順治二年，隨揚威大將軍豫親王多鐸追流賊李自成至西安，激戰於天沙山，中槍陣亡。

阿克善，景祖兄索長阿三世孫，隸正黃旗。隨大兵征明於錦州、寧遠及入關擊李自成，皆有功。歷官至兵部侍郎。順治九年，同都統噶達渾征剿鄂爾多斯部叛逃蒙古多爾濟等，殲之賀蘭山，以失究興安總兵任珍家屬淫亂、擅殺多人事解兵部，管副都統事。十一年，隨征湖廣，敗賊兵於湘潭、常德、龍陽等處。十三年，鄭親王世子濟度征海賊鄭成功，阿克善率兵從大軍至烏龍江，以水險難渡，乃潛取道山間，徑趨福州。未至，聞成功在高齊，卽分兵令佐領褚庫等先往迎戰，擊走之。又分遣署護軍統領伊色克圖往侯官，征剿水路賊，遂抵福州。又偵知賊船三百餘尙泊烏龍江，親督水路，約營總星鼐等在陸路合擊，追至三江口，斬僞都督總兵等，俘獲甚衆。以賊犯羅源，駐防兵被圍，率兵赴援，力戰陣亡。

薩克素，隸鑲藍旗。康熙十三年，以佐領從平南大將軍賚塔征耿精忠。賚塔駐衢州，遣防台州黃巖縣。賊將曾養性率衆六萬來犯，堅守，攻不能下。參將武灝通賊獻城，薩克素力戰，死之。

星德，隸鑲紅旗。亦以耿精忠叛，從江寧將軍額楚討之於江西建昌，敗賊帥邵連登八萬餘衆，在事有功。後於十六年攻吉安，與賊將馬寶戰於陳岡山，陣歿。

果和里，隸鑲黃旗。以委署參領隨平遠定寇大將軍安親王岳樂征吳三桂，戰於湖廣瀏陽，陣歿。

努赫勒，隸鑲黃旗。以一等侍衞從征三桂。十七年六月，三桂遣其黨江義、巴養元、杜輝等率二萬餘賊，駕巨艦二百餘，乘風犯柳林嘴。努赫勒隨討逆將軍鄂訥率水師，棹輕舟，飛越賊艦，發礮擊之，溺死無算。賊退犯君山，又以舟師進擊，追至湘陰。十九年，隨固山貝子彰泰復遵義、安順、石阡、思南等府，追勦至鐵索橋。僞總統高起隆、夏國相等擁衆二萬餘屯平遠，與江西坡賊相犄角。大兵分道進勦，努赫勒從擊平遠西南山賊，力戰陣歿。

海蘭，隸正白旗。由侍衞擢副都統。雍正七年，授參贊大臣，從靖邊大將軍、公傅爾丹征準噶爾。九年六月，分三隊渡科卜多河，與蒙古副都統常祿皆列後隊。初戰庫列圖嶺，旋移營和通呼爾哈諾爾。海蘭與常祿據山梁之東，殺賊千餘。適大風，雨雹，師被圍，常祿陣亡。海蘭突圍出，殺賊五百餘，卒以察哈爾兵潰，海蘭死之。

同阿爾，蒙古鑲紅旗人，世居巴林，以地爲氏。授驍騎尉。崇德三年，多羅貝勒岳託征明，同阿爾與焉。當師之出邊也，副都統席喇命率護軍防守七晝夜，敗敵者再。六年五月，隨睿親王多爾袞圍錦州，明總督洪承疇率重兵來援，以步兵三營犯左翼三旗，護軍不能勝，奔壕塹。同阿爾偕同旗同族僧格，及蒙古鑲紅旗人阿桑布嚴守汛地，奮勇戰死。蒙古正紅旗拜渾岱、正黃旗阿布喇庫、鑲黃旗布齋，均先後歿於陣。

董廷元，正白旗漢軍。與弟廷儒、廷柏並以閒散從征。天命六年，兵攻瀋陽，廷元先登陷陣，授寬甸守備。從攻大淩河、察哈爾、旅順口、江華島，皆有功。崇德二年，從恭順王孔有德征皮島，明總兵沈世魁陣海口。廷元以小舟從北衝入，明兵礮碎之，與家丁六人歿於海。

廷儒積功爲大同守備。順治五年，大同總兵姜瓖謀叛，以廷儒勇略過人，爲士卒愛憚，佯以宴射誘至署，諷以同叛。廷儒以嚴詞斥之，不聽，即拔佩刀與鬬，賊羣執之，罵不絕口，剖其腹，支解之，併其子開國，男婦二十七人俱被害。

廷柏初任驍騎尉。崇德五年，從征明，同參領孫有光敗松山步兵、杏山騎兵、闖洪山守兵。明兵夜犯塡塹，手發紅衣礮擊卻。隨攻塔山及前屯衞、中後所等城，均以紅衣礮克之，績稱最。順治二年，從豫親王多鐸南征，破流賊，定河南，克揚州、嘉興等處，俱在事有功。時明魯王朱以海據紹興，大兵營錢塘江上。明督師大學士張國維以兵九千人乘夜劫營，廷柏從都統吳守進敗之。後從鄭親王濟爾哈朗征湖廣，明總督何騰蛟招流賊，連營拒敵。從副都統金維城率兵至馬河，力戰，歿於陣。

常鼎，鑲紅旗漢軍。順治元年，以副將隨懷慶總兵金玉和討流寇。李自成之西竄也，英親王阿濟格由邊外趨延綏，斷其歸路。至望都，佐領劄圖被創卒。入陝至延安府，虛銜章京哈爾漢率甲士守南山，力戰死。侍衞察瑪海、騎都尉嘉龍阿、參領折爾特、護軍校朔瑪，俱以陣亡。餘黨二萬餘，散在河南。圍濟源，攻孟縣，蔓延鄧州、內鄉縣及淸化鎭。鼎隨玉和援濟源，至則城已陷，戕典史李應選。鼎夜半遇賊，力戰，與玉和俱陣歿。玉和自有傳。

時懷慶鎭標同死者，守備則白忠順、佘國諫、陳應傑、石斗耀、康虎，千總則宋國俊、趙國相、李中、王國臣、楊虎、劉奉相、高友才，把總則張進仁、張光裕、陳廷機、張景泰、許養和、党中直、廖得仁、薛貴等。賊旋圍孟縣，知縣王曰俞、參將陳國才嬰城守。賊攻七晝夜不能下，將引去，會大雨，城壞，賊入。曰俞、國才率兵巷戰，國才被戕，執曰俞，脅降，不屈死。賊又圍鄧州，道標中軍鄭國泰戰死。大兵救鄧州，賊解圍去。轉攻內鄉縣，執知縣胡養素，索金帛，不應，死之。賊分兵犯淸化鎭，署同知史燦麟涖任甫兩月，執法嚴，奸民憾之，引賊入，執燦麟，怒罵不屈，賊忿，磔其屍，妻高氏及婢僕同殉。

嗣後土賊創亂者二年，有輝縣寇，據北山大伍谷諸險，列三十一寨。官兵仰攻，賊以死據，不克登，久之，乞降。官兵防其他逸也，把總田貴、羅思明守寨口，賊乘夜斫寨門遁。

貴與思明倉卒出鬭，皆遇害。五年，寇起武陟之寧郭驛，驛接太行山，爲盜藪，舊設捕盜通判駐其地。賊僞稱獵者，馳入驛西郭門，騎百餘，披甲持刀仗，焚劫。入通判張可舉署，可舉力鬭，遇害。十四年，睢州賊婁三嘯聚沙窩，乘夜登鄢城縣城，開北門，引衆入。知縣荊其惇督家丁衆役守庫印，力禦之，受刃傷，會典史樊世亨率牌甲奔救，賊乃遁，其惇創重死，庫印卒無失。

格布庫，滿洲正白旗人，姓伊爾根覺羅，世居雅爾虎。順治元年，以參領從睿親王多爾袞剿流賊李自成，追至慶都。復隨英親王阿濟格、貝勒尼堪敗之。三年，肅親王豪格征流賊張獻忠於蜀，格布庫及參領西特庫，隊長古朗阿、巴揚阿、烏巴什隨焉。獻忠遣賊黨環營抵抗，格布庫破賊第一營步兵。賊分兩翼，豪格復遣偕佐領蘇拜攻右翼，都統準塔巴圖魯攻左翼。賊自右翼下山來犯，格布庫率本旗兵衝擊之，旋從準塔翦其左翼。賊圍正藍旗兵，格布庫偕佐領阿爾津、噶達渾、西特庫、烏巴什往援，格布庫中箭殞，西特庫、烏巴什俱歿於陣，賊退。

時僞將高汝勵據三寨山，豪格遣古朗阿擊之，大破其衆。獻忠發大隊迎敵，古朗阿直衝其陣，賊奔潰，未幾復合，古朗阿偕瑚里布破之。賊率馬步兵分三路來犯，古朗阿奮勇進擊，與巴揚阿均陣亡。

濟三，滿洲正黃旗人，姓扎庫塔。自崇德六年，以佐領從大兵有功。順治元年，與驍騎都尉色勒布，雲騎尉祖應元，參領金應得，驍騎尉西來，閒散達魯哈、薩門、岱納，並從定國大將軍豫親王多鐸南征。二年四月，大兵渡淮，薄揚州城。應元、應得、岱納以紅衣礮攻城，城頹，岱納先登，與應元、應得同陣亡。克揚州，大兵渡江，令左翼舟師留泊北岸備敵。敵駕舟來犯，色勒布迎擊，中礮死。分兵江陰縣，薩門以雲梯先登，被戕。達魯哈繼進，亦陣歿。六月，多鐸定南京，分大兵之半，令多羅貝勒博洛等進徇蘇州，下之，擢濟三副都統，駐守。明福王總兵黃蜚潛納蘇州叛卒來襲。濟三聞變，率兵擒剿，敵合圍，濟三戰死。大兵至浙，攻嘉興，礮毀其城，西來率所部先登，克之。旋回兵取崑山縣城，被礮死。

瑚密色，滿洲鑲黃旗人，姓佟佳，世居加哈。崇德元年，以佐領銜從征明，屢有功。順治元年，從入關，敗流賊唐通於一片石，追至安肅、望都，殲賊無算。嗣隨多鐸軍渡江，屢破明兵句容。時明魯王朱以海踞紹興，博洛遣參領王先爵徇湖州，土兵螽至，元爵戰歿。博洛次杭州，魯王遣其督師侍郎孫嘉績、熊汝霖渡錢塘江來犯。瑚密色偕騎都尉色赫等擊敗嘉績兵，擒其隊帥，追至江中，汝霖兵殊死戰，瑚密色中槍戰死。色赫從定浙江，旋下福建，還過平湖，遇土寇，亦以中槍陣亡。

敦達里，滿洲人。幼事太宗，後分隸肅親王豪格。崇德八年八月庚午，太宗崩，敦達里以幼蒙恩養，不忍永離，遂以身殉。諸王貝勒等義之，以敦達里志不忘君，忠忱足尙，贈甲喇章京，子孫永免徭役。

安達里，葉赫人。來歸時，太宗憐而養之，洊授官職，亦請殉，諸王貝勒等亦甚義之，予衣一襲，豫議卹典，加贈牛彔章京爲梅勒章京，子孫世襲，如敦達里例。既定議，召安達里諭之。臨殉時，謂諸王貝勒等曰：「若先帝在天之靈，問及後事，將何以應？」諸王貝勒等對曰：「先帝肇興鴻業，我等翊戴幼主，嗣位承基，當實心輔理。儻邀呵護，是所願也。」

許友信，以軍弁隨明將左夢庚投誠，隸鑲白旗漢軍。隨大兵征閩、粵有功，定南大將軍貝勒博洛委署潮州副總兵。順治四年，明桂王由榔遣兵略境，友信單騎出戰，遇伏死。是年，桂王兵部尙書張家玉陷東莞，署總兵成陞、副將李義均陣亡。桂王兵科給事中陳邦彥同時犯廣州，游擊閻行龍、王士選、熊師文俱死之。桂王既由監國僭號，志在興復，其始略有兩廣、雲、貴、湖南、江西、四川各地。且鄭成功出沒閩、浙，奉其僞號，遙相應和，聲勢頗張。經大軍先後戡定，桂王已竄竄土司，肅清在邇，而孫可望、李定國等復羣相擁戴，作螳臂之拒者有年。至定國與可望內訌，順治十四年十月，可望走湖南乞降，於是洪承疇、吳三桂乃奏請乘時大舉，逐漸進剿，軍行有利。十八年，三桂兵及緬甸，緬人執獻由榔軍前，事乃大定。

十餘年中，死事或被執不屈者：如四年，剿廣東假明封號土賊，有廣東巡按劉顯名等；六年，剿靈山土賊，有廣東都司僉書李昌等；七年，征廣州，有輕車都尉尙可福等；八年，李定國分兵窺全州，有廣西巡按王荃可等；九年，犯辰州，有分巡辰常道劉昇祚等；犯平樂，有府江道周永緒等；犯柳州，有分守右江道金漢蕙等；陷桂林，有右翼總兵曹成祖、提標游擊馬騰龍等；十年，犯羅定，有兵備道郞象鼎等；犯靖州，有湖南副總兵楊國勳等；犯連州，有廣東運署都司僉書竇明運等；犯化州，有防守參將應太極等；十一年，犯電白，有從征八品官費揚古等；十四年，海賊乘亂竄雷州，有徐聞營游擊傅進忠等。孫可望之從亂也，六年，賊黨一隻虎犯永州，有新擢陝西布政使、右參議李懋祖等；九年，犯衡州，有隨定遠大將軍敬謹親王尼堪部下副都統武京等；犯成都，有敍州府知府周基昌等；十三年，犯臨藍，有委署參將殷壯猷等。

至爲鄭成功而死者：三年，成功族人鄭彩據廈門，掠連江，有知縣宋人望等；六年，成功犯長泰，有知縣傅永吉等；犯漳浦，有總兵楊佐等；八年，犯海澄，有知縣甘體垣等；十二年，犯仙游，有知縣陳有虞等；十三年，犯海澄，有一等輕車都尉哈勒巴等；犯福州，有二等輕車都尉巴都等；十五年，犯台州，有海門營水師游擊李宏德等；犯溫州，有盤石衞水師游擊熊應鳳等；十七年，犯江寧，有一等輕車都尉瑚伸布祿、二等輕車都尉猛格圖等；犯崇明，有知縣陳愼等；犯台州之太平，有左營都司李柱國等；犯廈門，有護軍統領伊勒圖、前鋒參將佟濟、前鋒校鄂勒布等。蓋明藩自立，以兵力削除者，桂王爲最棘。

同時附唐王朱聿鍵，而陸梁於江西郡邑者，則爲金聲桓，參領布達理、布政使遲變龍、分守湖東道成大業、宜黃知縣馮穆等皆死之。魯王以監國踞浙，偪福建興化，則知府黎樹聲等；據舟山內擾，則紹興府推官劉方至死之。

其無所附麗而以叛聞者爲姜瓖，五年，踞大同，催餉騎都尉鍾固、山西兵備道宋子玉等死之。六年，從英親王阿濟格等軍進討者，騎都尉索寧、雲騎尉洛多理等皆陣亡。分援河東、井坪、蒲州、神木等處，則鄭宏國、佟國仕、武韜、鄭世英等亦先後陣亡。

時天下初定，人心反側。各省土賊蠭起，或剿或守。在順治一朝，死者尤夥。獨著其關係大局者，見有清開國艱難之大概焉。

清史稿卷四百八十八

列傳二百七十五

忠義二

朱國治，漢軍正黃旗人。順治四年，由貢生授固安知縣，屢擢至大理寺卿。十六年，外簡江寧巡撫。時鄭成功盤踞外洋，出沒江南濱海州縣，國治疏言：「欲破狡謀，先度形勢。

賊衆負險，我師遠涉風濤，其勞逸不同。賊衆熟識海道，我師弓馬便捷，其素習不同；水師舟楫，較之賊船大小懸殊，其攻取不同。臣謂宜以守寓戰，凡海邊江口，多設墩臺，待賊勢困援絕，乘間攻之，自能擒渠獻馘。」下所司議行。又以蘇、松、常、鎮四府錢糧抗欠者多，分別造册，紳士一萬三千五百餘人，衙役二百四十人，請敕部察議。部議現任官降二級調用，衿士褫革，衙役照贓治罪有差。以是頗有刻覈名。

康熙十年，補雲南巡撫。時吳三桂謀叛久矣，十二年，詭請移藩錦州，并期以十一月二十四日啓行。國治方請增設驛堡，協撥夫馬待之，三桂遽踞關隘起事。先期三日，邀國治及按察使李興元、雲南知府高顯辰、同知劉崑，脅之從逆，皆不屈。國治罵賊尤烈，卽時遇害。先後殉難者，雲貴總督甘文焜，廣西巡撫馬雄鎭，傅弘烈及李興元，均自有傳。

楊應鶚，鑲黃旗漢軍。任貴州貴陽府同知。吳三桂初叛，執應鶚送雲南，錮之順寧。應鶚密謀舉義，僞將軍趙永寧縊死之。時有馬弘儒者，順治十八年武進士。三桂素重之，迫共叛，不聽，以鐵椎椎其齒，齒盡落，囚昆明，不屈死。

先後在滇殉節者，爲鄭相等：相，江寧人，以中書隨軍至雲南。大兵入滇，檄權石屏州事，有惠政。僞總兵高應鳳作亂，相死之。昆明人楊樹烈，以四川南川縣知縣告休家居，寇至，北面再拜，自縊死。土酋龍韜等分道剽掠，寧州知州曹誠嬰城守，城陷死之。原任曲靖府教授周起元，則以被執不屈死。生員有唐方齡、張鵾羽。

三桂旣叛，所在蠢應，死貴州者：陳上年，直隸清苑人。順治六年進士。時官分巡右江參議道，三桂旣執巡撫傅弘烈，乃脅上年降，幽縶死。都勻縣防兵謀應賊，譁譟焚掠，知縣薛佩玉諭以順逆，衆不聽，偪受僞職。佩玉北面再拜，自縊死。

死湖廣者：祝昌，河南固始人。順治六年進士，由中書累擢至辰沅道。三桂叛聞，卽流涕諭衆大義，皆感泣。賊大至，城潰，北面再拜自縊死。生員有李廷頊、張一元、徐翹楚。

死江西者：爲饒州府知府郭萬國，萬年縣知縣王萬鎰。萬國，河南許州人。由諸生從經略洪承疇官貴州，撫苗、蠻有功。萬鎰，浙江錢塘人。由貢生官福建，平土賊有功。賊黨圍廣信急，覘饒州備虛，由間道薄城。萬國令萬鎰赴省請援，甫出北門，賊猝至，與家僮六人中礮歿。饒州營參將趙登舉聞警馳救，衝賊營，擒前隊數人，伏起，陣亡。賊黨環城招降，萬國集其屬同知范之英、鄱陽縣知縣陸之蕃、石門巡檢翁鳳翥、饒州稅課大使李崇道，謂之曰：「文臣不習戰，然守土吏當死，不可徒手就戮。」皆應之。賊偪靈芝門，攀堞登，萬國率家丁巷戰，身先之，中十六創，與之蕃、鳳翥、崇道俱戰歿。文英亦被執不屈死。萍鄉民人彭程淑，亦以三桂餘黨擾其鄉，裂眥怒駡，被亂刃死。

死廣東者：金世爵，鑲藍旗漢軍。由舉人任合浦縣知縣。高州總兵祖澤清叛附三桂，世爵圖城守。僞將王弘勳率賊數萬犯廉州，世爵登陴力禦，城陷，與守備杜嶠同死之。又侯進學者，隸平南王尚可喜藩下。先爲三桂所脅，爲遞逆書，至廣州自首，可喜以聞，嘉之，授世職。至是爲賊所得，囚木籠送常德，三桂臠之於市。逆黨馬雄攻新會，藩下諸將多附逆，誘左翼游擊文天壽同降，天壽叱之曰：「背主不忠！吾錚錚丈夫，豈鼠輩可脅？」遂被害，沉屍海中。

死川、陝者：波羅營副將張國彥，聞提督王輔臣叛，城守。兵變，逼獻印，自刎死。漢中城陷，同知汪化鼇不受僞職，賊縶之，復給僞劄令攝縣事。化鼇痛哭，望闕遙拜，自縊死。漢鳳參將蘇興亦叛附三桂，將襲殺詗賊筆帖式布格爾以滅口。千總魯仁圻憤甚，度無以制之，朝衣拜父像告訣，叩營力爭，觸興怒，殺之。仁圻畜一犬，護屍不去，故吏梁玉收而葬之。又廣安州知州徐盛、劍州知州向棨、商南縣知縣盧英、渠縣知縣王質、綦江縣知縣王無荒、營山縣知縣廖世正及典史劉廷臣、西安府知事張文選、司獄周勝驤、白水縣典史趙煥文，並以被脅不屈死。

其以招諭死者：三桂未叛時，主事辛柱、筆帖式薩爾圖、隨侍郎哲爾肯賚詔至滇。既叛，辛柱、薩爾圖將詣闕告變，賊殺之。後則漢川巡檢章啓周，浙江會稽人。從順承郡王勒爾錦軍，以劄委通判往招諭三桂，被戕。及吳世璠時，又遣四品銜董重民往諭以順逆，至鎮遠，逆黨以弓絃縊殺之。又揚威大將軍簡親王喇布檄益陽縣知縣徐碭往衡州招撫三桂餘黨，至泉溪渡，爲僞將軍吳國貴所殺。鄖陽降調通判許文耀、阿迷州吏目郭維賢，亦均以招撫三桂餘黨遇害。郎中祝表正隨經略大學士莫洛討叛鎮王輔臣，莫洛戰歿，輔臣幽表正於營，尋復具疏附表正還奏。聖祖卽遣表正諭輔臣，至，則百方曉譬，留弗遣，卒爲僞總兵巴三綱所殺。甘肅靜寧州知州王札亦以單騎諭輔臣禍福，被脅不屈，死。

又撫叛鎮王屏藩死者，爲四川鎮標副將徐升耀，劄付通判王官表、沈日章，劄付參將吳子騄等。

周岱生，字青嶽，江西德化人。由拔貢生除貴州餘慶縣知縣，改廣西平南縣知縣。康熙十三年，吳三桂叛，六月，其黨破梧州，攻平南，岱生練鄉團俍兵拒之大峽口，鏖戰三日，斬其魁。七月，復大至，岱生奮身拒戰，攻益急，鄉團皆戰死，退保城。圍固援絕，自寅戰至午，城陷。賊縶岱生往潯州，脅降，罵不絕口。妻楊氏，於路先自剄死。旋又甘言誘岱生降，卒遇害。長子儒且哭且罵，死尤慘。

岱生令餘慶時，有老賊陳四者，盤踞大同山垂三十年，剿捕不能得，出奇計招之，親至其巢，曉譬利害，曰：「王師且至，吾生汝！」賊感泣，誓終其身無反。岱生曰：「盍隨我至縣城乎？」賊諾之。於是至縣署，賜之食，厚爲之裝而遣之。其後吳逆之變，他縣賊皆響應，惟陳四不受僞職。平南市荒民少，岱生捐俸招集，始至，城內草屋九間。未幾，商民大集。俗窳不產蔬菜，岱生敎以播種灌溉之方，畦畝鱗次相屬。田皆老荒弗闢，又招粵東流民後先千餘家，報墾升科，其他善政尤多。

楊三知，字知斯，直隸良鄉人。順治三年進士，授山西榆次縣知縣。榆次經流賊殘破後，井里蕭條，三知以恩義安輯，戶口日增。康熙五年，大同鎭總兵姜瓖叛，連陷州縣，攻榆次。三知勵吏民，募鄉勇守城。夜遣人斫賊營，間有斬獲，賊不退。三知令偃旗鼓，示弱。賊徑薄城，攀堞欲登，三知急起，麾衆發矢石，斃甚衆。賊憤，益兵圍之。相持踰六月，敬謹親王尼堪分兵來援，賊始敗走。三知設保甲、練屯聚，復捐俸、立社學，置膳田以資膏火，士民感之。擢兵部主事，累遷郎中，外擢四川松龍道、上東道。上東道屬經張獻忠慘戮，存者在絕峒密箐中，招徠千數百家，築堡渝東，民名之曰楊公堡。

十一年，補陝西神木道。十三年，入覲，還至保德，聞提督王輔臣叛附吳三桂，從者勸遲行，勿渡河，不聽，疾馳還署，圖城守。曩三桂剿闖賊殘孽，過神木，市恩，民謬德之，立生祠，三知卽毀之。察知縣孫世譽忠實可倚，時輔臣播僞劄，將弁多爲所誘，分據城堡，惟韓城知縣翟世琪與神木通聲援。

世譽，隸鑲紅旗；世琪，山東益都人，順治十六年進士：關中幷稱賢令者也。叛黨朱龍犯神木，民恟懼。三知適受檄赴京師代賀，有諷可攜眷行者，謝之。赴闕事竣，抵署三日，延安、吳堡相繼陷。賊至，乘城死守，親挽强弩，發無不中。柳溝營游擊李師膺受僞劄，鼓衆譟餉，世琪出諭賊，先被戕，及其二子。神木守將孫崇雅亦通賊，城遂陷。崇雅合賊將環說三知，以延綏開府啗之，不應；脅交敕印，不與；賊迭以甘言誘三知，且擁回署，三知過井，厲聲諭家人勿作兒女態，躍而入，賊遽縋出之，臂已折。力以三知「在官廉平，初未相迫，毋自苦」爲詞，三知大罵不絕口，乃舁置別室，環守之，載脅載誘。一夕，忽合扉，不知何以賊之。其妻妾及二女俱赴井以殉。城復後，家人始於淺土中獲三知遺骸，經長夏，面色如生。世譽亦抗節不屈，賊羈之深室，輔臣後降，卒害世譽以滅口。

劉嘉猷，字憲明，江西金溪人。由明舉人順治初署興國、新建敎諭，以正誼明道爲敎，士多化之。秩滿，改福建侯官縣知縣，爲閩浙總督范承謨所賞。撤藩命下，嘉猷度平南王耿精忠必應吳三桂叛，謂家人以「旣宰茲土，義不汙賊」。康熙十三年三月，精忠紿文武赴藩府計事，嘉猷從承謨後。見鋒刃交戟脅承謨降，不屈，縛以去，嘉猷歷階而上，厲聲叱精忠，福州府知府王之儀、建寧府同知喻三畏同發憤罵賊。精忠喝武士殺三人，衆股慄。嘉猷戟手作搏擊勢，芒刃亟下，與之儀、三畏同時被害。城守千總廖有功見逆殺三人，發憤大呼，亦死之。

高天爵，字君寵，漢軍鑲白旗人，後改隸鑲黃旗。由廕生於順治四年任山東高苑縣知縣，累官至江西建昌府知府。先是廣昌山賊踞羊石、滴水二砦爲巢穴，官軍仰攻，輒爲滾木礧石所傷，罷攻，招降，賊佯就撫，仍伺隙煽亂。官軍斃之獄，餘賊益負固。適風雨交作，漂流樹木，衝斷橋梁，賊保巢不出。天爵會巡道參將出不意直擣之，擒斬，盡毀其巢。

耿精忠據閩叛，縱黨入江西，犯建昌，時天爵已擢兩淮鹽運使，或勸之速行，天爵以「守此土十六年，雖受代，不可遽離」答之，率家丁數十人禦賊萬年橋。城守副將趙印已降賊，乘天爵力戰，從後縛之，獻賊，載送入閩，再四誘降，不屈，囚之。越歲餘，與副將王進，武舉胡守謙，把總楊起鵬、姜山等同謀，遣千總徐得功出仙霞嶺迎大軍入關，陰結死士爲內應。賊黨偵而訐之，十五年九月四日遇害。

後以福建巡撫卞永譽請，以天爵與原任福寧總兵吳萬福、福州府知府王之儀、邵武府知府張瑞午、建寧府同知喻三畏、邵武府同知高舉、侯官縣知縣劉嘉猷、尤溪縣知縣李塤、福州城守千總廖有功等合建一祠於省城西門外，復以子其佩請扁，書「藎忱義烈」四字以額其家祠。長子其位自有傳。

李成功，奉天鐵嶺人。順治六年武進士。歷官至廣東潮州參將。康熙十三年，總兵劉進忠應耿精忠叛。成功潛與游擊張善繼等謀誅進忠，事覺，進忠以兵脅同叛，曰：「汝爲我中軍，我視汝猶子，何無義至此？」成功曰：「祿山叛國，死於猪兒；朱泚叛國，死於韓旻；汝今叛國，不知死之將至！我何爲從汝？」進忠命斬之，罵不絕口而死。

善繼，直隸彭城衞人。習儒，通孫吳兵法。康熙六年第二名武進士，授潮州城守營游擊。進忠陰遣腹弁赴精忠獻欵，弁歸，與進忠謀曰：「善繼剛方固執，深得衆心，宜亟散其卒。」進忠遂令所部分隸私黨。善繼麾下虛無人，謁進忠曰：「公不聞晉王敦乎？威勢未嘗不赫也，兵敗身死，發瘞斬屍，未有叛國而克全終者！」進忠怒，羈之馬王廟，貢生林應壁同被羈，日談古忠孝事。進忠屢遣人諭降，終不屈，令斬之。

白虎，陝西秦州人。康熙十一年，官澄海協右營都司，有「虎將」名。進忠將叛，調虎與其子崇質入郡。至，則知進忠有異志，潸焉涕下。進忠令虎易帽，虎曰：「頭可斷，帽不可易！」令翦辮，虎曰：「頸可截，辮不可翦！」且責進忠，詞甚厲。左右以搖惑軍心，慫進忠斃之。進忠愛其勇，不忍，曰：「此愚人，不識時務耳！」遂羈之。篡取虎妻張、虎孫士俊爲質。虎與同志密遣人赴省請兵，約內應。謀泄，將就刃，謂崇質曰：「死，吾分也！委身存祀則在汝。」崇質對曰：「父爲忠臣，子從叛賊，烏乎可？」縛至西市，虎望北叩首，大言曰：「君臣大義盡於此，父子至情，亦盡於此矣！」觀者皆泣下。

何亮，潮州人。官澄海協千總。虎以心腹待之，亮隨虎赴郡，進忠羈虎，旋以內應事泄，幷將斬亮。進忠叱之，亮謂當訴於天，同時遇害。其兄弟妻子被殺者尤衆。

于國璉，奉天人。爲續順公沈瑞旗員。進忠亂作，瑞命偕都統宋文科、鄧光明攻之。戰太平街，三日，國璉身先士卒，射傷進忠左臂，賊披靡，以衆寡不敵，終爲所敗。瑞縛光明及國璉以降，國璉獨不屈，斬於市，屍僵立不仆，數日面如生，衆咸異之。

嵇永仁，字留山，江南無錫人。用長洲籍入學爲諸生。入閩浙總督范承謨幕。耿精忠應吳三桂叛，執承謨，脅永仁與同幕王龍光、沈天成及承謨族弟承譜降，不從，被執。永仁少好從士大夫游，討論國家典故，六曹章奏，條分件繫，著有集政備考一書。以范、嵇世交，故相從至閩。時精忠蓄謀未發，屢陳弭變策，如請撥協餉、補綠旗兵、安插逃弁、條議屯田諸端，冀固民心、殺賊勢。又請借巡視沿海爲名，提輕兵駐上游制賊。以文武吏皆預中賊餌，號令格不行。在獄凡三年，賊害承謨，乃痛哭自經死。永仁知醫，著有東田醫補。工詩詞，有竹林集、葭林堂詩。獄中又著詩二卷、文一卷。與龍光相倡和者，又有百苦吟。

龍光，字幼謦，浙江會稽人。諸生，屢躓鄉闈。年五十餘，已倦游，承謨撫浙，延課其子。擢閩督，龍光以父老不欲行，父以承謨有德於浙，義不可辭，遂往。旣被執，脅草安民檄，誘以官爵，皆不從。與永仁誼最合，嘗語龍光曰：「死之日，魂魄願無相離！」在獄著養花說及雜詩五十餘首以見志。

天成，字上章，江南華亭人。變作時，與永仁約同死。偶外出，俄傳同難諸子死訊，遂出踐宿諾，爲逆黨縛獻。時鞫者方窮究章奏，將歸罪永仁，天成厲聲辯曰：「承謨心事，青天白日，承謨無他志，書生更何與焉？」乃同繫獄。著詩一卷，曰聽鵑。又纂花譜一卷以自遣。三人在獄，有書名和淚譜者，龍光爲永仁撰一首，永仁爲龍光、天成撰各一首，詩詞皆燒桴煤畫牆上，賴義士林可棟者，或云泰寧人許鼎，時往獄中探視，默識之，得以傳世。

承謨初被難，部曲有張福建者，手雙刀，大呼奪門，衞承謨，羣攢刃死之。精忠令三十二人監守承謨，中有蒙古人嘛尼，欲免承謨，事泄，被磔。

葉有挺，字貞夫，福建壽寧人。康熙九年進士，甫釋褐，卽徒步南歸。耿精忠以閩叛，檄郡邑，凡在籍搢紳悉坐名，勒限起送，有挺恥之，潛入江西界，佯言已死。逾年，以念母潛返，僞縣令偵知之，持檄促赴召。有挺告母曰：「兒得進士，思有以報君父。今以進士被僞檄，是得一進士反爲從逆之資。兒死不赴，如母何？」母以大義勉之，乃抱母大號，遁匿山寺。僧知其爲葉進士也，微拒之，有挺仰天歎曰：「有挺豈以儒者七尺軀苟延旦夕，爲釋氏恐怖？又豈以身死蕭寺，貽主僧禍？」夜起，北向九叩，南望母再叩，出走山下，自經古木死。亂平，無以上聞者，故褒贈皆不及。

同時閩中殉難者：蕭震，侯官人。順治九年進士，任山西道監察御史，丁父艱，回籍。精忠叛，謀討之，事泄，遇害。張松齡，莆田人。順治十二年進士，由庶吉士屢遷四川參議。時川省彫敝，松齡加意撫綏，流亡漸復。裁缺歸里，耿逆迫以僞職，羈數月，終不屈死。施大晁，福清人。康熙十二年進士。聞變，匿金芝山，募壯士，助大兵進討，賊執之，嚼舌罵賊，嘔血數升死。莆田舉人劉渭龍、建寧舉人謝邦協、南平舉人原任丹徒令鄒儀周，皆不受僞職。渭龍匿深山絕粒死。邦協舉家避村落中，逆黨以火攻之，不出，闔門遇害。儀周爲所執，不屈死。光澤縣民毛錦生，素有胆力，賊躪其村，邑當事飭爲練總，導大兵進剿，遇伏，死雲際關。淸流縣諸生李亭，隨邑令守城，幷集鄉勇拒戰，旋被執，詈賊死。

又有張存者，順昌人。精忠亂作，存糾義旅保元坑鄉，脅授總兵劄，令率衆出江西，分大軍兵勢，存不從。時和碩安親王岳樂駐師南昌，存潛使赴軍前乞援，並條上攻賊機宜。岳樂授存總兵劄，令捍禦建昌、邵武、汀州等地，且爲內應。賊偵知之，急攻元坑。地平，無險可扼，存以忠義激衆，屢敗賊，賊恚甚，分三路夾攻，卒以不支，存被執，死之。

戴璣，字利衡，福建長泰人。順治六年進士，授主事，例轉湖廣按察司僉事。時滇、黔未入版圖，上江防道尤要。璣偏履所部，自岳州至嘉魚，立七汛，造哨船巡邏，萑苻無警。又於洞庭湖接立三汛，行者尤便之。洪承疇正經略五省，以「韓、范儔」稱之。尋遷陝西西寧道，未行，丁父艱。服除，補廣西右江道，駐柳州。東蘭土酋搆禍日久，璣以恩意調解之。大酋黃應元煽亂，則斬渠魁以徇。諸蠻用是懷德畏威，頑梗盡化。柳堡屯田，寄佃於民，既輸軍租，復應民役，爲申請督撫，具奏獲免。復修葺文廟及羅池司戶二賢祠。會朝命裁併監司，解任歸里，督課諸子，敎以忠孝大義。

耿精忠亂作，臺灣賊圍漳州，時璣次子鏻爲海澄公將，守東門。賊劫至城下，使招鏻降。璣大聲呼鏻堅守，勿以老人爲念。賊怒，牽去。城破，鏻巷戰死，闔門爲俘。大兵復漳州，賊遁，璣與子鐗等乘間入山，而妻葉併諸幼子爲賊執赴臺灣，璣置不爲意。賊復犯海澄及長泰，璣再被執，脅之降，不從。幽之密室，歷年餘，終不爲屈，朝夕誦文信公正氣歌以自壯。一日，顧謂子銑曰：「吾久辱，不死何爲？」遂絕粒。數日，病甚，衣冠，命銑扶掖北向再拜，曰：「臣死，命也，當爲厲鬼殺賊！」索紙筆，大書「惟忠惟孝，可以服人」數字，嘔血數升死，年七十有四。

劉欽鄰，江南儀徵人。順治十八年進士。康熙八年，授廣西富川縣知縣。十三年，廣西將軍孫延齡叛應吳三桂，遣僞將陷平樂府，旋圍富川。欽鄰募鄉勇城守，與賊相拒五十餘日。同城把總楊虎受延齡僞劄，勾土賊千餘助攻，虎夜引賊入，欽鄰率家丁力戰，殺賊三十餘，家丁死者七，欽鄰被執。賊加以毒刑，縛送桂林。延齡誘降，不屈，羈之。欽鄰賦絕命詞死，追謚忠節。

崔成嵐，鑲藍旗漢軍。由官學生任鬱林州州判，署藤縣知縣。十四年，孫延齡黨吳鳳等率賊數千犯藤縣，水陸夾攻，成嵐與守備劉志高、汪雲龍，典史黃新德守禦。賊暫退，已而復合。延齡軍數千，攻城西南，抵禦益力。巡撫洪陳明復遣援兵，協力勦殺，賊不退。僞將軍緱成德復率賊萬餘由賀縣來，勢益熾。成嵐等相持七晝夜，城陷，成嵐手刃二賊，歿於陣，志高等均死之。

新德，廣東海陽人。讀書不多，好遺文，人皆笑之。事亟時，命其子日禱扶母歸養。旣被執，賊欲授以僞官，新德曰：「王彥章且不肯降唐，況天朝臣子從賊乎？」賊欲屠城，新德曰：「倡守城者，官也，殺尉足矣，於百姓何與？」賊怒，斮之，新德罵不絕口。刀斧交下，碎其屍。家人四，婢一，皆死焉。微官死事，世尤重之。

柯永昇，漢軍鑲紅旗人。由員外郎出任湖南糧道，累擢至湖廣巡撫。康熙二十七年，飭裁湖廣總督，令標兵分別存撤。五月，裁兵夏逢龍，同夥呼爲夏包子者，結衆作亂。二十二日，突入巡撫署，拒者輒刃之。傷永昇臂，奪其印，復傷永昇足，仆地。悉驅其親屬家人出走，搜掠財物。永昇乘間自縊死。賊四出剽略，永州錦田衞守備隨光啓嬰城守，力竭，死之。武昌永定營中軍守備孟泰鏖戰金口，亦中礮歿。守備李國俊陽附逢龍，從圍應城。夜半，賊潛梯登城，國俊遽鳴鉦大呼，城中驚起，擊敗之。脫還武昌，卒死樊口。時署布政使者爲葉映榴，自有傳。

道禪，滿洲鑲黃旗人，姓戴佳。初爲王府長史。康熙中，厄魯特噶勒丹犯喀爾喀，朝命中外備兵。三十五年，大兵三路進勦，道禪奉敕往諭噶勒丹。先是，三十一年，員外郎瑪第奉使策妄阿喇布坦，爲噶勒丹掠執，不屈死。至是賊復誘降，道禪抗聲罵賊，死之。

李茂吉，福建漳浦人。臺灣水師營把總，平日不以官小自卑。康熙六十年，土賊朱一貴亂作，自請於副將許雲。戰敗被擒，賊渠怪其不跪，叱之，茂吉舉足踢其案，案翻，奮力斷縛，直前奪刀殺賊。賊共斫之，頭腦破裂，尙罵不絕口，賊碎其屍。

劉崐，字玉巖，四川保寧人。由武舉從軍有功。雍正八年，擢權雲南東烏營游擊，佐總兵劉起元守城。烏蒙夷祿萬福者，舊土知府萬鍾族弟也。先是，府隸四川，萬鍾數擾雲南邊界，雲貴總督鄂爾泰擒鞫伏法，使萬福父鼎坤襲職，移隸雲南。時改土歸流，旣設東川府，次及烏蒙，改授鼎坤守備，趣赴闕。鼎坤怏怏行，密使萬福煽諸蠻爲亂。未發，崐密告起元爲備，起元蔑視之，檄萬福來見。萬福懼，遂嗾衆反，圍府城。崐聞變，解所佩刀與妻張氏訣，出與起元商禦賊策，皆不應。而游擊汪仁獨以撫賊說起元，起元從之，登城被賊辱。崐遂開城，率數十騎大呼赴賊，游擊馬秉倫與之俱。斬數百級，賊稍卻。野夷數萬蠭至，崐遂與秉倫相失，勢益孤。轉戰至次日，弩穿左脅，創甚，北向再拜，割襟蘸血，大書石壁曰「淋漓鮮血透征衣，報國丹心總不移」十四字，拔刀自刎死。賊歎其忠，以土覆之而去。峴妻聞變，則以峴佩刀手斫二女及妾，乃引刀椿喉，一門同殉焉，語見列女傳。

秉倫既失峴，亦轉山箐間，鏢貫其頤，猶手剸數賊，力竭，跳崖死。

時官烏蒙通判者爲劉鎭寶。鎭寶，字楚善，江西彭澤人。由舉人考授中書舍人，發雲南用知縣。鄂爾泰器其材，奏擢通判。鎭寶既蒞任，駐大關鎭，鎭距府三百里，爲苗疆新闢地。苗警既急，以鎭寶熟諳苗情，檄往招諭。至則開陳禍福，詞甚備。苗逆抗之，反執鎭寶。鎭寶罵賊烈，爭斫之，支體糜碎。事平，滇人以鎭寶與峴受害尤酷，爲立廟祀，稱二劉公祠。

羅鳴序，湖北漢陽人。康熙五十年舉人，任貴州麻哈知州、兼署黃平州事。雍正十三年春，古州苗叛，脅清平、黃平、施秉、鎭遠四州縣，生熟苗皆應。四月，陷清平縣之凱里汛，去黃平新州三十里。鳴序時在黃平，聞變，趨新州謀守禦。環州苗皆起，馳報府縣急援，不應。苗大焚掠，鳴序以城亡與亡自誓。客陳憲者，請與俱，鳴序卻之。憲以「君能爲忠臣，我獨不能爲義士」爲對，相與尋後山有樹可援繫者，各默識之。鳴序乃解兩州印付健僕送省，出公帑千付書吏藏某處，曰：「可以死矣！」或曰：「此署事也，有本州在，何不去此而保麻哈？」或曰：「此新州也，何不去此而保舊州？」皆置不聽。或告曰：「城陷矣！」即趨向所識處，將自經。俄又告賊猶未入，則又徐與憲還，登城守。迨矢石器械盡，城中火起，無可再守，乃卒與憲至後山絓樹以死。從死者數人，諸生初震、周大任兩家皆死之。憲，浙江山陰人。

清史稿卷四百八十九

列傳二百七十六

忠義三

宗室恆斌　倪國正　趙文哲　王日杏　汪時　孫維龍　吳璜　吳鉞等
曹永誾　何道深　沈齊義　陳枚　吳璟等　溫模　邵如椿　李南暉
湯大奎　周大綸　壽同春　李喬基　熊恩紱　宋如椿　趙福　劉昇　滕家瓚
蕭水清　劉大成　王翼孫　王行儉　王銑　汪兆鼎　左觀瀾　董寧川
韓嘉業　葉槐　陸維基　毛大瀛　張大鵬　白廷英　楊繼曉
楊堂等　曾艾　曾彰泗　羅江泰　霍永清　强克捷　趙綸等
宗室奕湄　景興　陳孝寬等　王鼎銘　呂志恆　邵用之等

楊延亮　師長治　王光宇

宗室恆斌，字絅文，太宗第十子輔國公韜塞後。授三等侍衞。父薩喇善，官吉林將軍，緣事命戍伊犂。方臥病，恆斌陳請代奏以身從父往，詔許之，而以沾名褫其職。恆斌在途侍疾，至廢寢食，父每怒其愚，無幾微怨。既抵伊犂，父疾以瘳，將軍阿桂大賢之。會哈薩克新附，遣使入貢，有旨擇賢員伴送，阿桂卽命恆斌充伴送官。途閒馭陪臣忠信得大體，召見慰藉，復其官，令留京供職。恆斌請畢伴送事仍往伊犂侍父，允之。擢二等侍衞。會烏什回叛，恆斌隨將軍明瑞由伊犂倍道進勦，戰屢捷。領左翼兵陣城南山下，賊麕至，恆斌奮勇擊之，所向披靡。賊懼，隱城壕誘敵。怒馬而前，萬鏃齊發，不及禦，陣亡。事聞，褒恤，而宥其父罪還京。

倪國正，字懋功，四川成都人。康熙舉人。雍正十年，揀發廣西，授義寧縣知縣。義寧東北曰雙江，苗、民雜處，與湖南城步、綏寧二邑紅苗接壤，計千餘里。隘口十，堡七十二，大小寨凡數百。不通敎化，僅設雙江巡檢羈縻之。乾隆六年，楚匪黃順等煽粵苗，僞稱名號。國正計擒黃順，中道被劫，還合楚苗爲奸。國正牒文武諸大府請兵，撥駐四百名，苗稍靖。時大府意在招撫，知府張永熹、巡檢蔡多奇迎合其意，遂撤駐兵，而檄國正與多奇及縣丞吳嗣昌同往。國正將行，歎曰：「此所謂投虎以肉，徒肆其噬耳！」

行數日，抵苗巢，苗挾兵出迓，氣囂甚，多奇易衣遁，衆失色。或告國正：「不去，禍將及！」國正曰：「吾固知犬羊之性，不先以威，不可以德化也。今日之事，有死而已。」付健役縣印，令間道馳還，正襟坐待之。苗突至，取官弁及隨行隸三十餘人，盡掊殺之。禁國正土窯，絕粒六日，縛至烈日中，去其衣，掘土埋足至膝，脅之降，不屈。授以紙筆，令「省中以萬金爲贖，可不死。」國正擲筆裂紙，大罵。苗怒，擊其齒，血流被衣，聲益厲。齒盡，截其舌。國正猶噴血作罵狀，遂擊死，沉屍深潭。事聞，帝爲之輟食。國正爲諸生時，書押則云「爲國盡忠」，案頭玉尺，亦刻「丹心捧日」，蓋報國之志，本素定云。

趙文哲，字升之，江蘇上海人。生有異禀，讀書數行下。同時青浦王昶、嘉定王鳴盛、曹仁虎皆以能詩名，獨心折文哲。爲人瘦不勝衣，而意氣高邁，由廩生應乾隆二十七年南巡召試，賜舉人，授內閣中書，在軍機章京上行走。以原任兩淮鹽運使盧見曾查抄案通信寄頓，褫職。時大軍征緬甸，署雲南總督阿桂奏請隨軍。阿桂由緬至蜀，將軍溫福方督師征金川，見文哲，與語，大悅之。時溫福與阿桂分兵，文哲遂入溫福幕。溫福重文哲，片時不見，輒令人覘文哲何作。已而連克金川地，三十七年十月，遂剿平美諾。以功復中書，又授戶部主事，仍隨營治事。三十八年，兵至木果木，六月，小金川降者叛，與金川合抄後路，師將潰，在軍者逆知賊大至，相率逃竄，文哲毅然以爲：「身爲幕府贊畫，且叠荷國恩，詎可捨帥臣而去！」卒與溫福同死。

同時遇害者：刑部主事王日杏、新繁縣知縣徐瓚、酆都縣知縣楊夢槎、合州吏目羅載堂。其在各臺站遇害者：潼川府通判汪時、漢州知州徐諗、內江縣知縣許椿、大竹縣知縣程蔭桂、秀山縣巡檢郭良相、納溪縣典史許濟。其沿途被害者：候補從四品王如玉，候補知縣孫維龍、張世永，布政司照磨倪鵬，候補縣丞倪霖，秀山縣典史周國衡。先後殉難者：又有重慶府知府吳一嵩，原任貴州大定府知府鍾邦任，刑部主事特音布，原任湖南澧州知州吳璜，原任浙江雲和縣知縣彭元瑋，四川崇慶州知州常紀，原任廣西越嶲廳通判吳景，納溪縣知縣章世珍，營山縣典史吳鉞。幕客同與難者：朱南仲、楊紹沂、熊應飛、田舒祿、顧佐、岳廷栻、周煒、鄭文、許國、長炳、王鳴鏞十一人。事定，四川成都府、金川崇化屯先後建祠祀之，均建慰忠祠碑。

日杏，字丹宸，江蘇無錫人。善書，於魏、晉以降書蹟臨摹畢肖。官中書，行走軍機處。每扈從行圍，遇公事旁午，坐馬上盤一膝，置紙膝上，信筆作小楷，疾如飛。有官中書者，見機要大臣，跽一足請事，日杏怒詈之，謂爲非人。知銅仁府，民以王青天稱之。

汪時，浙江錢塘人。時駐岱多喇嘛寺，寺破，駡賊死。官軍收復小金川，見血影濺涅壁間，尙漉漉如溼焉。

程蔭桂，浙江仁和人。與其子烈同遇害。

孫維龍，字普田，寄籍宛平。先官安徽黟縣知縣，創立書院，延劉大櫆敎士。又建石橋於漁亭鎭，通浙、楚往來，行旅稱之。

吳璜，字鑑南，浙江會稽人。父煸文，舉博學鴻詞科。璜爲商盤甥，早以詩名。

常紀，字銘勳，奉天承德人。以進士選授西充縣，有治行。嘗與建關神武祠，殉難後，縣民卽關祠肖紀像祀之。

吳鉞，字炳臣，河南固始人。賊犯木果木時，鉞守澤耳多糧站，去大營六十里，大營以東，澤耳多以西，松林溝、赤里角溝，俱爲賊奪。事急，有勸鉞走者，鉞奮然曰：「吾奉命守此，與站存亡，分也！與我共殺賊者，吾骨肉也！」因拔佩刀立木城旁，曰：「敢言走者斬！」衆心稍定。賊至，鉞率兵役禦之，衆寡不敵，火器環擊木城，猶徒手抵賊，卒被戕。

曹永閶，字文甫，浙江金華人。雍正七年武舉人，補江南大河衞千總，洊擢四川海寧營參將。御士卒嚴而有恩，多樂爲用。乾隆三十六年，隨溫福征小金川，提督董天弼檄守牛廠石卡，旋爲賊據，天弼自劾，並請治永闓罪。上念小金川事棘，置未問。永闓迺與阜和游擊宋元俊獻三策：一自斑斕山探小金川，擊其首；一自美諾趨甲金達，擊其中；一自約咱進取僧格宗，擊其尾。用其言頗效。永闓善謀，謀定而戰，元俊諳地利，進退有度，軍中曹、宋齊名。不數月，悉復明正侵地，前後十餘捷。

三十七年，隨攻克布朗郭宗、底木達，執僧格桑父澤旺以獻。明年，師以賊扼險不得進，別取道攻昔嶺，移營木果木。未嚴備山後要隘，而賊突薄大營，劫糧臺，奪礮局，會運糧士卒數千爭避入營，溫福堅壁不納，轟而潰，賊蹂入，溫福遂遇害。是時，永闓軍距稍遠，聞礮聲，遽嚴甲起，飛騎至，曰：「大營失矣！」問：「大將軍安往？」曰：「不知。」傍一騎至，曰：「宜速退！」叱曰：「大將軍不知所往，吾將焉往？」卽蹀血進，殞於陣。同時殉難者，參將惠世溥以下四十七人。

何道深，字會源，山西靈石人。由武進士、乾淸門侍衞出爲貴州提標游擊。乾隆三十二年，兵部尙書明瑞總督雲、貴，進討緬甸，集諸道兵。明瑞聞道深訓練營卒可用，檄至永昌，果整練冠他軍。三路出師，以道深所統自隨。從取木邦，破錫箔，踰天生橋，大戰蠻結。賊立十六寨，豎木栅，列象陣力拒。道深冒矢石，攀栅先登，火槍中右額，紀功第一。

又從入窮乍，去賊巢阿瓦城益近。賊斷木壘石守隘，官軍糧少，火藥鉛丸垂盡，將旋，賊抄其後。道深爲之殿，遇山谷險阨，必奮戰，俾全師得度至猛育。未至猛育前二日，道深中鳥槍，夜息，部下校進曰：「傷重矣。賊至日衆，道險，難與敵。盍稱病且逸歸乎？」道深曰：「賊衆，乃將卒致力時也。」叱之退。明日，戰益力。初，明瑞將中軍趨錫箔，別將分左右軍，異路約會師。及至猛育，兩軍渝約，前阻大山，賊盡塞蹊隘，環圍數重，軍殺馬以食。三十三年二月，明瑞令夜拔營，以次衝出。平明，賊來邀截，道深立高岡指揮拒之，他軍士得從旁脫出。道深自晨戰至日中，被數創，始仆。

道深撫士嚴而有恩，其始聞檄調也，令二日卽行，凡無子、無兄弟者皆弗從。歿後，軍皆悲涕，以其帶、髮還，詔賜葬本邑。

沈齊義，字立人，浙江烏程人。乾隆九年舉人，大挑用知縣，發山東。歷權冠、汶上、費、齊東等縣，題補泗水。齊義有吏能，初往鉅野辦賑，慮吏胥作奸，親自登記，歷數十里皆然。冠有翦辮訛言，謂妖人翦人辮髮，能以呪語攝其魂，令移他處錢物入己，被翦者數日卽死。訊無實，悉縱去。他縣獄上，皆獲譴，人服其識。汶上爲入都孔道，東門外石橋久圮，撤而新之。南旺、蜀山、馬踏三湖，爲漕渠水櫃。隄壞，出貲修築，工固而民不擾。泗水多閒田，而民間畜蠶者少，悉令栽桑飼蠶，自此隙地皆桑，繭絲之饒甲他邑。費有寃獄，特緩其事，或以吏議懼之，齊義謂與其令民以寃死，毋寧被劾以去官。

三十七年，改授壽張。縣境趙王河湮三十餘年，大雨至，水無所洩，禾麥皆淹死，民多逃去。請募夫開濬，凡三十餘里，上引范、濮諸水，悉達諸五空橋，自是南鄙無水患，民皆復業。故明藩府私田賦極輕，入淸謂之「更名地」。部議加賦，壽張更名地二千四百餘頃，先於雍正間，歸入籽粒地，加賦，而舊名猶存。乃檢尋故牘，以原委達大府，削除之。故事，歲辦河工稭料及解京黃蠟，分里購買，吏用爲奸，爲往他所買解，民得免累。所至求民利病，若其身事。

三十九年八月二十八日夕，陽穀縣黨家店奸民王倫糾衆突起爲亂，入壽張。齊義聞變，卽衣冠出蒞宅外，斥曰：「吾非贓吏，爾等劫我何爲？」賊伏拜曰：「知公廉，民等亦素沐公恩。但須及早從順，順則生，逆則死！」齊義駭曰：「爾等不顧赤族誅耶？」大罵之。賊謂齊義不知生死，麾衆退，令自爲計。齊義卽入，解其印，令掘坎埋之。復出，家人及賓友挽其臂，揮去，趨宅外，僕又牽馬至，請上省告急，齊義曰：「若將使我蒙面見上官耶？」批其頰斥之。須臾，賊復至，有泣拜求請者。齊義大怒，拳足交下。賊擬以兵，齊義毒罵不絕口，遂攢殺之。先數日，齊義聞陽穀有妖人聚衆，遣人四出偵刺，賊懼禍及，首劫壽張，故齊義罹於難。賊既破壽張，遂掠陽穀。堂邑縣奸民王聖如亦劫殺村落應倫，權縣事陳枚死之。

枚，字元幹，廣西全州人。由舉人揀發山東，用知縣。聞聖如亂作，卽馳往搜捕，盡逮賊黨妻子繫獄，而聖如以倫衆數千至。邑無城守具，人情恂懼。枚本攝任，將受代，或勸枚引去，枚指天日自誓，與城存亡。城陷，被執，怒目視賊。賊曰：「攝令爲令淸，赦勿殺。」枚愈怒，髮豎眦裂，罵曰：「汝輩罪不赦，乃敢云赦吾耶！」脅以刃，不屈。其弟元樑奔救，手刃數賊，賊縛枚及元樑至王倫屯，偪令跪，仍不屈。賊先斷枚兩足，又斷兩手，旋支解元樑，弟兄同時死。

堂邑訓導吳環，福山人。年七十餘矣，攜姪文秀及僕王忠到官。賊劫學署，見其老，置不問，環叱之，詞甚厲。賊怒，殺環及文秀與忠。陽穀縣丞劉希燾、典史方光祀、壽張營游擊幹福、調守陽穀莘縣汛把總楊兆立、堂邑汛把總楊兆相等，亦先後被害。

溫模，字孫朗，福建長樂人。入貲爲吏目，發甘肅，借補通渭縣典史。乾隆四十九年，鹽茶廳逆回田五倡新教作亂，聚石峰堡，遂犯通渭。模以回民馬世雄預告，知賊計，爲之備。知縣王慺恇怯不任事，模乃與縣署幕客邵如椿、縣紳李南暉同時城守。模率兵民登陴禦賊，凡七晝夜，士皆用命。糧盡，請開倉給守者，慺持不可。城將陷，馳返官廨，正衣冠北向拜，鍵戶自經死。世雄戰死。

如椿，浙江紹興人。父以申韓術遊陝西，因占咸寧籍，補諸生。如椿就幕聘，事急，乃立城闉，袒而大呼曰：「好男子！當從我守城殺賊。」應者數千人。令壯者執刀矛，老弱運甓石，並集城上，而身率猶子曾燮登西墉，以當賊衝。城庳薄，賊蟻附上，手短刀格鬬。良久，力不支，被執。賊方肆戮，猶大言曰：「首議守城者，我也！何多殺他人爲？」凡被十三創，曾燮被十一創，均罵不絕口死。

南暉，由舉人於乾隆三十年任四川威遠縣知縣，以疾告歸。先於逆回蘇十三肆擾通渭，有守禦功。至是又率子思沆、猶子師沆召募壯夫百五十人助城守，累擲大石殺賊。城陷巷戰，與子思沆同罵賊死。師沆自經死。安定縣典史費元燈，亦以奉檄偵賊被害。

湯大奎，字緯堂，江蘇武進人。乾隆二十八年進士，授福建鳳山縣知縣。五十一年冬，臺灣賊民林爽文作亂，起彰化，其黨曾伯達等應之，南竄鳳山。縣故無城，僅土垣三尺許。時大奎已秩滿候代，屬賊勢蔓延，乃率僚佐募鄉勇，日夜守禦。賊來攻，與參將瑚圖里擊卻之。瑚圖里馳馬逐賊去，大奎聞城北有警，捕內應四賊，斬以徇。方獎勵兵役，賊突進北門，入縣治，典史史謙死之。大奎朝服坐廳事，手劍擊賊，賊刃交下，猶瞋目罵不止。長子荀業從之官，先以父詩文稿畀其戚，令遠避，身佩刀蔽父不去，同遇害。大奎初喪其元，城復後，有僕識大奎繫髮綫，形容亦約略可辨，因併入棺。孫二，貽汾自有傳。

謙，字昭和，順天宛平人。先遣子善戰奉大母出避，乃與大奎同城守。死後亦喪其元，爲百姓竊埋之，賊退始改殮。

周大綸，字理甫，直隸天津人。乾隆二十年，由貢生捐職州同，發福建，補臺灣府彰化縣丞。數年，知民頑，憂形於色，屢言於上官，斥不信。任滿，將引見，假公事滯諸羅。亂作，大綸奮入縣治，縣令懦，甘以身殉。大綸曰：「國家建官，命能守，不命能死。坐致民逆，死以塞責，小丈夫也。」激之，弗應，爲謀所以禦賊計。夜，賊入，據縣治，有見大綸者，縛去不殺，而勸之降。大綸大罵之，賊摑其頰，撫頰大哭曰：「此顱乃爲賊汚！」首觸柱，額裂。囚數日，卒遇害。大綸僕陳德以護主不去，大綸死，以頭樁賊，支解死。

壽同春，名星，以字行，浙江諸暨人。習文法，客臺灣淡水廳同知程俊署，年七十餘矣。竹塹城陷，俊先以出捕賊遇害。俊子攜印走，同春爲賊執，佯爲所用，賊留其黨三十六人守城，而自出掠。同春客淡水久，胥徒皆熟習，士民皆信服，潛爲糾合甚衆，出不意，就同知廳事駢斬留賊，即日閉城門，爲朝廷守。賊聞大駴，悉衆返攻，同春部勒其衆，日夜登陴。樵蘇旣斷，發屋掘鼠爲食，得間，輒出選鋒擊賊。相持數日，賊稍引卻。道通，署同知徐夢麟始以印至，次第招撫附近脅從者，夢麟一切倚同春辦治。是時，首逆負嵎，據大里杙自固，官軍環營其外，疑莫敢入。同春草書與夢麟，令上軍門，速攻之。久乃得報，合六路進剿。同春率官軍從西路入，而鹿港之兵，遷延失期。既入，無援，馬蹶，被獲。賊恨同春久，至是喜得報，攢刃支解之。

又廣東嘉應州人李喬基者，名安善，以字行。善少林拳術。客臺灣，見土豪嘯聚相讎殺，歎曰：「亂將作矣！」乃簡僑寓南北莊人團練之。亂作，郡城大震。召諸健兒曰：「賊衆一鬨而出，遂破彰化、淡水、諸羅三城，所不卽取郡城者，懼粵人躡其後耳。吾出兵牽制之，賊至則守，去則擊，相持久，則援師且至，賊不足平矣。」集萬餘人，莊爲柵，里爲臺，計畝以爲糧。一莊有賊，諸臺應之。賊數至，皆不得逞。十二月，率三千人從知縣張貞生復彰化，已而糧盡，士卒多散去，城復陷。明年正月，復從總兵柴大紀復諸羅。自起義兵與賊二十餘戰，斬馘萬計，賊銜之，以萬金購喬基首。二月，喬基與從子舉柏率健兒數百人赴鹿港請火藥，爲賊所偵。還至青埛，伏發，禦之，殺數百人。賊大至，矢石交下，突圍出，失舉柏。喬基三入賊中，傷左股，被獲，諸健兒皆戰死。賊誘喬基降，罵賊，賊斷其舌，縛而射之，猶不屈，乃磔焉。至是白衣冠哭者萬餘人，皆誓不與爽賊俱生也。是役也，死事之烈，以喬基爲最。

熊恩紱，字隆輔，廣西永康州人。乾隆十七年進士。父疾，意不在試，以詿脫列下等，歸本班選用，選授直隸永安縣知縣。累遷永平府知府。四十三年，高宗東巡，召對稱旨，擢霸昌道，改大順廣兵備道。爲政務持大體，尤愼刑罰，時語人曰：「慮囚，但久跪索供，感寒濕卽病足，或發他疾，皆足致死，豈獨三木能斃人也？」

始單縣有劉某者，習八卦敎，煽惑鄉里，官捕而殺之，械其子於獄。人復就獄中傳其術，從者益衆。自山東、河北、直隸境無慮數萬人。而段文經故胥吏，以事斥革家居，性險詐，屢挾數以役人，羣服其黠，奉以爲帥。立期劫單縣獄，圖攻奪州郡。恩紱聞之，下元城令密捕所在匪黨，而郡縣吏皆通賊，多爲耳目者。走白賊云：「將屠滅汝等。」賊駴且恚，突於五十一年閏七月十四日夜半毁道署，入，殺恩紱。恩紱聞讙聲，疑失火，旋知有變，亟還令人守庫，舉印授妻繆氏，挺身出，大罵。賊攢刃斫之。

賊固與其黨有成約，以先期起事，不及應。戕恩紱後，卽散劫郡縣署，皆以有備不獲逞，故鄰境得以次擒獲。恩紱被害，尸面如生，兩手猶作搏賊狀。家人以守庫被殺者六人，印以繆氏匿之，得無失。恩紱逆折賊謀，不至如三省敎匪蔓延不已，躬犯大難，論者多之。

宋如椿，漢軍鑲紅旗人。以寶慶通判權乾州廳同知。乾隆六十年正月，黔、楚苗石柳鄧、石三保等叛，廳苗響應，居民爭避竄。如椿召諭之曰：「若屬先人丘隴皆在，不可棄。同知地方官，當爲若効死守。」皆許諾。已而賊勢張甚，棄去者大半。如椿被髮徒跣，周走號呼，勸之守，自旦至夕，不絕聲，訖不聽。賊旋攻西門，如椿仗劍出禦，傷左腿，歸，北向再拜自刎。從人張忠在側，固遣之，弗去，亦被創死。方賊攻急，如椿度不能支，呼巡檢江瑤佩廳印，令赴辰州求援。瑤出城，遽遇賊，死。其子朝棟挈印送辰，歸，覓父屍，與家屬俱遇害。

趙福，湖南零陵人。由行伍隨征金川，有功，累擢至鎮筸中營守備。逆苗滋事，駐守潊溪口，潊溪爲鎮筸糧道，約士卒嚴，民安之。五月，官軍從狗腦巖潰歸，賊衆近萬人，謀絕糧道，攻之急。時守兵先抽調其半，民請福避去，福曰：「兵衞民，將統兵，爾輩可去，吾奉命守潊溪，去一步，卽失職。」苗至，福怒馬奮槊當先拒之，殺數十人。苗分番更戰，民以福不得食，爲納橐饘，福揮去之。且曰：「賊之不遽追戮者，以我在也。我死，合力追汝，無噍類矣！」民泣涕去。麾下五十人，感福義，無一逃者。戰一晝夜，溪橋被撤，卒死且盡，手過山槍三發，斃苗數十人，指掌焦爛，不能持，身被數創，投溪死，民隔溪望者，咸痛哭。苗旋散去，難民數千賴之全活，後架數椽祀之，曰趙將軍廟。

劉昇，邵陽人。寶慶協把總，從副將某征苗，副將逗留不前，昇於衆中出謾語，某銜之。師至狗爬崖，令率百人爲前鋒，約舉白旗爲後援。昇策馬轢陣，賊不能支，偵無後繼，復悉銳搏戰。昇連舉白旗，旗失，復解所服白袙招之，某故按兵不發，昇戰死，百人殉焉。死極慘，首體糜粉，無可收瘞者。後祀昭忠祠，主入時，旋風暴起，吹氣作血腥，襲衆幾仆。時以鄉團死最烈者，有滕家瓚。

家瓚，湖南麻陽人。諸生。有膂力，能負鐵礮擊賊。捐布政司理問職銜，居高村，與乾州苗接壤。乾隆六十年，逆苗掠麻陽，家瓚同兄監生家瑞、弟武生家瑤，悉出家財鉅萬，設卡堵禦，有功。自正月至四月，共打仗十八次，殺賊八十餘名，賊恨之。總督福康安寵異家瓚，家瓚爲畫破賊策甚備。一日，家瓚率衆守溪口，賊驟圍其居，曰：「出家瓚，禍可已。」族弟武生家泰挺身出，語其村人曰：「豈可惜一身而害一村？」遂大罵賊，自承爲家瓚。賊剝家泰皮，至死不更一辭。又執其家口，始知非家瓚也，全家被害。家瓚聞而馳救，無及，請官兵援助，官軍忌其能，不助一卒，且檄調鄉兵他去。家瓚復往溪口，與衆共守，賊急攻之，力鬭死。

蕭水清，字廣銓，廣東平遠人。以監生納捐，發湖北，補保康縣典史。嘉慶元年二月，白蓮教謀反，姚之富、齊王氏起襄陽，曹海揚、祁中耀起房竹，王蘭、曾世興起保康，衆各數萬。齊王氏掠州郡，與王蘭會保康之白溪溝，賊黨楊昭爲內應，水清計擒之，徇於衆，賊銜之。時守城兵以剿苗他調，縣令畏賊他往，城中空虛。水清給印札曉諭四鄉，激以忠義。賊遽至，縣城故庫薄，水清拒守，殺賊過當，歷五日夜不懈。遣勇健詣郡乞援，爲賊得，圍益急。水清知不可爲，旋署，語其妻曰：「吾義不屈，爾其自爲計！」妻誓先殉，子其馨等及家人皆願從死。遂出，城已陷，遇賊縣治前，罵賊，死焉。教官黃義峰、吳珍義，子其馨、其芳，族子祚超，妻弟林鳳良同殉之。妻林氏、子婦韓及孫女與僕婦、婢女等，皆闔戶自刎。水清死後，鄉勇始集，皆頭插小青箬爲識，以別賊，從援軍擒賊首王蘭、曾世興。小青箬者，卽水清印札之號令也。

賊旋犯竹山。竹山縣知縣劉大成，江西新昌人。乾隆四十六年進士，選授蒞任。縣界萬山中，故有專營駐防，亦以剿苗他調，留者僅百名。大成先捕得賊黨，有「約期搶據竹山」語，卽飛牘告急，且與僚屬謀，曰：「吾守具未完，爲賊乘，必困。不如出據險要，相機堵禦。」方派撥間，賊已據保康。乃以典史吳國華、守備孫掄魁分守縣治及隘口，而自守武陽堡，當其衝。納縣印於懷，據險設伏，遴健足偵探，終夜無少休。賊突越後嶺，入縣焚掠，國華、掄魁俱不支，先後至武陽。大成復率以赴剿，槍斃十數。賊來益衆，遂退往武陽。國華、掄魁方出點兵，大成乃遣親信出探隘口。比反，大成已肅衣冠佩印北向自縊矣。國華、掄魁踵至，愕然，亦殉焉。別股賊犯襄陽呂堰驛，巡檢王翼孫亦以拒戰死。

翼孫，江蘇長洲人。呂堰當驛道之衝，無城可守。翼孫聞變，募鄉勇戒備，而賊已大至。翼孫率衆迎擊，殲先鋒三人，遂登大橋禦之。賊來益衆，鄉兵潰，又手刃數賊。賊矛環刺，受傷重，跳而投於水。賊以鈎起之，攢刃毀其尸。翼孫初至任，預立禦賊章程，一鄉勇十，設頭目一，頭目十，設總頭目一，各相鈐制，統於巡檢司。附近村落，單丁獨戶，皆遷於鎭。選壯者充鄉勇。設哨探，定功過，儲糧秣，練刀仗，禁飲博，其區畫爲甚備云。

王行儉，江蘇溧陽人。由舉人大挑知縣，發陝西，補南鄭縣。以承審命案不實，褫職。嘉慶元年，投効軍營，二年，敎匪竄汝河，以平利縣防守嚴，向東南偪白土路營。時行儉帶兵六百名，偕都司趙禧禦之，賊分股前後夾攻，禧中刀傷歿。行儉罵賊不撓，身被矛傷十餘處，陣亡。以離任文員，帶兵協勦，罵賊捐軀，詔深恤之。

王銑，字麗可，江蘇武進人。以四庫館謄錄勞，授華陰縣丞。性介，不合上官。先調守山陽豐陽砦，糾義勇八百餘人，皆鋒銳可用。銑被豐陽知縣檄入城共守禦，義勇以所將非人，被殲。銑爲建祠山陽南關，勒石誌名姓，哭之。三年，調至洵陽佐理撫卹事。縣令圖與銑分呑賑款，嚴斥之。縣令恚，圖中傷銑，以行臺省需餉，急薦銑。行至雒南廟溝坡，坡高二里，銑已北下坡，家人甫押後隊踰坡脊，賊高均德大隊至坡南。探騎二，縱轡馳上。家人大呼，速銑下馬避賊，銑不應。探騎至坡脊，馳下夾銑去，幾一里，復馳回，一騎以矛劚銑面，一騎就刺胸及脇，皆洞穿而死。同以運餉死者，四川省有汪兆鼎。

兆鼎，字子元，武進人。亦以四庫館勞，授直隸棗陽縣丞，以事褫職。赴四川軍營投効，未用。四年，同郡朱向隆爲達州巡檢，有解餉之役，邀兆鼎偕。至東鄉縣太平石岸遇賊，向隆逃，衆謂兆鼎非蜀官，盍亟避，兆鼎弗應。乃各奔，兆鼎獨守餉，罵賊被害。

左觀瀾，字繡川，江西永新人。由舉人大挑知縣，發陝西，權五郎廳通判。五郎扼要川、陝，無城。觀瀾涖任，旣募鄉勇訓練，卽牒大府，捐廉雇役，築土城，躬自督之。半月工竣，三日而敎匪至，悉精銳啓城追剿，斬獲甚衆。數日，賊突出別道，薄城，衆寡不敵，請援又不至，觀瀾乃召子承蔭等勵之，皆泣對曰：「願從死。」卽分兵乘城，夜多燃炬束，老弱大呼譟。賊不知虛實，引去。將軍德楞泰、明亮至，詢狀驚歎，遣守備率兵駐城中，聽觀瀾節制，城守益堅，民樂爲用。

以勞補安定縣，西安府啓巡撫留之，巡撫悟，立止毋去任，而賊果悉衆至。見觀瀾立城堙，咸錯愕。觀瀾諭賊降，次日二百餘人至，觀瀾納之；守備欲殲以要功，觀瀾不聽。乃庭集降者曰：「汝等欲終從賊，卽聽去。」降者稽首謝不敢。以後至六人，不可信，令降者自別之，果於裏衣得賊黨所以爲識者，卽斬之，投六首城外，賊駭遁去。

三年，賊復大至，觀瀾舁大礮城上爲禦，手發礮斃賊無算，觀瀾亦以礮裂傷顱，負痛，解佩刀付承蔭，舁歸署，亟遣人間道請代，乃卒。後二日，援兵至，承蔭泣叩軍門，願復讎，總督那彥成哀而壯之，俾隨官軍剿賊。四年十月，躡賊沙溝口，力戰陣亡，猶手父佩刀不可拔。父子俱歿王事，賜卹尤厚。觀瀾事繼母以孝稱。兄觀海，官上思州知州。時有兄弟爭財者，適得思州書，念弟甚，引蘇軾「世世爲兄弟」句，觀瀾讀而泣下，付訟者兄弟令閱。訟者感悔，泣謝去。

董寧川，直隸永寧人。由武舉選授貴州鎭遠鎭標守備，隨剿苗匪。嘉慶元年，累擢至湖北興國營參將。三年，隨總兵諸神保等軍剿敎匪，賞健勇巴圖魯名號。復隨副都統額勒登保進剿終報山，偕都司張廷楷等自西入，奮勇奪山隘。官軍魚貫上，併力攻擊，擒首逆覃加耀等。股匪劉成棟、張漢潮、張添倫分擾巫山、荆門及樸鬧楊坪邊隘，先後擊敗之。四年五月，股匪高均德竄雲路溝邊隘，偕游擊姚國棟合攻，賊奔梓桐埡，復偕都司劉應世由峩坪迎截，殲二百餘名，餘匪潰。寧川見有騎馬二賊目，追益力。至樹林中，賊棄馬遁。寧川令弁兵圍山腰，自率弁兵數十，下馬追入深林，賊併隊轉鬭，寧川中矛傷，仍手刃十餘人，斃騎馬賊一人，力竭，歿於陣。事聞，詔曰：「董寧川下馬擊賊，至被戕害，似此忠勇之臣，不能承受國恩，爲之墮淚！」命直隸總督胡季堂贍寧川母，命湖廣總督倭什布送寧川子及家屬歸原籍，皆出異數云。

韓嘉業，字健庵，甘肅武威人。父增壽，官涼標千總，隨征金川戰死。嘉業誓報父仇，入伍有功，累擢至陝甘督標游擊。

嘉慶元年，四川教匪滋事，陝西興安府屬地相接，奸民乘機蠢應，踞安嶺爲巢穴，憑高恃險，立木城；又於高廟山設立大卡，形勢陡峻。嘉業奉檄率兵由羊毛子堰進克之。復會他將進偪安嶺，遣健卒潛燒木城，賊驚潰，乘勝取大卡，擒戮無遺，擢參將。四年，復敗李樹之股匪，追出班鳩嶺，賊竄六道河，嘉業循河右追賊至廟子壩，賊遁入川境。未幾，賊又由川界老林入南鄭，時嘉業循江防守，聞之，亟率兵前駐法慈院，堵其北竄。賊將就淺涉嘉陵江，而沔縣賊三四千人，由阜川偪近官莊，陝甘總督松筠令嘉業偕直隸守備麻允光擇要迎擊。賊全數出甎峒子，嘉業馳馬首先衝入，賊分兩翼繞馬家嶺自上壓下，四面合圍。嘉業力戰突擊，馬蹶，復箭殺執旗賊。賊以矛直刺，甘肅鎮標把總高騰蛟從旁格之，遂殺持矛賊，而羣賊競進，嘉業中矛仆，遂死。騰蛟以身蔽其上，亦死，允光亦戰歿。事聞，優恤，謚武烈。後嘉業兄莊浪協副將自昌，亦陣亡盩厔，命共建一祠，賜名雙烈。

葉槐，字蔭階，浙江錢塘人。父文麟，官陝西，權孝義廳同知。敎匪躪秦中，槐聞警省父，卽具牒軍門自効。嘉慶二年正月，奉檄率鄉勇剿賊於光頭山，賊旋由河南盧氏竄商州，與孝義接壤，隨父乘障掮拄，賊不敢入。別股賊復由漢中東竄，將由鎮安、五郎逼孝義，復佐父堵禦。凡團練首領可用者，必傾身交接，以是豪健依附者甚衆。西鄉急，請援，槐選其鋒赴之。比至，賊卽北竄。城固、洋縣有警，又率以往，賊遁入山。部分其衆，守通棧要路，而自逐賊，入虢川等處，陣斬賊，獲騾馬器械均無算。

賊東奔大峪口，孝義在重山中，無城郭，槐慮不能當，請援孝義，大府不許。槐不自安，拔營東追，果遇賊。會別部兵至，謂遇賊得捷，賊未必再犯孝義，阻其返。槐終慮孝義被困，復言於大府，謂「不發兵，卽單騎行矣」。詞氣激昂，聞者色變。大府乃許撥鄉勇一千六百人隨槐行，抵孝義，賊果至。乃據險結營，令四山放號火，以張聲勢。西南賊尤勁，鄉勇人人思鬭，遂破賊前隊，斬其酋三人，賊稍卻。大隊來攻，復併力衝殺，賊無可乘，乃解去。

大府調其父權富平，槐亦入貲爲縣丞，當就選，戀父不行，留大營司偵候事。會賊渡漢江，偪洋縣，醴泉縣知縣陸維基請行，舉槐爲助，慨然偕往。維基帶勇練登手扳崖，至巔，遇賊，罵賊死。槐數突圍不得進，左旋至山梁，力竭，賊矛刺腰，大創死。僕四人皆從死。槐以衞父至，而卒死於兵，時皆壯之。維基，順天大興人。

毛大瀛，字海客，江蘇寶山人。少以能詩名，爲「練川十二才子」之一。由附監生充四庫館謄錄，用州同，發陝西，累爲河南巡撫畢沅、山東巡撫惠齡調用。大兵征廓爾喀，惠齡督四川，辦理濟嚨糧務，檄大瀛赴西藏差遣，事竣，留川補用。借補潼川府經歷，以軍功擢授中江縣知縣。嘉慶元年，檄赴湖北軍營隨剿教匪，復以軍功擢授四川簡州知州。時惠齡由湖北入川，沿路剿賊，大瀛從之。四年，回簡州任。五年，股匪張子聰竄潼河，擾三臺、中江地，官軍分路截剿，賊復分擾遂寧、樂至等處，由金堂之廣元寺，肆行焚掠，及簡州境。大瀛率鄉勇前往堵禦，行抵土橋溝，馬步賊蠭至，力戰遇害。大瀛屢入督撫幕府，工牋奏，業此者二十年。山東巡撫國泰爲在京舊交，國泰性暴戾，獨敬事大瀛。國泰被嚴譴，大瀛盡始終之誼，爲時所稱。卹世職，孫嶽生襲。嶽生亦以詩文名一時。

張大鵬，陝西紫陽人，子楚常、希賢、紹堂，孫應朝、應邦、應選，皆諸生，餘皆布衣。家世以忠義爲教。嘉慶元年，賊犯紫陽洞、汝二河，官軍未集，大鵬率子孫、出家財，募鄉勇八百餘人，助有司守禦。賊掠龍形、響水二溝，楚常率衆進擊之，殺三人，遂前攻賊寨。山峻霧作，中傷歸。後三日，賊至大水溝觀音堂地，紹堂殺賊魁六十餘人。又三日，希賢與賊戰桃園，復殺三十一人。當賊之起，勢猛銳，官軍亦避其鋒。至是運見殺傷，大憤，遂率黨數千人至，希賢首出逆戰，中槍死。紹堂據險隘，復爲賊殺。大鵬氣益奮，更率其孫應達、應祿、應愷、應試等持械深入，衝突躍呼，所殺傷甚衆。卒以衆寡不敵，皆戰死。初，張氏父子及孫凡十二人，自賊之興，戰死者七人，溺死者一人，傷者二人。陝西以鄉團死者，又有興平人白廷英。

廷英，縣舉鄉飲賓。嘉慶二年，教匪由蜀渡漢江而北，衆十餘萬，終南近山無完村，廷英督鄉人築村後張家寨避之。三年二月，賊自城東窺寨，寨人不二三百，賊急攻，槍矢雨下，丁壯悉潰。賊蟻附而登，廷英罵賊死，弟廷才、廷揚從死，賊俱焚之。次子筐廷英頭去，賊逐之，筐倒，頭落山下，後得於谷底，屍則焦爛不可辨矣。廷英年七十五，凡以守寨死者八十餘人。

是年，四川各鄉團之死難者，爲廣元人楊繼曉，世居高城堡。繼曉娠十三月而生，旣壯，以氣力伏一鄉。捐職州同知，隨父璽蘇州督糧同知任所。聞教匪擾蜀，歸省母。時巴州已破，繼曉與同縣貢生楊啅等倡議團練。罄家財，得千餘人，請縣令給劄爲守禦，縣官不省，散去。賊破南江，距縣境長池數十里，縣令始速繼曉出禦。以烏合一散不易集，議先虛聲撓賊，作高城堡、人自相要約語，列名至多，書投賊營，賊果遲疑不遽進。會陝賊姚之富等數萬人穿老林出，將至德山，木門賊亦以數千人將至通坪。通坪居高城後，德山亙其脇，長池枕其前。繼曉謀於衆，攻長池者，縣官自禦之，而自任後路。夕漏三下，與族人楊冕率衆出木門之橫江梁，遇賊先鋒，鬭之。賊大隊至，不可敵，乃據險趣啅濟師。賊登山，瞭知兵少，無繼，合圍擊之。繼曉手刃數十人，力竭被執。至九曲坡，欲誘降之，大罵不屈，賊刳其腹而焚之，從戰者皆被戕。啅以三百人來援，至則皆歿，楊氏一門亦盡殲。

楊堂、梁崇、李培秀，皆廣東嘉應州人。堂官四川蒼溪縣典史，崇官陝西咸陽縣典史，培秀官陝西試用典史。嘉慶三年，王三槐擾蜀，大軍追勦急，亡命四竄。堂守永興場，士卒譁曰：「賊至矣！」皆欲走，堂手劍叱曰：「賊未至而棄糧，法當死，孰若守糧而死也！」賊至死之。三年，大軍駐鎮安勦張漢潮，崇率鄉勇勦鳳皇嘴賊，散，解囚回省。至孝義廳，遇賊。崇釋囚七人，曰：「若曹於法當死，然死於賊則枉，吾不忍也，可速去，毋從賊。」余義不可逃，死其所矣！」賊至，被執，不屈死。五年，培秀從大軍挽粟至四川大寧縣，與賊遇，盡委輜重於河，遣其僕曰：「速報大營，賊不得糧，必掠東郊，截而擊之，可盡覆也。吾死不及見矣！」大軍果破賊，訊俘，言培秀死時，賊不得糧，被二十一創云。初，崇所釋囚七人，皆歸獄，報崇死事狀，曰：「吾不負梁典史也！」至是，七人皆赦。

曾艾，字虎卿，湖南新化人。嘗割左臂療父疾。以例貢考授州同，發江西，署安福等縣。艾夙爲嘉勇貝子福康安所知。辰州苗變，隨福康安軍令守麥地汛，從克諸砦有功。嘉慶元年，補貴州永豐州分防州同。州隸南籠，故苗地。州同駐册亭，在萬山中，尤險遠難治。艾督各砦守本業，民、夷悉安。二年，遣人迎眷口，甫至，而南籠仲苗七柳鬚等遽叛。艾聞警，約駐防把總外委堅守，並諭四鄉亭目，招集良苗，繕城治械，令出肅然。賊至，部分守禦，自出城奮擊，往來策應。城中婦女，亦改裝登埤。相持半月，援兵卒不至。賊衆數萬，圍益急，手發矢斃執旗賊魁。北門火起，率隊趨救，遇賊城西隅，巷戰，中槍死。僕九人從死，兩妾聞訊皆自刎。次子爲其戚攜出，號泣曰：「吾父母皆死，何以生爲？」賊尾及之，亦中槍而殞。事聞，皆予恤。改南籠爲興義府，永豐爲貞豐州。

艾同族彰泗，字孔林。以拔貢生朝考用知縣，發陝西，授延川縣。嘉慶十年，權洋縣。

時敎匪被勦勢衰，以終南山爲窟穴，搜捕不易。朝議改五通通判爲同知，添設寧陝鎭總兵，募兵六千，改十大營鎭之，而以積年立功無業可歸之鄕勇充伍。爲善後計，名曰「新兵」。新兵素難御，司儲者又誤扣米折，於是陳先倫、陳達順等於十一年二月作亂，戕官，連破營城十九處，傴洋縣，彰泗拒守七晝夜，援兵阻河不能至，城陷，彰泗死之。民保其眷屬潛出，故不及於難。

羅江泰，字靜波，浙江黃巖人。家貧，習賈。去賈投營，由外委歷擢游擊，皆在浙；由參將至副將在閩，總兵又在浙。前後與提督李長庚相左右，而在閩功特顯。長庚銳意勦海寇蔡牽，專意外洋，凡閩內事均以屬江泰。賊船高大，官軍仰攻失利，檄江泰造霆艇。艇成，陵賊船，賊大困，南走福建。江泰於白犬洋、四礵嶼、頭東碇各役俱有功，護海壇總兵。遂赴南洋，合金門總兵何定江截牽去路，橫擊於銅山，追至浮鷹洋。賊銜礁走，匿山上。江泰搜山，擒賊目王朱，又焚賊船於仰月橫山，賊皆墮水死。在閩逾年，凡十擊賊，號「敢死軍」。賊見江泰軍，輒引去。擢總兵，鎭金門。九年，移鎭定海。是時牽南竄臺灣，長庚正總閩、浙水軍，同心戮力，誓殺牽。十年九月，牽船泊道頭，忽遁去。江泰從甌洋會八總兵追之，至盡山，失牽所在。黑雲起海上，亟令移港，風驟至，白波山立，羣舟相擊觸，頃刻破碎。江泰大船帆重不可下，下及尺，船遽不知所終。朝命沿海各省探訪，久之無得者，葬衣冠黃巖。

霍永清，字肇元，廣東南海人，居瀾石鄉。膂力絕人。嘉慶十四年，海氛未靖，大吏行封港策，海賊無所得食，相率蹂躪傍海各鄉，漸入內地，所過焚掠，怯懦者遂以欵賊爲得計。八月，賊聯數十艘由陳村、平洲、小圃直抵瀾石，衆議欵之，永清曰：「彼恃舟楫爲利，今深入重地，自取死耳。好男子從我殺賊，何爲低首求免乎？」主欵者陽受約，賊至，從壁上觀。永清獨率鄉勇堵禦，相持一日夜，賊稍卻。明日，督勇再戰，而欵賊者導賊從村後掩入，腹背受敵，力不支，中礮仆地，左右五人並死之。鄉人以永清以死勤事，建祠祀之，名祠曰愍義。

强克捷，陝西韓城人。嘉慶十三年進士，卽用知縣，發河南，補滑縣。十八年九月，教匪李文成謀亂，期十五日與伏京城賊林清中外同起事。克捷初蒞滑，有退吏某方訟繫，爲白其誣出之。吏詗文成等逆謀，告克捷，歷申於守，不應。初六日，突執文成，嚴詰謀叛狀，笞斷其脛，及黨二十四人，錮之獄。夜半，其黨牛亮臣突劫文成出，攻某吏，屠其家，踞城以叛，克捷及家屬俱死之。後文成焚死輝縣，林清伏誅京城，詔：「克捷首先訪獲逆黨，俾二逆失約敗謀，後先授首，實屬功在社稷。」優卹，謚忠烈，祀京師昭忠祠。於韓城、滑縣皆建專祠，與難者均予附祀。並以前大學士王杰同隸韓城，士風淳茂，永廣文武學額各五名。

在城者老岸鎮巡檢劉斌、教諭呂秉鈞、典史陳實勳同時預難；把總戚明彰以拒賊陣亡：均闔門殉節。逆黨赴朱村說降，諸生朱繼連不屈，率村人戰歿。滑縣變作，黨徐安國起長垣，知縣趙綸；又黨朱成貴起曹縣，知縣姚國旃；陷定陶，知縣賀德瀚：均死之。

綸，浙江錢塘人。國旃，安徽歙縣人。林清將爲亂，金鄉縣令廉知其謀，卽羽檄各縣，皆不之信。國旃以幕友吳星萃力陳利害，乃爲緝捕計。以吏役多通賊，故賊攻縣治，急求星萃甘心，先國旃攢刺數十創死。

德瀚，長沙寧鄉人。事急，令家丁賚印赴府告變，幕友朱樹堂等皆死於難。在籍洙泗學院學錄孔毓俊等則率鄉勇助官剿賊，戰死奮義村。

林清果於九月十五日率逆黨持械闌入禁城，頭等侍衞那倫應值太和門，聞警趨入，有勸其緩行者，不聽，曰：「國家世臣，當此等事，敢不急趨所守耶？」至熙和門，門閉，賊進至，被戕。那倫者，前太傅明珠後也。

宗室奕湄，鑲藍旗人。由筆帖式累擢至內閣侍讀學士。道光四年，命以頭等侍衞爲和闐辦事大臣。六年七月，回部逆裔張格爾入卡滋事，勾結喀什噶爾回衆爲內應。帝以和闐附近，命加意嚴防。八月，賊分擾葉爾羌，命揚威將軍大學士長齡帶兵往勦，取道和闐，奕湄派綠營弁兵前往策應，諭奕湄：「隨時查探彼處實在情形，如葉爾羌現在被圍，當令迅速相機前進，仍嚴防後路，毋墮賊計。否則卽留兵和闐防堵，以壯聲威。」旋以葉爾羌失守，賊四出滋擾，奕湄仍回和闐駐守。賊偪城下，援兵未至，城兵僅八十餘名，奕湄晝夜嚴防，力竭城陷，死之。幫辦大臣桂斌同與於難。

景興，李佳氏，滿洲鑲紅旗人，駐防伊犂。官佐領。嘉慶二十五年，喀什噶爾卡倫外布魯特滋事，伊犂將軍慶祥以景興熟悉回情，奏派馳往查看。經參贊大臣永芹奏留署協領事。道光六年六月，張格爾復率布魯特滋事，慶祥又令馳往偵訪，設法進勦。旋與七品伯克帕塔爾生擒奇比勒迪之子姪，縛解來城，伏誅。又探得張格爾與從前滋事汰劣克一處居住，卽乘其未備，勦殺逆回百餘名，生擒楚滿一名。奏入，帝嘉之。是年八月，喀什噶爾城陷，與防禦佟善等皆力戰陣亡。喀什噶爾城圍攻兩月有餘，以城中回匪嚮應，穴地道而進，遂致不守。文員則七品小京官銜陳孝寬，以戍員派辦文案在城，與巡檢陳天錫、未入流陳德隆均死之。

王鼎銘，字新之，山東嶧縣人。由廩貢官中書，除湖南新田知縣。道光九年蒞任，先投城隍廟，誓於神。治事甚勤。夏旱，跪禱烈日中，有應，以是得民心。十二年正月，江華瑤匪趙金龍亂作，湖南提督海陵阿進剿。鼎銘慮煽邑瑤，卽冒雪步歷瑤棚戒諭。復召瑤長，曉以國法。與敎官率紳士練鄉勇以守。突聞海陵阿等被戕池塘墟，卽督衆禦賊。城外賊偪甚，將往諭賊，居民泣阻之。或報曰：「賊至！」城民驚竄，鼎銘朝服坐堂皇待之，書於几曰：「仇我當殺我，勿傷我百姓。」指三尺練曰：「城亡，吾以此死。」以賊蹤尚遠，徐之。近縣寧遠、桂陽民感鼎銘之能死守，集萬人請帶剿，於是四路同進。賊分隊出，斃之無算。越日，桂陽之臨泰、大富等鄉復集二萬人，鼎銘身先策馬出城南，誓大創之。賊突以槍礮抵拒，死甚衆。先是賊密約邑瑤供送藥丸，瑤未肯負鼎銘，不與。賊乘夜脅取，故火器復烈。衆潰，鼎銘殿後，賊追至，大肆殺戮。鼎銘四顧慟曰：「奈何殺我百姓？」中礮落馬，剜兩目，身首異地。邑人得而攢之，越九十二日始改斂，面如生。

鼎銘殿後時，馬蹶，邑武生鄭奇光以所乘馬授之，鼎銘不可，强扶而上，鞭馬使疾馳。回身舞刀捍賊，受重創，死之。

呂志恆，江蘇陽湖人。由監生捐縣丞，發福建，累擢至臺灣府知府。道光十二年，嘉義縣賊匪張丙等糾衆滋事，焚掠各莊，志恆率署知縣邵用之分路剿捕，用之行至店仔口被戕。志恆復帶兵擊賊於大排竹，以衆寡不敵遇害。先是逆匪輒以貪官汙吏妄殺無辜爲詞，帝疑有激變事，下福州將軍瑚松額等查奏無據，如例予卹。

方振聲，順天大興人。由供事選授福建巡檢，升嘉義縣斗六門縣丞。賊逼斗六門，振聲樹栅濬渠，率兵勇防堵。賊首黄城率匪黨攻撲，與署守備馬步衢等協力守禦。賊夤夜縱火，蠭擁入栅，振聲持刀巷戰，戮數賊，力竭遇害。幕友沈志勇等同死之。妻女皆被戕甚慘。步衢與把總陳玉威亦同時陣歿。

楊延亮，字菊泉，湖南長沙人。嘉慶十六年，舉鄉試第一，成進士，用知縣，發山西。道光元年，補趙城縣。十五年，推升雲南南安州知州。時趙城有奸民曹順，以治病爲名，傳習先天教，與其黨謀爲不軌。斂錢造械，約八月分往平陽府、霍州、洪洞縣同時起事。三月，延亮尚未謝趙城任，偵得其狀，卽飭兵役緝之。賊知謀泄，卽糾黨潛入城，夤夜放獄囚，焚縣治，延亮死之，母妻子女及幕友楊成鼎同時遇害。事聞，詔用彊克捷例予卹，特謚昭節。

師長治，字理齋，韓城人。由舉人捐內閣中書，改知縣，選浙江上虞。道光二十一年，再選湖北崇陽，蒞任甫百日而及於難。先是，縣胥役催徵錢漕，久爲鄉民害。生員鍾人杰、金太和等起而包輸納，不數年皆驟富，與縣胥分黨角立。前令折錦元憒不治事，一惟胥役所爲，致兩次鬨漕。援巡撫伍長華批牘「漕石加徵一斗」語製扁送縣，毀差房。武昌知府明俊務調停姑息，於是姦民日肆。錦元旋劾罷，以金雲門權縣事，擒太和置武昌獄，勢少戢。其年九月，長治至，人杰聞上游檄捕急，疑其仇生員蔡紹勳所譖，糾黨數百人篡取之。至則紹勳遁入城，躡追抵城，門閉，內外鼎沸。長治登城諭，不退，持竟夜，質明，人益衆。踰缺入，大索紹勳，不得，迫長治申狀，言紹勳作亂，人杰倡義捕反者，並請釋太和。時明俊以事至蒲圻，距崇陽一日程，長治先期遣長子懷印潛出，請明俊蒞縣鎮撫，而明俊急返武昌。衆益張，長治罵不屈，遂遇害。妾吳氏及姪女皆自經。家丁曹彬被殺。時十二月十二日也。

人杰以長治始至，無可歸罪，乃櫬斂而哭祭之，言已以報仇倉卒，誤戕良吏，事不獲已，遂據城叛。脅衆逾萬，陷旁近數縣。明年正月，人杰等伏誅，卹世職。弟長鑣，官參將。於咸豐七年，援剿安徽，與賊戰婺源之横槎，陣亡。

王光宇，字溥泉，興寧人。以未入流分湖北，歷權典史、巡檢事，治盜有聲，補崇陽典史。變作，衣冠自經死。

清史稿卷四百九十

列傳二百七十七

忠義四

張錫嶸 王東槐 曹楙堅等 周玉衡 王本梧 陳宗元
明善 覺羅豫立 世焜 徐榮 許上達等 郭沛霖 王培榮
朱鈞 錢貴陞 徐曾庚 蕭翰慶 黃輔相 福格等
孔昭慈 徐曉峯 袁績懋 楊夢巖 鄧子垣 羅萱
侯雲登 黃鼎 陳源兗 瑞春 鄂爾霍巴 許承岳 潘錦芳
廖宗元 劉體舒 李慶福等 李保衡 徐海等 淡樹琪
褚汝航 陳輝龍 夏鑾 儲玫躬 李杏春 朱善寶

莊裕崧 萬年新 易舉等

張錫嶸，字敬堂，安徽靈壁人。咸豐三年進士，選庶吉士。四年，安徽巡撫袁甲三奏請總辦靈壁團練，授編修，記名御史。十年，命視學滇南。時回匪作亂，府縣多爲賊踞。或勸乞疾，錫嶸毅然曰：「吾奉命之官，寧避賊耶？」叱馭不顧，竟到滇。省城被圍，幫辦防務。以丁母憂回籍。

曾國藩之征捻也，駐軍臨淮，所部湘勇遣撤殆盡，僅存劉松山老湘營萬人，餘悉倚淮軍辦賊。淮軍新建平吳功，將領多自矜。國藩欲於淮北別募新營，使異軍蒼頭特起，備西北之用，而置將久難其選。值錫嶸服闋來謁，國藩大喜，密疏奏保治軍濠上，謂其誦法儒先，堅忍耐苦，足勝將帥之任。檄募敬字三營，隨湘軍戰守。時湖團有通捻者，國藩下令遷徙，錫嶸分別良莠，聯絡義圩。又以災賑日行泥淖中，圩民得蘇。

捻寇張總愚竄陝西，國藩調劉松山軍赴援，令錫嶸統三營與俱，至則解西安圍。復與賊戰于城西雨花寨，獨率百餘人衝擊，陷入賊陣，被十餘創而殞，時同治六年正月初六日。贈侍講學士，賞世職。

初錫嶸居京時，日鈔書數十紙，雖盛暑不輟。祿薄，日常一餐，無一介乞助於人。著有孝經章句讀、朱子就正錄、孝經問答行于世。陝西巡撫劉蓉奏錫嶸死事，言：「自到營以來，嘗著草履，與士卒同甘苦。文學之臣，能堅苦自奮如此，臣實惜之！」家極寒，國藩賻三千金養其孤，漕運總督吳棠刻其遺書。

王東槐，字蔭之，山東滕縣人。生穎異，父病危，命飢寒毋廢學。居喪哀毀，母以遺言勉之，乃忍痛致力羣經。屢空，日與昆弟食一餅。道光十八年，聯捷進士，改翰林，散館授檢討。二十四年，轉江西道監察御史，奏劾山東玩盜官吏，得實，升戶科給事中。時議開礦益帑藏，已允行，東槐敬陳列聖封禁成訓，謂：「開採者，上非良吏，下非良民，請緩其令。」事竟寢。巡視北城，王府役車，橫行中逵，懲治不貸。廉獲巨猾曹七，治如律。

三十年，應文宗登極求言詔，奏言：「捐例一開，鹽商輒請捐數十萬，運庫墊發，分年扣還。覈其虧短，都不堪問。卽如道光二十年兩淮淸查案內，欠至四千三百餘萬，是鹽商捐輸者，掩耳盜鈴之術也。又官員捐輸，現任居多，所捐之項卽庫款，所虧之項即捐款。上年山東虧至一百四十餘萬，江、浙更甚，是現任官之捐輸，剜肉補瘡之術也。是事例不停，庫虧不止。若開礦之舉，臣曾疏陳不便，順天已停，而湘、贛等省試辦，驚擾百姓，利害莫測，則尤愈趨愈下也。查戶部歲入之數，四千四百餘萬，歲出之數，三千九百餘萬，經費本自餘裕。督撫整理有方，寇盜不作，則耗財者去一；邊防慎守，無生事以挑外患，則耗財者又去一；河防得要，長流順軌，不使更添別款，則耗財者又去一；州縣之官，斥貪墨，重清廉，陋規力裁，流攤永禁，則耗財者又去一。去此四害，而又罷不急之工，減無益之費，量入爲出，而財患不足者，未之有也。」奉諭：「貴州仍令開採，餘省著督撫確查，果不便民，卽奏停止。」左都御史王廣蔭舉東槐忠鯁，升內閣侍讀學士，旋授湖南衡州知府，陛辭，帝面諭云：「汝樸誠，故任外事。」未至，升福建興泉永道。

廈門濱海，俗又敝，東槐刊朱子試吏泉漳勸俗文揭於衢，傳誦多感發。屬縣蠹役、訟師，嚴鋤治，惟與學舍生徒講析道義，則溫然以和。海上番估好違約放恣，東槐戒毋踰尺寸，爲國全大體，尤人所難。咸豐元年，調湖北鹽法道，未赴，署福建按察使。舉行保甲法，竭八晝夜，剖汀州互訐之訟。親歷南台、閩安各海口，相度形勢，於夷船往來之處設卡樓、築礮臺、資防守。並令澳嶼漁戶盡編保甲，以清盜源。

二年，抵鹽法道任，捐備軍需，優敍。粵匪犯湖南省城，調防岳州，躬勵將帥，夜不解衣臥。剿臨湘縣土匪，獲首逆楊兆勝等。復奉調防蒲、通，丁母憂，奪情留武昌。提督博勒恭武棄岳州，東槐請於巡撫常大淳，全調城外兵勇，亟發庫藏勵士氣，尙可嬰城固守。巡撫吝賞，不能用。城陷，東槐偕妻蕭氏對縊死之，其女投井死，卹世職，謚文直。子四，均賜舉人。

同與此難者：湖北按察使曹楙堅，江蘇吳縣人。豪於詩。道光十二年進士，改庶吉士，散館授主事，官科道時擒治妖道薛執中。江蘇巡撫創議南漕改折，上疏力言其不便，事遂寢。漢黃德道延志，武昌縣知縣何開泰。延志，瓜爾佳氏，滿洲正紅旗人。何開泰，字梅生，安徽鳳陽人。道光三十年進士。

周玉衡，字器之，湖北荊門州人，本鍾祥王氏，依外祖周，遂從姓焉。嘉慶十二年舉人，道光四年，大挑知縣，發江西。署會昌、龍泉、大庾，除龍南，調贛縣。又署寧都、新建，遷義寧知州。湖北崇陽土匪滋事，以協防功擢知府。二十五年，授南康，調贛州。咸豐元年，粵匪起，又以防守毗連粵境地方功進道員。二年，授吉南贛寧道。時廣東土匪竄始興，玉衡飭守備任士魁等協勦，殲擒甚夥。三年，勦泰和竄匪失利，坐褫職留任。以克復萬安、泰和，搜捕龍泉等處餘匪，援勦廣東南雄、韶州勞，復職。

五年，擢按察使，總理吉安軍務。時粵匪由湘入贛，連陷郡邑。玉衡子江寧布政司理問恩慶適奉差至，遂捐貲募勇，率恩慶領兵三千餘分路進勦。先後復安福、分宜。攻萬載，賊衆二萬拒官軍，玉衡身先士卒，奮勇鏖戰，恩慶繼之，斬馘無數。克萬載，軍威大振。賊由間道竄吉安，急率兵馳救，歷數十戰，斬馘數千。賊圍城月餘，糧盡，死守，援不至。地雷發，城陷，猶巷戰，手刃數賊，死之。恩慶亦遇害。

玉衡起家牧令，長聽斷，勤緝捕，有循聲。及身在戎行，與士卒同甘苦，故人思効命。卒，年六十有六。詔視布政使例賜卹，謚貞恪，賞世職，祠祀吉、南、贛三府。子恩慶贈知州銜，賞世職，詔祀荆門。穆宗御極，追念殉難諸臣，各賜祭一壇，玉衡與焉。玉衡第四子炎，知府。剿匪泰和，陣亡，贈太僕寺卿，亦賞世職。

王本梧，字鳳棲，浙江鄞縣人。道光六年，由拔貢朝考用七品小京官分兵部，進主事。遷員外郎，充軍機章京，擢河南道監察御史。奏言：「各省州縣設常平倉，出陳易新，備民間水旱之用。近年州縣乘出借名色，任意侵蝕，新舊交代，捏造册籍。非以無爲有，卽折銀代穀。設遇荒歉，倉無顆粒。本年江西、湖北被水，皇上恩膏立沛，共撥銀百數十萬，兩省州縣未聞有碾動倉穀賑濟之處。若非州縣朦蔽轉報，掩飾虧空，何至臨事束手！請敕督撫將所屬倉儲若干，盤查足額，有缺照數買補。直隸、山東、河南等省，本年秋收豐稔，常平倉穀，正可及時採買。民間村鄉有願立義倉者，地方官爲倡捐，曉喻紳士，踴躍樂輸，不必官爲辦理，致胥吏之擾。」允行。尋掌京畿道，疏陳水師營務廢弛，請飭海疆督撫留意人材，力加整頓，條列六事，曰：戰船宜堅固，戰具宜精良，將弁宜激勸，兵丁宜振作，海岸宜防守，商船宜護送。帝納其言。俸滿，截取知府。

咸豐元年，授江西吉安府。時吉安戒嚴，飭屬團練爲備。郴州陷，賊氛逼，籌防益力。三年，賊竄撲南昌，本梧率兵馳援。七月，泰和匪起，聞警折回。偕贛南道周玉衡先後赴剿，行抵倉背嶺，賊直撲吉安。本梧退保郡城，坐褫職留任。賊攻城急，本梧激勵兵勇，登陴固守，相持五晝夜。賊麕集城外，肆焚掠，本梧憤甚，身先士卒，出城迎擊。斃賊百餘，俘十餘人。守備岳殿卿擁兵城內不援。中賊計，兵潰，勢孤力竭，猶手刃數賊，死之。贈道銜，賞世職，祠祀吉安。

陳宗元，字保之，江蘇吳江人。道光十三年進士，吏部主事，歷郎中。咸豐二年，俸滿用知府。三年，記名以道府用，授江西吉安府。吉安當往來之衝，先嘗被陷，宗元至，彊吏以西南保障委之。五年九月，粵匪陷永新、安福，圖犯吉安，宗元力籌堵剿。會按察使周玉衡率兵至，遂同克復二縣，賊竄逸。

十一月，賊自袁州、臨江回竄，別隊更自泰和來犯，號稱五六萬。城中練勇及玉衡所部僅千人，紳民大懼，宗元慰勉之，分兵守要隘。越六日，賊至，撲城。宗元燃礮轟之，賊少卻，知無外援，築長圍，日夜攻撲。宗元語玉衡及諸僚佐曰：「事急矣！非戰無以爲守。」會夜風雨大作，開城出擊，毀賊營數座，殺千人，奪旗幟無算。賊恨之，攻益力，屢用梯衝、地道，俱不得逞。

相持半月，城中糧且盡，宗元周巡慰勞，勉以大義，婦孺感憤有泣者。十二月，宗元出與賊戰，身被數創，血至足，屹不爲動。城有缺口，宗元督勇塡採，行少疾，失足，自雉堞顚，折左股。蹩躠復上，若無所苦。遣使間道赴省告急，先後十八次，並繪援兵繞道地圖，卒不應。六年正月，逆首石達開遣糾內應之賊，宗元屏左右，面與約，縱之。翌日，賊果偪東門，而宗元命發空槍，賊遂放膽，蟻附城下。宗元突鳴鼓角，槍彈矢石倂下，賊不及退，死四五千人。

越兩日，賊復大至，宗元偕玉衡及僚佐分門禦之，方馳至東門指揮城守，而西城地雷發，裂數丈，賊蠭擁入，玉衡被戕，城陷。宗元率子世濟揮刀巷戰，與吉安通判王保庸、廬陵知縣楊曉昀等，同時遇害。賊銜宗元深，剸宗元父子首，懸東門城樓。計與賊相持者六十五日。其族父陳鈺，姻親周以衡，幕友李鴻鈞、朱芬、朱華、楊福㮢、葉廷樑、蔣志澐及家丁王杞、王慶，並兵勇等四十餘人俱殉焉。宗元照道員例賜卹，予諡武烈。

世濟，監生。城陷之前，宗元遣赴省，囑曰：「此間旦晚不保，汝得我問，卽奉母挈弟妹歸奉大母，俱死無益。」世濟旣受命，已而復返城，城閉不得入，繞城號哭，乃縋而登之。自此寸步不離父側，遇難時年二十一。

明善，字韞田，富察氏，滿洲鑲藍旗人。父昌宜泰，河南開封知府，以濬賈魯河有功於民，祀名宦祠。明善由筆帖式歷步軍統領、郎中。道光中，出爲湖北荆州知府，輸金修萬城隄。繼水災，沿江郡縣皆患潦，荆州獨以隄固得安，衆皆德之。尋調武昌。咸豐二年，粵寇至，登陴助防守，勢不支，城陷，率衆巷戰死。䘏如制。妾葉，聞訃自經死。

覺羅豫立，字粒民，隸滿洲鑲藍旗。由戶部筆帖式歷員外郎。道光二十九年，出爲江蘇鎭江知府，寬惠有恩，尤重甄拔人才。每遇府試及課書院日，坐堂皇，手自甲乙，至夜不輟，所取多知名士。咸豐三年，以失守府城褫職，仍留治軍需。七年，克鎭江，復原官。十年，浙江巡撫王有齡調總糧臺。

十一年，賊攻省城，豫立偕府縣官籌戰守，城垂陷，豫立督親軍開城決戰，刃及其膚，屹立不動。悍賊以礮擊之，中額死。閩浙總督左宗棠奏請優䘏，並祀昭忠祠。豫立工書，善行草，嘗集顏眞卿多寶塔字，作詩數十首勒石，論者謂其人其字皆無愧眞卿云。

世焜，字顯侯，佚其氏，滿洲正白旗人。初任江蘇常州知府，以愛民稱。咸豐四年，調揚州，當賊亂後，市井蕭然。世焜至，辟草萊，招流亡，還定安集之，民氣少蘇。官廨已毀，借蔣氏園，顏其廳事曰三十六桂軒而爲之記，曰：「百物凋殘，此桂獨盛，願吾民復蘇，欣欣向榮，亦如此也。」明年，賊復渡江至，世焜知城不能守，誓死不去，率鄉兵二百人登城，城破，巷戰被執，勸之降，世焜紿以先釋難民然後可，俟民去遠，遽自刎死。

徐榮，字鐵生，漢軍正黃旗人，廣州駐防。道光十六年進士，以知縣發浙江。歷權遂昌、嘉興等縣，杭州理事同知。授臨安，升玉環廳同知。保知府，權溫州府事，招降洋盜莊通等二百餘人，授紹興府。咸豐三年，調杭州，並護杭嘉湖道，創議海運章程。時臨安、昌化、於潛土匪趙四喜等謀不軌，榮督兵勦滅之。四年，粵匪竄徽州，浙撫黃宗漢以皖南新隸浙江，中旨亦以「保徽卽以保浙」爲言，奏派榮督辦徽防。榮扶疾至防，親至箬嶺，開壕遏賊，增設天心洞防勇。七月，勦賊櫸根嶺，斃賊二百餘名。隨諸將克建德、東流兩縣，復敗賊堯渡。十一月，移駐祁門，徧諭居民團練設防，共相保衞。以糧運難繼，撤兵回浙。安徽學政沈祖懋以徽防緊要，奏請留辦。五年正月，升福建汀漳龍道。

先是粵匪沿江上竄，由石埭之流離、霧露兩嶺分竄羊棧嶺，入踞黟縣。時榮尚未赴任，卽率師往漁亭防勦。二月，連敗賊，殲二百餘。嗣賊衆紛至，援兵未集，榮率其子廬善與署嚴州同知裕英等出戰，身受刀矛重傷，歿於陣，年六十有四。用正三品例賜卹，於漁亭建專祠，以同時殉難之都司許上達、歙縣知縣廉驥元、候補按察司知事張穎濱及陣亡各員弁附祀。妾伍，迎喪回寓殉難，亦予旌表。
榮律己甚嚴，恆以「行無悔事，讀有用書」二語自勗。守杭時，以時局多警，命鑿井署中，語家人曰：「此卽古人止水亭也。有變，吾卽死此！」卒踐其言，以剿賊而亡。

郭沛霖，字仲霽，湖北蘄水人。少年卽以經濟自負。道光十六年進士，改翰林，授編修，累遷左贊善，記名道府用。官翰詹時，講求河務，時各衙門保送河工人員，沛霖與焉。旣抵工，咨詢詳盡，謂治河宜識土性，宜合者合，宜分者分。因勢利導，則不爲害而爲利。檄管豐工兼引河工程，昕夕在工，與弁卒雜作。凡占數之增減，鬆纜之尺寸，極微極瑣之事，無不斟酌至當。力主引河寬深，俾掣大溜，濬下游安東二塘、雲梯關、老鸛河等處，先修決口上下之險工，全啓各閘洞，以分水勢。緩進占，緩合龍，以期步步追壓到底，爲一勞永逸之計。議不盡用。
咸豐三年，以道員留南河，尋署兩淮鹽運使，授江蘇淮揚道，仍兼署鹽運使。時淮南引鹽道梗，鹽場尚完善，詔兩江總督怡良飭沛霖移駐通、泰適中之地，悉心經畫。沛霖遂駐泰州，督銷引鹽。
六年，賊再陷揚州，泰州戒嚴，沛霖募勇五百，集城、鄉團勇二萬，督屬籌防。建議請江蘇布政使雷以誠移駐灣頭，防賊北竄。幫辦軍務詹事府少詹事翁同書移駐瓦窯鋪，爲自守有餘、進攻亦便之策，揚城旋復。淮南旱，沛霖請留淮北折價泊晝提甲寅綱協貼，撫恤各場。招徠骰戶骰竈，赴盱眙等處買米麥平糶。七年，奏派督辦裏下河七州縣及通、海二州團練。時江陰靖江水勇經費無出，有議設卡江北各港令自行抽釐者，沛霖力陳其弊，事遂寢。有以淮南稅課造報不實聞者，詔毋庸署理運司，令總督何桂清等查參，以新任未即至，暫緩交卸。

先是淮南之旱也，言者請堵八壩資灌溉，命桂清等詳查酌辦。沛霖力言：「下河七州縣衆水所歸，潦者其常，旱者其偶。上年東南數省大旱，下河盡涸，此數十年一見，不可以常理論也。然如高、寶兩邑，近居運河堤下，並未成災，而田產稻米，猶能以其餘接濟鄰境。咸豐三年，前大臣琦善統兵至揚，盡啓八壩，餘悉緩堵，以爲設險禦防之計。是年十一月，揚州東路兵潰，六年三月，逆賊復陷揚州，終不敢越灣頭、萬福橋一步，是未堵各壩足以扼賊之明效大驗。今日賊氛未熄，民力已殫，與其糜無益之費以病民，曷若留可守之險以防寇？現在大兵環攻瓜鎭，奔竄可虞，正宜留八壩以扼逆賊北竄之路。」桂清據以覆奏，詔從之。

桂清等旋以查明淮南稅課無以多報少情事上聞，九月，偕江寧布政使楊能格辦揚州東路團防，自募勇千二百人駐仙女鎮，與毛三元、三岔河營策應。十一月，隨大軍克瓜洲、鎮江，桂清飭沛霖移駐揚州籌善後。八年八月，僞英王陳玉成攻陷浦口，天長、儀徵相繼陷，賊大股徑趨揚州。沛霖督衆迎剿，力不足，遂渡河至仙女鎮，招集潰卒，促援兵爲復城計。適提督張國樑渡江來援，沛霖率兵助之，揚州尋復。大臣德興阿劾沛霖先期逃避，詔褫職查辦。又以沛霖專辦揚州善後，與尋常兼轄不同，仍敕刑部擬罪。嗣允大臣勝保、巡撫翁同書疏調，准發安徽充定遠大營總文案。捻逆數萬來攻，偕知縣周佩濂嬰城固守。賊圍數帀，適已革副將盧又熊援兵至，夾擊大捷。

九年六月，捻匪張瀧又糾陳玉成衆數十萬再攻定遠，沛霖分守小東門，又熊以賊衆兵單拔營去。總兵惠成出戰不利，沛霖督衆嚴守八晝夜。十八日，力憊回寓，齧指血書「正大光明自盡」六字於壁，復乘馬出，提刀巷戰。賊四面縱火，悍賊從後刺之，傷足墜馬，陣亡。事聞，復原官，卹世職。尋俞定遠士民請，建專祠。沛霖服膺崑山顧炎武之學，兼通術數。嘗言歲在甲子，金陵當復，幷自知死難年月。著有日知堂集等書。

時同守定遠者，爲候補知縣王培榮。培榮，湖北羅田人。嘗在籍與舉人熊五緯練團剿蘄水土匪，五緯戰死，培榮中二十七創，不退，卒復蘄水縣城。與沛霖同時殉難，屍失，家人卽以從前所遺中創血衣葬之。

朱鈞，字筱漚，浙江海寧州人。由廩貢生捐同知，發江蘇，歷辦海運出力，獎擢知府。咸豐七年，奏補蘇州府。十年，護理按察使。時粵匪犯浙江，吳中大震。鈞募勇團練，嚴詰奸宄，人心少定。四月，賊由常州猝逼蘇省，鈞晝夜登陴，誓以身殉，而外無援兵，知事已去，乃先令居民遷避。城陷，率衆巷戰，身受數十創，力竭，投井自盡。卹贈太常寺卿，給世職。後以鈞在官多善政，建祠蘇州。

把總錢貴陞，元和人。故業織，入貲竄名尺籍中，檄守婁門。賊破閶門入，貴陞未知也，遇二賊城壕，尚衣冠詰之。賊訶之降，拔佩刀斫一賊，賊羣至，亂斫死。從者什長張義，同與於難。

時江蘇巡撫徐有壬既殉節，其族弟名曾庾，字裕齋，道光舉人。官工部，來寓巡撫署。建議請兵居城外，民守城內，有壬不能用。城垂陷，有壬促曾庾出避，慨然曰：「兄能死忠，弟獨不能死義耶？況弟亦曾忝一官者耶？」自經死。

蕭翰慶，字黼臣，湖南清泉人。咸豐元年，從都司徐大醇討賊廣西。大醇死綏，翰慶冒險扶櫬返。三年，侍郎曾國藩治水師，翰慶投効營中，屢敍至千總。四年夏，爭紅旗報岳州捷，國藩奇其文雅，詢爲讀書士，改敍從九品。以隨剿粤匪功，屢擢至直州判。七年，武昌克復，超晉知府，隨提督楊載福等克九江。鄂督官文疏留鄂省，統帶龍坪以上至漢口水師。九年正月，會陸師援湖南，時賊首石達開自江西道郴、桂圍永州，水師抵祁陽，沿江皆賊壘。翰慶躬入小河，乘舢板督戰，平之。總兵周寬世與賊戰長葉嶺，水師夾擊之，賊大敗。詔以道員記名簡放。

十年，浙撫羅遵殿奏調楚軍援浙，翰慶與遵殿子忠祐有舊，遂請行。倉猝無現兵，得唐訓方舊部訓字營四千人，益以降卒二千馳赴之。抵皖，而杭州已陷。時左都御史張芾方治徽、寧防務，留翰慶辦賊。攻石埭、太平，克之。方進攻池州，而常州促援，乃分降卒圍池，自帥訓字六營、親兵三營行。途次聞湖州被圍，乃改援湖，以湖州爲皖、浙咽喉，棄之，則兩浙潰爛。行抵禮義橋，悍賊突出截橋，戰勝之。日暮大雨，所部持仗立風雨中。平旦啓行，距湖州四十里，甫半，賊大至，且戰且進，抵同心橋，賊來愈衆，圍數重。參將吳修考、鄧茂先戰死，翰慶血戰良久，力竭死之，年三十有四，謚壯節。

黄輔相，字斗南，貴州貴筑人。道光二十五年進士，用知縣，分廣西。權陸川、博白縣事，以捕盜著能聲。江南提督張國樑者，原名嘉祥，本盜魁也，糾黨寇博白，勢張甚。輔相率練敗之，獲其酋。三十年，權橫州知州。時南寧各州縣盜賊蠭起，輔相招降數股，以賊攻賊計走之。巨盜王斌，號九江三者，與其弟九江四大舉入橫之陶圩，輔相調團勇，會提督向榮合力兜擊，擒九江三兄弟，殲賊三千有奇。博合圩附近十餘邨，賊蟻聚，民多從逆者。輔相聲言閱團，召諸生閔麟書等語之曰：「官不能除害，是尸位也；紳不能衞鄉，是虛生也。爾等豈無意乎？」因泣。諸生皆泣，誓殲賊。

咸豐元年二月，輔相從十餘騎至那陽，麟書等以團勇八千一夕至，圍陳山，賊遁獨竹，背倚高山。率死士攀藤下，火其巢，擒斬甚衆。餘黨竄上石，地險，不利仰攻，堅守困之。賊糧盡，突圍出，追擊之，先後殪賊數千。初，賊酋之降也，輔相察其詐，陽與羈縻。至是陰遣諸生殺之，橫境以安。以出奇制勝，擢直隸州知州，旋授鎭安府知府。五月，賊糾衆撲州城，麕集南岸，輔相密令諸團分扼水陸要隘，遣子韶年率練伏邨東。夜半，以火具自大道攻入，別遣勁卒五百由小路抄襲，賊奔潰，殲無算。餘匪躍入舟，守者截而焚之，悍賊數千無漏網者。橫州肅清，賞花翎，並賞韶年六品翎頂。十二月，改權南寧，兼權左江道。

二年春，艇匪自梧州連陷桂平、貴縣，圖犯左江，輔相率四百人馳抵橫州，斬其先鋒，賊震懾不敢入境。勇目潘其泰與土賊有隙，賊假殺其泰名攻南寧，輔相堅守百五十日。城中糧垂盡，毁銅錫器爲礮子，力戰，圍解。四年秋，權右江道，以巡撫勞崇光薦進道員。

五年，廣東賊李文茂圍潯州，犯武宣，署知縣朱爾輔以潽灘爲北河要隘，自督兵屯守，乞濟師。崇光檄輔相統水師駐武宣之碧灘，與潽灘犄角。賊分水陸來撲，迎戰屢勝，艇賊何松亭率黨就撫。八月，文茂陷潯州，屢攻潽灘，擊退之。

六年二月，以餉絀撤潽灘防兵，賊麕至，糧盡援絕，勢岌岌。輔相連牒布政使乞餉，不報。復遺書桂林守李承恩，瀝陳四難四易，使聞於巡撫，有「力竭心殫，惟以一死報國」之語。未幾，兵士果以饑譁，賊黨潛結土匪內應，開城納賊。輔相督外委吳錦蘭等巷戰，格殺數十人，賊乘夜冒雨大至，署潯州營副將福格暨錦蘭皆死之。輔相受創被執，絕粒罵賊，仰藥死，賊棄屍於江。輔相才略足辦賊，時有旨調引見，而殉難事聞，賜卹如例。

孔昭慈，字雲鶴，山東曲阜人，至聖七十一代裔孫。道光十五年進士，改庶吉士，散館授廣東饒平縣知縣。憂歸，服闋，發福建，署莆田、沙縣。攝興化通判，授古田縣。二十八年，調閩縣，進邵武同知，移臺灣鹿港。時南北匪徒洪恭等陷鳳山，知縣王廷幹、高鴻飛相繼死，郡城岌岌不保。昭慈聞警，航海赴援，協力守禦，殲擒甚衆。咸豐四年，擢臺灣府知府，督捕餘孽，次第蕩平。進道員，備兵臺、澎，加按察使銜，兼督學政，以助餉加二品銜。在臺五年，威信大著，外裔內番悉畏服。

同治元年，彰化亂民戴萬生等糾衆結會謀亂。昭慈偵知，督兵馳抵彰化，部署未定，變起倉卒，城陷，巷戰，力竭不支，殉節文廟先聖前。

昭慈爲政，興利剔弊，不遺餘力。莆田俗好鬬，推誠諭禁，勸以懲忿保身，治正兇不少貸，民憚法罷鬬。邑多孔氏寄籍，爲創立義學。沙縣土利藝茶，少耕植，遊民競逐末，暇則事攘奪。爲拔茶禁之，而農桑始興，至今利賴。所至停采買，革津貼，捐粟平糶，多損己益民。尤愛才，重林文察材略，白其復父讎可宥而薦之，殺賊立功，官至提督。治盜嚴明，誅止其魁，盜之良者，或重其賢而避之。歿後，匪爲斂殯歸喪，愧歎曰：「吾輩負孔使君矣！」卒，年六十八，卹世職，謚剛介，於立功地方建祠。

徐曉峯，江蘇東臺人。初由供事隨工部侍郎呂賢基剿辦安徽捻匪，獎六品頂帶。旋署蒙城縣知縣，有惠政。時潁州府捻氛不靖，給事中袁甲三檄曉峯剿辦，先後獲其酋馬文俊、鄧大俊、馬在隴、馬九、陳建中等。餘匪麕聚阜、亳交界，復擒捻首李致文於陣。剿匪渦河，匪衆鳧水來撲，曉峯領隊堵截，賊礮從馬腹過，馬驚蹶，頸背皆傷，復上馬截擊賊渡河者，殲焉。

粵匪撲潁州府城，甲三復檄曉峯赴援，禦之南岸河上，殲匪燬船。匪於滁州駐馬河紮營爲久踞計。曉峯改裝潛探，隨按察使恩錫分三路進剿，燬賊營三座。竄林毋圩，復偕都司劉鶴翔等剿敗之。又隨廬鳳道張光第追剿粵匪於高旺街，賊潰，追敗之。烏江賊分隊襲後路，於大雨中鏖衆痛擊，擒僞司馬等五人。匪由江寧鎭下竄，陣斬僞佑天侯富姓、僞右四丞尉張盛林等。

咸豐七年，亳州捻匪劉老淵等竄擾李八莊等處，曉峯督兵攻剿，斃賊百餘，生擒三十餘人。攻破宗圩匪巢，鄧圩賊內訌，被脅男婦閉門乞命，縛匪首李寅、悍賊劉破頭等三十五人。姚圩賊二百餘人亦降，遂平兩圩。著名巨賊，悉數就誅。王圩捻匪復踞河抗拒，曉峯乘夜進攻，難民內應，遂擒匪首王紹堂。乘勝收復東面七圩，宿州以南，一律肅淸。五六年間，曉峯於剿辦捻、粵各匪，戰功獨著。由知縣歷保知府，至是擢道員，記名簡放。旋授福建汀漳龍道，同治元年，赴任。

三年二月，檄署按察使，督全省軍務，守延平。粵匪餘孽竄粵，閩防解嚴，七月，還漳州道任。賊復由粵竄閩，守漳者僅練勇二百五十人，賊遂勾結土匪攻城。無備無援，九月十四日城陷，曉峯被執，死之。妻王氏聞城破，知曉峯必死，先絞其女，亦自經。卹贈內閣學士銜，給騎都尉世職，復以「曉峯從戎豫、皖由軍功洊升監司，自軍營回任，甫及旬餘，倉猝被害，最爲慘烈。妻女皆以身殉。忠孝節烈，萃於一門」褒之，於死所建專祠。

曉峯初從甲三軍，與馬新貽同幕，新貽謂曉峯殺氣滿面，目光灼灼射人，終當以義烈見。及被賊執，備受淩虐，叱跪不跪，勸降不降，書其禁錮壁間有云：「壯志未酬，君恩莫補。取義成仁，臣心千古。」又絕命辭二章。尋予謚剛毅。

袁績懋，字厚安，順天宛平人，原籍江蘇陽湖。父俊，道光九年進士，官河南知縣。績懋，道光二十七年進士，以一甲二名授編修，散館改主事，分刑部。旋丁父艱，服闋，援例以道員赴閩。時漳、泉初下，好事者欲多殺以邀功，而清查叛產，尤多誣陷，人心洶洶，將復叛。總督慶端檄績懋往治其事，至則集衆於庭，取叛冊焚之，脅從者皆獲免，人情大安。皆曰：「使君活我！」事竣，委赴延平府會辦軍事，卽令署延建邵道。

粵匪時竄邵武，勢張甚，績懋親督軍士，夜撲賊營，賊驚潰，追斬悍酋數名。賊大憤，鳩衆出僊道陡截之。我軍旣寡，又軍實未備，戰不支，乃退守順昌。防軍僅數百名，相持月餘。有勸之棄順昌、守延平者，績懋以：「順昌爲省垣屏蔽。順昌不守，則賊長驅直逼省城，大勢去矣！且數萬生靈，視我進退爲存亡，敢輕去耶？」於是守益堅，賊不得逞，乃潛隧城，實火藥，地道發，城陷，賊蠭擁進。績懋知事去，躬率死士戰西門，連刃數賊，賊以騎突之，仆地，引刀自殺，刺不及，賊執而去，刃亂下，罵而死。時咸豐八年九月十二日也。事聞，優卹，贈按察使，入祀京師及陣亡地方昭忠祠，世襲騎都尉。嗣常州、順昌奉特旨建專祠，追謚文節。子學昌，官至湖南提法使。

績懋性通敏，書過目輒成誦，號稱淹雅。著有諸經質疑十二卷，通鑑正誤十卷，漢碑篆額考異二卷，味梅齋詩草四卷。

楊夢巖，湖南鳳凰廳人。諸生。入田興恕幕。咸豐六年，興恕率虎威軍援江西，勇果名天下，夢巖實贊助之。累功由縣丞擢同知。興恕奉命援黔，以夢巖綜理營務。時苗酋楊龍臺煽惑諸苗，出沒不時，以思南、石阡爲尤甚。夢巖與田興奇、沈宏富等焚剿之。會夢巖晉保道員，遂自領一軍扼守思南。

同治元年正月，石阡賊來攻，與副將吳通才犄角扼守，會援至，賊敗走。二月，夢巖帥師次浮橋，賊分道來攻，通才戰死，夢巖極力鏖戰，賊卒敗走。三月六日，賊復數倍來攻，更番迭進，累日夜不休，營忽陷。夢巖奮臂大呼，持矛入賊陣，刺殺數人，身受十九傷，力竭死之。照布政使例賜卹，於思南及原籍建專祠。

鄧子垣，字星階，湖南新寧人。咸豐初，以諸生從同邑劉長佑剿賊江西臨江、撫州、新城，與湖南永州、寶慶，皆有功，累保知縣。石達開走貴州，竄廣西，還窺義寧，子垣與參將江忠朝自武岡趨扼全州，爲東安、零陵等屬屏蔽。賊由靈川渡河竄楊梅坪，又偕忠朝壁界首。賊掠道州、永明、江華而東，自藍山趨桂陽、宜章，又從江忠義轉戰數百里，殺賊殆逾萬。忠義病歸，子垣與忠朝代領其衆。十一年，貴州銅仁、石阡、思州、松桃、天柱、邛水賊窺湖南，檄子垣赴黔會勦，同治元年，屢破之，晉知府。復檄援廣西，攻桂嶺賊巢，環擊三時，毀其礮臺，擒斬甚衆。賊黨廖永賢懼，願輸誠爲內應，官軍分薄內壕，擲火焚燒，永賢開西閘納軍，遂克桂嶺要隘。進擣蓮塘賊壘，逆首張高友、陳士養恃險抗拒。懸重賞，募死士，潛由內貨村僻徑，捫蘿攀葛出賊背，破其西柵。翼日復進攻，悍賊由山澗奪路奔，督軍截擊，斬張、陳兩賊，擒殲及墜巖死者無算，餘衆乞降。蓮塘平，以道員儘先選用。

三年，粵賊竄江西，陷新城，子垣會諸軍破走之，新城復。巡撫沈葆楨以捷聞，命以道員留江西。時賊分踞金谿、東鄉、宜黃、崇仁、南豐各城，而崇仁之賊尤悍，增壘城外，爲負嵎計。子垣張兩翼橫衝之，城外賊潰，竄潘橋、秀才埠。城賊出犯，再擊敗之，直逼崇仁城下。賊聚悍黨許灣，遙爲聲援，提督鮑超破之。子垣乘勢復崇仁，賜勇號。

五年冬，率精捷營助勦貴州苗匪，駐軍邛水，會攻頗洞老巢。寨頭苗黨數萬來援，逆擊敗之，徑擣頗洞，山高寨險，不能下。選趫捷精勇，攜藥踰嶺，入巢縱火，自督軍登山猛攻，斃苗數千，山谷皆平，遂克頗洞。疊破甘林、杉木等屯，由記名嚴直趨茂林坡，盡毀碉卡，追擊至傳水寨，赭其巢。黎平、靖州肅清。以糧運不繼，壁清溪。時按察使黃潤昌率軍來會，分餉哺之，約進攻。八年正月，破文德關兩路口各隘，師益進，合攻鎮遠府、衞兩城，克之。連破牙溪、田壩、黃蠟坡等三十餘屯。潤昌欲乘勝由東路疾攻，命營務處羅萱，偕子垣馳謁布政使席寶田請濟師，寶田遣提督榮維善助之。三月，進規施秉，逆酋包大肚據巢死守，力戰，斃苗千餘，拔施秉。復破白洸等寨，進圖黃平。

黃平州，滇、黔孔道也，蜀兵援黔，輒爲所阻。潤昌議通此道，時維善軍戰久，疲，請休息，萱亦以苗衆道險勸留屯，潤昌不可，師遂進。道出黃飄山，中伏，子垣盪決數十次，地險，不能出，中礮死之，諸軍皆敗。語具榮維善、黃潤昌傳。優詔賜卹，原籍及死事地方建專祠，謚壯毅。

羅萱，字伯宜，湖南湘潭人。父汝懷，芷江學訓導，著有湖南褒忠錄。萱少警悟，工詩、善書。弱冠爲諸生，總督賀長齡、教諭鄧顯鶴咸器之。咸豐元年，粵賊犯湖南，萱倡鄉團，習技擊。四年，曾國藩帥水師東下，辟掌書記，貽書極推重。從克武漢田家鎮，敍訓導。國藩進圖九江，水師失利，萱僅以身免。國藩重整水師，屯南康，皆策馬相從，調護諸將，各當其意。六年，石達開陷瑞、臨、袁、吉、撫、建諸郡，省垣孤懸，萱從國藩單舸赴南昌，達開稍引去。國藩檄萱領江軍三千人攻建昌，復檄助攻撫州，合攻瑞州。破沿途賊卡，擊走靖安、奉新守隘賊。當是時，城賊數萬日伺隙，九江賊復率二萬來援，萱與劉騰鴻等堅壘嚴陣以待，八戰皆捷，江西軍始振。論功擢知縣。騰鴻喜攻堅，萱引孫子書戒之，不聽。騰鴻克瑞，竟以創死。

假歸，湘撫駱秉章檄治團練，粵撫郭嵩燾囑創水師，皆不肯久留。自以文士，不欲棄科舉，屢應省試，卒不遇，益肆力於學。尋與知府劉德謙領威信軍防郴，會霆軍叛勇掠茶、攸間，萱與德謙敗之，遁入粵。進屯樂昌，當事命增募一營，號威震軍。賊平，累功晉同知。按察使黃潤昌奉檄統萬人援黔，潤昌與萱同邑，邀與俱。萱綜文案，兼營務處。每晝出領隊，夜歸削牘，以克鎮遠府、衞二城功，遷知府。進規施秉，連戰皆捷。黃平之敗，與文武將領十八人同死之。卹贈太常寺卿，附祀黃潤昌祠。

萱性澹泊，從軍十數年，不圖仕進，而耽學弗倦。著有儀鄭堂文箋注二卷，粵游日記一卷，蓼花齋詩詞四卷。

侯雲登，河南商丘人。道光二十一年進士，由內閣中書洊升刑部郎中。咸豐六年，補江南道監察御史。奏言：「皖、豫接壤，向有捻匪，自粵匪北竄蒙、亳，捻匪乘之蠭起。捻首張洛行更句結蘇添福等，合爲一股，所過荼毒，蒙、亳迤北，歸德以東，數百里幾無人煙。一誤於張維翰，而永夏受困，馬牧被焚；再誤於武隆額，而賊擾掠歸、陳。武隆額雖撤歸巡撫英桂調遣，並張維翰迄今未聞撤參，且其營勇，多雜匪類。今邱聯恩軍亦潰敗，歸德決河未堵，防備綦難。儻捻匪踰河而北，句結東省災民，其患甚大。查匪逾十萬，擾及四省，惟賴兵力兜勦，而調集需時。莫若以勇濟兵，請於皖、汴、蘇、魯接壤之區，設立勇營，簡員督辦。本年二月間，命已革左副都御史袁甲三隨同英桂勦辦捻匪，請即加以卿銜，責令募勇。其於勸約鄉團、捐辦勇糧，必能悉心籌畫，次第舉行。擬辦法四條：一，酌保文武，勸懲悉照軍營之法；一，審度地勢，擇要安營，與官兵互相策應，遏賊北竄；一，急籌糧餉，請先由糧臺撥給，並四省就近州縣動項奏撥，仍勸捐以資接濟；一，明定賞罰，認眞訓練，以嚴紀律。」等語。疏入，朝廷頗韙其議。

九年，掌京畿道事務，授給事中。又言：「捻匪蹂躪豫境二十餘州縣，仍分股四出焚掠，擾及直、東邊境。雖有關保、博崇武等軍，兵力過單，馬隊未能精壯。儻賊再蔓延，非獨豫省全局不保，直、東亦防不及防。救急之法，惟有直、東兩省防兵併力進勦，並請催副都統巴揚阿將所帶馬隊赴豫，與關保合軍勦辦。並請令副都統德楞額統軍由歸德探賊勦擊，必可制勝。再東明、長垣已無匪蹤，請令直督將所派東明、長垣之兵，出境協勦，以壯聲威。豫省肅清，直、東南路，不待設防，均可無虞矣。」十年，授甘肅寧夏道，同治元年，陝回倡亂，靈州被圍，佐領富隆阿援軍戰失利，雲登督兵勇進剿，斬馘無算，圍立解。護督恩麟上其功，加按察使銜，賞花翎。

時寧夏令彭慶章屢請散團，雲登以回性險詐止之。恩麟檄雲登開城納降，慶章暗爲回匪內應，變猝起，雲登率兵巷戰，被執不屈，死之。子錫田同遇害。

黃鼎，字彝封，四川崇慶州人。以諸生倡辦團練。同治元年，粵匪犯敍永廳，鼎率所部，佐官軍擊破之，敍功授教諭。二年，復新寧。松潘番亂，總督駱秉章檄鼎募蜀中驍勇士，得五百人，爲蜀軍彝字營。會四川布政使劉蓉巡撫陝西，檄鼎以所部從。時粵寇擾漢中，僞啓王梁成富據南鄭，分兵陷諸州縣，且東侵興安境。鼎會陝軍分道討擊，盡復諸城邑。

三年二月，漢中土寇曹燦章召滇賊藍朝柱自川北進犯陝南，前鋒至松花坪，將越秦嶺而北。檄鼎率所部邀擊，遇賊七里溝，大破之，轉戰八十餘里，擒斬殆盡。是役也，鼎所將才千人，破悍賊數萬，號奇捷。朝柱黨悉平。四月，破燦章於八里坪，獲之。梁成富南寇襄樊不利，引而北入興安境，山南三郡悉戒嚴。鼎聞警，自漢中東援，而賊已出山，焚掠鄠縣，遂渡渭而北。鼎率師沿渭追擊，賊不得逞。是時蜀寇西北犯階、秦，謀出山窺蘭、鞏，秉章急召鼎屯畢口。四年正月，大會諸軍，進師階州，力戰抵城下，督軍以地雷轟城，諸軍塡壕樹梯而上，斬僞昭武王蔡昌榮於陣，賊乞降，遂復階州。

十二月，蓉合諸軍三十餘營，與捻首張總愚戰於滻橋，鼎以所部橫貫賊陣，殲斃甚衆。會天大雪，藥繩皆濕，軍士殭凍，賊突以萬騎穿湘軍陣，統將蕭德揚兄弟三人皆戰死，軍大潰。鼎以千人憑原爲異軍，湘軍旣熸，賊悉萃於鼎，圍之數十重。夜三鼓，賊少疲，鼎乃結圜陣，騎兵居中，步卒環外，以矛護槍，力戰，突出。嚮晨，賊傅城東關，意鼎已沒，忽睹彝字旗，大驚。鼎麾軍迎戰，敗之，賊始退。是役也，微鼎，西安城幾危。

六年四月，敗賊於大荔、朝邑，捻寇稍衰，而叛回復熾，犯鳳翔，遊騎及省城西郊。鼎移師進擊，累破之，斬僞元帥一。賊東走，據富平張家堡，鼎追擊，夜襲其壘，斬馘無算。賊由臨津南渡渭，覬入南山，鼎悉力拒之，賊不得西。十月，會諸軍追賊至三原，旋移援汧陽，率步將韋占雄、徐占彪等先登陷陣，大破賊黃里鋪，追擊至五里坡，又敗之。

七年，賊竄甘肅之靈臺，犯涇州，西安迤西，汧、隴、乾、邠間，無慮皆爲賊據。鼎率所部爲遊擊軍，隨賊上下，相持數月，大小數十戰，累克堅巢。甘賊與陝回合，悉衆來犯，鼎復大破之。鼎以戰功由教諭累擢至陝西道員，賞二品頂戴，兩賞巴圖魯勇號，至是授陝西陝安道，未之任。

八年，回酋陳林等糾大衆來犯，鼎率所部嚴陣以待，賊不得進，譟而走。鼎追擊十數里，涇、慶賊悉平。初鼎督涇州賑，撫屯田，廣爲招徠。至是涇州得民屯十三萬畝有奇，營屯五千有奇，鎮原得民屯十三萬有奇，平涼、崇信各有差，軍益饒富。甘肅土寇張貴爲亂，鼎一鼓平之。

左宗棠會諸軍進攻金積堡，堡，回酋馬化隆僞都也。化隆遣將據固原，抗大軍，鼎大破之，復其城。賊走狄道、河州，復擊敗之。捷聞，賞內府珍物。九年，金積堡未下，湘軍大將劉松山新戰歿，軍事方棘，宗棠檄召鼎會固原提督雷正綰赴援。軍抵牛頭山，山峽狹隘，爲金積堡第一門戶，賊恃爲天險，鼎力攻拔之，連下數十壘。復攻馬家堡，環圍三面，缺其一，設伏以待。賊果由缺處遁，伏發，賊大敗。進傅金積堡，盡毀附近小壘，師集堡下，晝夜環攻，遂克之。化隆父子伏誅，餘黨悉平。以功賞黃馬褂。十三年，移防陝北，旋丁父憂，詔奪情留軍中。光緒二年六月，部將湯秉勳以不給四川咨文之嫌，突起刺之，遂卒於軍。

鼎治軍素嚴，在防所招集流亡，開墾荒蕪，修濬堡渠，興學課士，得軍民心。其屯軍漢中也，曲阜孔廣銘落拓廢寺中，鼎軍行經其寺，覩廣銘題壁詩，異之，召與語，叩所學，大悅，遂延入幕。鼎軍所嚮有功，半廣銘策也。

陳源兗，字岱雲，湖南茶陵州人。道光十八年進士，改翰林，授編修，旋授江西吉安府。先是源兗妻易氏以源兗遘疾幾殆，籲天願以身代，刲臂和藥飲源兗，源兗以愈，易氏旋病卒。同鄉公舉孝婦，請旌於朝。源兗適召對，宣宗垂詢及之，遂有是命。以迴避原籍調廣信，母故，去任。服闋，簡放安徽遺缺知府，補池州。

咸豐三年，粵匪自桐城竄撲廬州，巡撫江忠源檄源兗赴廬協守，賊架雲梯薄城而登，源兗守大東門，屢卻之。賊復穴威武門爲隧道，伏地雷，官軍迎掘之。尋水西門地雷發，轟塌城垣數丈，急搶築，城卒完。時陝甘總督舒興阿奉命統兵萬五千人來援，屢戰不利，賊連日攻益急，城中餉乏兵疲。十二月，賊復穴水西門隧道攻入，源兗自東城馳救，至則江忠源已戰歿，遂赴文廟自經死。先嘗與所親謁文廟，徘徊庭樹，謂「事亟吾且死此，以無負先師殺身成仁」之訓，蓋死志素定云。

瑞春，字慰農，姓鄂濟氏，蒙古正藍旗人。由筆帖式洊升理藩院郎中、軍機章京，擢湖州府知府。治尚寬平，有瑞佛之稱。湖城危急，與副將鄂爾霍巴、郡紳趙景賢激勵軍民，嬰城固守。景賢主湖郡鄉團，多專擅，瑞春無所忤，嘗曰：「趙兵睢陽之儔，我其爲許遠乎？」

城陷，西門火起，朝服升堂，賊至脅降，大駡不屈，被害。母章佳氏及妻、妾、二子、子婦皆死於難。

鄂爾霍巴，字斐堂，滿洲正白旗人。起家侍衞，出爲湖州協副將。湖州初次解圍，上守城功，鄂爾霍巴以屬邑失守自劾，時論偉之。餉糧久匱，困甚，以衣物質錢自給。每圍急，身出巡城，而閉妻子於後堂，外環火藥，戒家人曰：「有不測，卽舉火，無汚賊！」如是者屢矣。及城陷，在北城督戰，策馬回署，則賊已入廳事。手燃火繩，藥發，闔家轟死。時署烏程縣事者爲許承岳。承岳，字柱山，湖南寧鄉人。由縣丞擢署縣事，誓與瑞春死守。千總熊得勝以搜米擾民，涕泣阻之，得勝開東門降賊。承岳卽騎馬歸署，手刃二女，自縊於官所，妾錢氏從死。

潘錦芳，湖州人。城圍久，趙景賢以江蘇巡撫駐軍上海，作血書乞援，募能犯圍出者。錦芳時老病，家亦賣酒小康，獨激於義憤，請行，輾轉得達。議以松江提督曾秉忠率水師絕太湖而西，爲外內合攻計。湖賈之在上海者，且聚貲鉅萬餉之。行有日矣，有尼之者，中變，錦芳流涕曰：「老夫出城時，糧將罄矣。兵一日兩粥，民食草根樹皮，空巷敝廬，死亡枕藉。其幸存者，數老夫之行，旦暮待援，懼不相及。城外賊如麻，登高叫呼，兵則憑堞應答，岌岌將爲變。鄉人之賈於此者，念在圍親屬，其愁迫何如？獨恨水師無翼而飛耳。彼尼之者，何不仁乎？嗚呼！吾不復見趙公矣。」抵案大呼，嘔血以死。

廖宗元，字梓臣，湖南寧鄉人。道光二十年進士，以知縣分浙江，任仙居、德清等縣，有能名。權歸安，粵逆自廣德進窺湖州，宗元建議：「湖州四面阻山，有險足恃，且城多富室，粟芻無虞。今寧國雖潰，營將田宗升、楊國正皆宗元鄉人，若給以糗糧，可使爲我固守。」知府從其言，悉以防務屬之。賊至，出擊。賊知有備，引去。會蘇、常、杭、嘉諸府相繼陷，賊復擾湖。道員蕭翰慶陣亡，宗元收其潰卒，入城餉之。明日出戰，大捷，賊敗走。有以蜚語上聞者，解任聽勘，事得白。

會僞忠王李秀成陷金華、處、嚴諸府，浙撫王有齡因檄宗元署紹興府。時浦江、義烏、東陽皆不守，紹興戒嚴。既受篆，議調外江礮船入內港，勿爲賊有；議設水柵，以斷賊道；請徵團防勇丁入城：均爲在籍團練大臣王履謙所阻。九月，宗元令營將何炳謙率水師出擊，戰歿，敗卒歸伍。富紳張存浩等挾捐輸之嫌，誣其通賊，毆傷宗元，履謙置不問。賊果由浦江入諸暨，奪外江礮船，渡臨浦，陷蕭山，以撲紹興。履謙率姚勇走上虞，有開門迎賊者，城遂陷。宗元朝服坐公堂，罵賊不屈，死之。詔以：「宗元力籌防守，嚴催富戶捐輸，致被富紳張存浩等誣毆，旋復禦賊捐軀，城亡與亡。實屬大節凜然，深堪嘉憫。照知府例優議給卹，並於死所祠祀，以彰忠藎。」給世職。

劉體舒，字雲巖，雲南景東廳人。道光十三年進士，用知縣，分直隸，授廣宗。二十一年，揀發廣西，署養利知州，除融縣。進直隸州知州，授鬱林。咸豐四年，權潯州府事。時艇賊梁培友、大口昌縱橫水面，聞體舒至，就撫，已而叛去。糾貴縣賊趙洪、李七等衆數千犯郡城，體舒督兵登陴守禦，更番出擊，分兵截歸路。戰西關，擒斬千七百餘級，賊遁。追至河邊，燬賊船數十，餘匪仍退據貴縣。巡撫勞崇光奏薦堪勝道府任，進知府，尋授思恩，權潯州如故。

五年，廣東賊季文茂等溯江西上，犯潯州，培友等與之合，賊萬餘，晝夜環攻，絕城中運道。七月，穴地攻小南門，陷其郛，賊蟻附上。官軍奮擊，矢石雨下，斃賊數百，體舒血書乞援。八月，按察使張敬修、參將尹達章自平南督水師至石嘴，戰失利。賊詗知糧盡援絕，攻益急，官軍饑疲不能拒，城陷。體舒暨桂平知縣李慶福、卸縣事舒樺均被執不屈，死。經歷宣元烺自縊，典史沈廉赴水死。體舒贈太僕寺卿銜，賞世職，慶福等賜卹有差。

李保衡，浙江會稽人。由訓導捐同知，分貴州。同治元年，署普定縣知縣。時貞豐回匪陷歸化，延及縣屬白巖、沙子溝，擊敗之。粵賊偪安順，保衡籌防，獲間諜，得賊情，豫爲備，賊不得逞。賊何二竄擾，又督團兵兜擊，殲賊數百，境賴以安。三年，調署鎭寧州知州，明年，署興義府知府，時回酋金阿渾據新城，陽反正，陰蓄髮，懷異志。保衡率敢死士數十，徑抵城下，呼之出，示以威信，阿渾感服，薙髮就撫。降酋馬忠署安義游擊，擁兵驕恣，侵知府權，縱部卒虐民。保衡規之曰：「旣反正，當圖晚蓋，奈何若此？」忠爲斂迹。流亡歸集數百戶，總督勞崇光疏薦保衡政聲卓著，擢知府。丁父憂，奏請奪情留任。

五年，以貞豐回匪馬沖負隅，檄都司熊忠、守備劉萬勝等進剿。賊分股來拒，進踞距城三十里八達地方，與普坪黑夷王罰傭句結，保衡督忠等設伏截擊，斬馘無算。萬勝亦擊退頂廟賊，合師攻八達。罰傭勢蹙，詐降於忠。忠將至新城受降，保衡力阻，不聽，竟遇害。聞變，亟調興義、普安團練禦之。未至，賊偪城下，保衡登陴固守，或勸以「勢急徒守無益，盍逆師境上爲兩全計」。保衡曰：「臣子之義，城亡與亡，吾知効死勿去，他非所知也！」三月，忠部降卒與賊通，城陷。保衡巷戰，手刃多賊，力竭被執，罵賊不屈，受鱗傷死。屬紳劉官禮等以重金募人覔其骸，越二年始獲葬。署經歷徐海、州同李善斗同遇難。詔贈道員，祠祀興義，海、善斗附祀。

淡樹琪，四川廣安州人。咸豐六年，以知府候補雲南。先是雲南各郡縣漢、回相殺，回人據大理諸州縣。樹琪至滇境，聞變，遣家屬還，間道至省城。次日，城門晝閉，得奸人托福、托壽，搜其家，旗幟刀矛咸具。事既洩，諸回不自安。漢人聞回人之欲相殘也，爲先發計，一呼而衆合，城內外火光殺聲兩日不絕。初，樹琪以部曹出守貴州，苗匪亂，辦賊有聲。大吏就問計，樹琪因乘間說曰：「漢、回相仇久矣，直漢者曰回曲，直回者曰漢曲，兩直不相下，是助之攻也。今日之事，誠宜兩曲之，以蓄謀曲回，而以擅殺曲漢。然後宣布天子威德，示禍福利害，使各愛其身家，亂庶幾止。」又請設勸捐籌餉局，不十日，軍民輸錢米者十餘萬，省城事稍定。

各郡縣告急，警報迭至，大吏卒遣樹琪及副將謝周綺防堵碧雞關，屬以練勇三千人。樹琪視所屬練勇不習戰，餉又不能持久，不得已至關。關去城三十里，地狹不能布衆，乃去關八里朱家祠屯駐。時亂回據彩鳳山下，左曰三家村，曰二里坡，皆賊窟，其右則昆陽、安陵地。大吏責樹琪辦賊，樹琪使練目熊載攻三家村，從九品周廷軫攻二里坡，周文舉具船五十號攻賊前，其右則委之安陵州牧，剋日逼賊巢。至日，樹琪與周綺整隊據彩鳳山頂。辰、巳交，大霧滿山谷，數武外不可辨。左右或勸且收隊，樹琪歎曰：「督戰方急，而諸路兵又分遣，軍令不得失期，今日但有戰耳。」揮隊下山，俄報左路敗，載與廷軫死，樹琪軍遽潰。周綺先走，樹琪據嶺畔一大松立，僕何彬、李秉、劉喜、楊紳皆有力能戰，無何，三僕戰死。紳持矛擁樹琪，樹琪據地呼殺不絕聲，賊從後砍紳墜嶺下，樹琪旋遇害。時六月二十六日，距至雲南僅七十餘日。事聞，贈太僕寺卿。

褚汝航，字一帆，江蘇吳縣人，或曰廣東人。道光二十八年，捐職布政司經歷，發廣西。粵匪倡亂，汝航於金田及新墟等處勦擊出力，累功擢知府。應曾國藩招，至湖南，與夏鑾督造戰艦，練水軍。咸豐四年，率所部復岳州，復湘潭。賊犯城陵磯，汝航偕鑾分路進擊，奪賊前船，殪僞丞相汪得勝等，追殲殆盡。捷聞，以道員選用。尋賊由擂鼓臺上竄，汝航督兵迎擊，敗之。賊復以船伏城陵磯，夾洲爲誘敵計。汝航偕鑾暨都司楊載福等督兵直偪城陵磯，賊衆未及抄截，被水陸官軍分途擊潰，夾洲泊船亦被燬。以汝航膽力俱壯，奏獎鹽運使銜。嗣統師船於下游一帶與總兵陳輝龍等水師排陣合攻，多所殲斃，並火其舟。其時羣賊下竄，風逆船膠，賊艘復集，官軍陷入重圍，輝龍及游擊沙鎭邦等俱陣歿。汝航等督軍馳救，均被鉅創，死之。汝航條理精密，爲國藩所重，及死，尤痛惜焉。

輝龍，廣東吳川人。國藩定水師勦賊策，輝龍實先以廣東兵船從。城陵磯之役，自乘拖罟船先發，而汝航繼之。死事上聞，賜謚壯勇。

夏鑾，字鳴之，江蘇上元人。以附生從九品發廣西。盜匪陳亞貴滋事，鑾捐貲募勇在荔浦、修仁防剿，保府經歷。與汝航治水軍，凡器械之屬及營制，多鑾手定。同復岳州，同復湘潭，歷保府同知。城陵磯之役，汝航統師船進擊，鑾於陸路設伏互應。進剿至白螺磯蘆葦中，賊衆復集，鑾手刃數賊，躍入水中，死之。諸生何南青同戰歿，事聞，均賜卹如例。

儲玫躬，字石友，湖南靖州人。廩生。少有大志，讀書喜講求營陣攻擊之法，嘗於本籍擒治傳習左道倡亂者。道光二十九年，土匪李沅發作亂，踞新寧縣城，玫躬督鄉勇從間道馳截要隘，助官軍討平之，敍功以訓導即選。咸豐三年，選授武陵縣訓導，江西泰和縣土匪闌入茶陵州，巡撫駱秉章檄令募勇討賊。八月，賊竄安仁縣，玫躬偕把總張大楷往援，遇賊於安仁、酃縣交界地，與酃縣團勇合力兜剿，大敗之。常寧土匪圍攻藍山縣城六晝夜，玫躬復偕縣丞王鑫等會剿，陣斬六百餘名，賊潰，藍山以全。移剿股匪於道州四眼橋，玫躬繼各營至，逼賊而陣，奮擊敗之，追殲殆盡。玫躬爲偏將，兵不滿五百，未嘗出境與大寇戰，馳逐衡、永、郴、桂間者，先後凡三年。旋粵匪竄擾湖南，逼省城，曾國藩在籍督辦團練，檄玫躬等各統所部遏之。

四年正月，賊攻寧鄉縣，玫躬偕候選同知趙煥聯往援，遂冒雪夜發，身先馳之。抵縣南門，城已破，賊正縱火焚掠。玫躬率勇目喻西林、文生楊英華等奮力奪西門入，轉戰城南北，賊屍塡街市。悍賊橫截之，復挺矛入賊隊。圍數帀，身被十餘槍，力竭，與西林、英華等同歿於陣。國藩疏以「玫躬寧鄉一戰，以五百勇敵賊三千，斬馘數百，我兵喪亡止十八名，賊氣奪夜竄，寧鄉卒得保全，合邑感激，欲爲建祠。藍山、道州戰績，擬保同知直隸州，撫臣未及彙奏，不料遽爾捐軀，請照進秩議卹。」詔進贈道員，謚忠壯。湖南巡撫駱秉章立忠義專祠，祀安徽巡撫江忠源等，復請以玫躬附祀，從之。

李杏春，字石仙，湖南湘鄉人。少工制藝，神淸體弱，而膽識過人。由廩生投効軍營，以功用訓導。咸豐四年，隨寧紹台道羅澤南軍。義寧州之戰，與縣丞蔣益澧率兵數百，當賊黨七八千。杏春直馳中路，賊潰走，諸軍追殺十餘里，斃賊六百人。復戰藿嶺，賊多墜崖死。乘勝偪西門，與各軍環攻，克之。至是累功進同知直隸州，進剿湖北通城，督兵攻西北，澤南自將中軍繼之，斃悍賊數十。賊狂奔入城，諸軍疾躡之，奪門入，立復縣城。賊竄蒲圻，杏春敗之道口。賊踞梯木山，率衆攀藤上，焚其巢。

逆首石達開率大股來援，官軍分三路應之，杏春當右路松林之賊，躍馬登山，整隊以待。賊洶湧麕至，官軍突前擊之，斬執旗悍賊酋十餘人，餘衆驚走。明日，賊衆二萬來犯，衆議退師，杏春不可，曰：「大軍在後，退則全軍奪氣。」與參將彭三元扼要堵禦，鏖戰五時，斬馘數百。咸寧賊悉衆來援，崇陽土匪響應，衆數萬，圍營三帀。杏春與三元分路馳突，相持兩時許，礮下如雨，三元戰死。杏春勒馬回救，麾下勸之走，弗從，曰：「彭參將死，我何忍獨生？」馳入賊陣，手刃悍賊一人而死。贈知府銜，附祀塔齊布專祠。

朱善寶，字子玉，浙江平湖人。由監生入貲爲州判，剿海州、徐州匪，保同知，署江寧府督糧同知。咸豐十年，隨總督何桂清駐常州，江南大營陷，常州大震，桂清以守禦事悉任善寶。既，賊陷丹陽，桂清遁，欽差大臣和春亦走無錫，提督張玉良收潰卒營城外，亦戰敗。賊從奔牛鎭來犯，城兵千餘，旦夕垂破。善寶以常州爲蘇、浙門戶，常州不守，則蘇、浙瓦解，卒不去。賦絕命詩以見志，與通判岳昌勵衆登陴，殺賊千計。賊屢至，攻益力，城陷，戰靑果巷，被十餘創，死之。卹世職。

莊裕崧，陽湖人。以監生輸餉獎通判，銓四川。佐駐藏幫辦大臣恩慶治裏塘夷務，晉直隸州知州。初，裕崧幕遊蜀，至是例迴避，恩慶疏留辦善後。藏事畢，改省甘肅。同治元年，補鹽茶廳同知，廉愼自持，諳練政治。廳屬回目王大桂等以平遠回揚言漢民傳帖約期滅教，轉相煽惑，於是羣回驚疑，謀起事。裕崧與涼州鎭總兵萬年新馳赴秦家灣敵營，曉以禍福，責以大義，回衆跪道左，咸聽命。裕崧等領赴固原，遣員分赴各莊，回戶皆就撫。獨巨賊馬彪、馬新成等抗拒不服，大桂立殺之，繇是無一敢抗者，事遂定。其年秋，循化、巴燕戎格撒拉回族時出攻剽，分擾西寧、碾伯、隆德、河州，居民苦之。裕崧奉檄與諸軍分道進擊，戰屢捷。撒回勢蹙，相率歸命。

二年，護理總督恩麟狀其績，晉知府。俄而固原回楊大娃子等犯鹽茶廳，年新戰失利，直逼廳城，裕崧率文武登陴固守踰月。賊力攻，內奸啓西門，遂長驅入。裕崧率團丁巷戰，矢盡糧絕，被執，擁至禮拜寺，百計威脅，詈賊不屈，遂及於難。前都司高如岡、照磨胡敉皆戰死。賊入署，執幕友四川舉人易舉索印，拒不與，並家丁李暢等十一人同時被殺。

年新，湖南人。固原失陷，馳往查辦，賊僞乞降，率衆潛至襲擊，爲所執，不屈，死之。

清史稿卷四百九十一

列傳二百七十八

忠義五

平源　張寶華　王泗　周來豫　余寶錕　王汝揆

王淑元，字秋查，浙江鄞縣人。以舉人知縣，分發廣西。歷權柳城、雒容、平南、馬平等縣事，授博平，調天保。會臨桂縣民以糧價重不輸稅，大吏欲懾以兵，淑元在省，進議曰：「民固有所苦，得平自服。」遂調臨桂。既蒞任，爲汰浮收，民便之，無逋賦者。

道光季年，粵匪洪秀全始謀逆，其黨李嘉耀潛入省垣煽土匪內應，發覺，淑元鞫得餘匪匿所，悉數掩擒，敍功升龍州同知，以肅清會匪獎知府銜。二十九年，擢太平府知府，旋任龍州。時廣西巡撫鄭祖琛懦而黯，羣盜蠭起，輒務諱匿。三十年，賊潘寶源等來犯，淑元率練丁禦諸距州十里之灣道，以次子光頡自隨。戰不利，雨甚，藥濕礮不及發，因退回城。及門，賊已由間道入，擁衆逼官廨。淑元立堂上，罵不絕口，呼家衆殺賊。賊斫淑元仆地，擄之去，光頡奔奪，賊殺光頡，而投淑元於勸村河。盜去三日，始出之，身首皆裂，獨面色如生。

高延祉，字筠坡，浙江蕭山人。由舉人充官學教習，期滿，用知縣。道光二十一年，英夷犯浙江沿海，舉行團練，延祉率義勇爲前驅，擊燬夷船。咸豐元年，揀發廣西，與都下親友別，即以致身奉國自誓。尋署隆安縣事，土賊陸鵬理與其黨乃利中、淩阿東等，屢爲邑害。延祉集團練，遣間諜，以計誘殺鵬理，捕獲其家屬黨與二十餘人，並毀利中巢窟及塚。

阿東亡命，謀復仇，糾衆千餘，據白山之感墟，與歸德接壤。延祉偕歸德土知州黃爲錦率練勇四百進攻，沿途搜戮賊探多名，行抵袍墟，距感墟十餘里，遇伏，軍潰。復激勵練勇奮擊，殪匪二百餘。賊衆蠭至，延祉挺刃督戰，被賊矛中腹遇害，爲錦亦戰死，僕隸多殉之者。

延祉任隆安七十餘日，無日不在外治戰事，居縣廨僅數日耳。民感其保衞之恩，爭賻其孤，孤乃以其貲建祠祀之，以從死之僕隸、壯勇附。同治十一年，追謚壯節。

爲錦，山東人。

瑞麟，白氏，漢軍鑲白旗人。由謄錄議敍巡檢，道光五年，選廣西鎭峽寨巡檢。調主簿，擢州判、知州。咸豐元年，授西隆州知州。咸豐二年二月，洪秀全自永安犯桂林，敗竄全州，瑞麟已卸州事，繼任知州曹燮培知瑞麟才，深相結納，約共守禦。時都司武昌顯以楚兵四百援桂林，道經全州，燮培留助守。四月，賊薄城下，發礮轟擊，斃賊甚夥。越日攻益急，歷十一晝夜，提督余萬清、劉長清來援，分駐城北太平堡，城西魯班橋，距十五里外，牽制弗能進，守者憊甚，子藥不繼。賊穴城，地雷發，城崩，賊乘入，千總葉永林、把總張元福死之。瑞麟素驍勇，遇賊中衢，手刃數人，力竭身死。燮培亦巷戰死。

賊攻城時，多死傷，恨甚，城陷，屠之，焚屋舍幾盡。文武官紳同時死者：署全州營參將楊映河，把總卜有祥，解餉官四川知縣盧金第，安徽府經歷陳垚，湖南遊擊余遇陞，都司武昌顯，千總田慶華、馬瑞龍，把總盧先振、黃志林、韓大興，外委孫紹全、楊清麒、田宏義、楊大賓、龔心仁、田宗南，武舉唐殿試，生員蔣成龍、金建勳，武生張以敬，幕友黃柏彬、祝永文、朱福坪、周希齡、孫培駒、楊菱舟、金家駒、朱澤，凡三十餘人。學正農賢託，年七十，甫歿，棺燬，妻殉之。瑞麟諡壯節，與爕培並贈道銜，詔祀京師昭忠祠。建專祠全州，曰愍忠，祀爕培及諸死事者。

爕培，字理村，浙江仁和人。選柳州通判，攝西隆州、賓州事，除東蘭州知州，權全州。性倜儻，有吏才，不拘節目，聲伎滿前，然無廢事。或規之，引文信國公少年時事自解，曰：「他日能學文山足矣！」人謂爕培無負素志云。

時死廣西者，又有署永安州吳江龍門司巡檢馮元等。

劉繼祖，江西玉山人。增貢生。道光十一年，以同知分福建。十九年，除淡水同知，以憂去。服闋，借揀知州，發廣西。二十七年，授永康，尋署藤縣。時灌陽、平樂、陽朔等處匪徒肆擾，偕知府張熙宇督剿，殲擒殆盡，進知府。咸豐元年，金田賊敗竄大黃江，繼祖率水陸壯勇乘夜攻擊，焚其巢。以所部練勇失鈐束，奪職。四年，巡撫勞崇光奏請留藤協辦團練，尋艇賊梁培友糾衆攻藤，繼祖偕知縣翟登峨等嬰城固守，設間出奇擊卻之。旋以土賊馮六、戴九等接踵至，據河干，盡焚沿岸舟，鄉團來援者不得渡。賊衆兵單，城陷，繼祖受重創，與登峨子襄采、團長梁文軾等巷戰，力竭，死之。登峨被擄，罵賊不屈，被害，棄屍於河。典史冉正棠鬭死獄門。詔復繼祖原官，賞世職，登峨以次死者卹有差。

登峨，字眉峰，山東章丘人。進士，截取選藤縣。

劉作肅，字敬亭，奉天承德縣人。道光元年舉人，選知縣，授天河縣。歷寧明知州，兼明江同知。咸豐三年，賊衆萬餘攻城，相持五月餘，解圍去。以城守功加知府，賞花翎。六年，署太平知府，賊屢來犯，禦却之。十年，復來。城中無儲粟，賊圍亟，守陴者皆走。城陷，作肅投池，水淺，不能死，爲賊擁去。以其居官清廉，不忍害之。作肅乃吟絕命辭，絕粒死。其弟與僕姚雲、吳貴同殉。妻趙及子家祥、女等皆先自盡。以子家鳳被執不屈死，卹如制。賞世職，建祠府城，二僕並賜卹。

沈衍慶，字槐卿，安徽石埭人。道光十五年進士，以知縣發江西，署興國，補泰和。二十五年，調鄱陽，縣濱湖，盜賊所出沒。衍慶編漁戶，仿保甲法行之，屢獲劇盜。俗悍好鬬，輒輕騎馳往，竭誠開導，事寖息。兩遇水災，盡力賑撫，存活無算。舉卓異。咸豐二年，粵匪陷湖北武昌，衍慶請兵守康山，控鄱陽門戶。三年，九江陷，譌言四起，居民逃亡，不可禁止。衍慶率練勇巡東門，見糧船中數百人譟而前，衍慶手刃二人，餘黨慴服，人心始定。賊圍南昌，巡撫張芾檄衍慶赴援，會合省防諸軍與賊戰，大破之。賊將東竄，衍慶慮賊犯鄱陽，請於巡撫，馳歸。時樂平令李仁元攝鄱陽事，同商守禦。賊至，與仁元同力戰，城陷，死之。贈道銜，立祠鄱陽。

仁元，字資齋，河南濟源人。道光二十七年進士，內閣中書，改知縣。咸豐元年，授樂平。民俗剽悍，以禮讓教之，多感悟。有素習械鬬者，仁元曰：「民不畏死，然後可以致死。今天下多事，正此輩効順之時也。」簡驍健得六百人，日加訓練，土匪畏之，斂迹。樂平與鄱陽爲鄰境，仁元政聲亦與衍慶相埒，至是南昌戒嚴，衍慶助剿，仁元移攝鄱陽以代之。未幾，衍慶以防賊擾，馳歸縣。因仁元父母妻子在樂平，亟趣仁元去。仁元曰：「賊旦夕且至，臨敵易令，是謂我不丈夫也。」遂議併力戰守。值久雨湖漲，城圮，無險可攖。於是審度地勢，衍慶軍南門，仁元軍北門，爲犄角。部署甫定，賊揚帆大至。麾軍燃礮，碎賊艦，賊繞東門登岸，入城，衍慶迎擊，賊稍卻。又繞而北，仁元率樂平勇巷戰，矛刺仁元，踣，臠割之。所部猶力戰，死者過半，卒得仁元屍以出。

初，樂平土匪度仁元去必復來，伏不敢動。及聞殉難，乃倡議迎賊。仁元母顧其婦及女曰：「禍將及矣，曷早計！」皆死之。城陷，仁元父及弟並不屈死。事聞，詔贈知府銜。與衍慶合祠於鄱陽，別於樂平建仁元專祠，父予墀、母陳氏、妻金氏、弟誠元、妹三人、妾楊氏及僕、婦等均附祀。

李福培，字仲謙，江蘇無錫人。道光二年舉人。會試十三次不遇，考教習，補左翼宗學教習。期滿，用知縣，咸豐元年，選授廣東從化縣。時廣西賊起，廣州爲賊出沒所，從化界連七邑，距府城百七十里。四年，賊偪廣州，福培以花縣之石角及縣境之太平場爲從化及諸邑屏障，請大府屯兵二千，兼可斷賊糧道，不報。乃自募壯丁數百人，與典史趙應端及從弟性培分將之。七月，賊數千直薄城下，福培登陴固守，率兵民力戰，凡七捷，斬八百餘級。九月，援賊大至，急解縣印授其子送省會，而誓以死守。賊舁礮攻城，裂數丈，賊蠭擁入。與應端、性培等巷戰，身受數傷，退至學宮尊經閣，猶投石殪賊，賊焚閣，三人同死之。僕周鏞、勇丁蘇兆英等皆殉難。卹福培贈知府銜，建專祠，特謚剛烈。福培就義處有血影漬地，如人形，濯之愈顯，後任建石欄護之，榜曰「忠蹟昭然」。

王恩綬，字樂山，亦無錫人。與福培爲中表昆弟。少以諸生受知巡撫林則徐，招入節署讀書，稱爲篤行君子。道光二十九年順天鄉試舉人，考充宗學教習，勤其職。惠親王稽察宗學，語人曰：「不視此職爲具文，孜孜不倦者，王敎習一人而已。」期滿，以知縣候選。恩綬幼與福培同學，長以氣節相砥礪。同居京師，夜分論時事，慷慨罵諸將吏棄城與軍，輒面發赤。戟手搏案，聲震鄰舍，童僕爲驚起。福培仕廣東，恩綬與之書曰：「大丈夫當此時，與其老死牖下，孰若埋骨疆場耶？」及福培殉，益躍躍欲得一當。

咸豐四年秋，武昌克復，大吏以湖北缺員，請吏部揀發選人。方是時，武漢再陷再復，寇尚蠢蠢至，選人皆畏沮不欲行，多稱疾謁假。恩綬慨然曰：「若仕必擇地，則夷艱揞危杖節之士不復見於今世矣！寇何由平？」冠帶往聽旨，果發湖北。或言「寇深入，道且梗，盍徐行」。恩綬不可。攜一子一僕，間道疾驅，五年二月始至，則武昌已被圍。巡撫陶恩培嬰城守，兵弱餉絀，勢岌岌不保。官吏藉口出請援師，乞大吏檄引去者相屬。布政使胡林翼駐師城外，恩綬往謁，林翼惜其才，留贊畫軍事，恩綬辭，竟縋城入。恩培詫曰：「此旦夕死地，人患不得出，君獨患不得入，今何時，乃有此義烈男子耶？」溫語慰遣之曰：「君無守土責，尚可出，就胡營，留此身以待用。」恩綬固不可，遂奉檄登陴守禦，翼日城陷，恩培殉黃鶴樓。恩綬與武昌府知府多山督兵巷戰，同時死之。仲子燮及二僕皆殉。

明年冬，武漢克復，當事以恩綬死事狀上聞，得旨賜祭葬，予謚武愍。旣而御史汪朝棨疏言：「恩綬無守土責，而視死如歸，不特與草間偷活判若天淵，卽較之城亡與亡亦分難易。且忠孝一門，僕從皆知赴戰，尤足扶植綱常。請於本籍建專祠。」會巡撫郭柏蔭亦疏請建祠武昌，詔並許之。

李右文，字伯蘭，順天通州人。道光十一年舉人。咸豐三年，選授湖南東安知縣。粵匪犯天津，留辦本籍團練，以功賞知州銜。五年，赴官，値湘南道梗，諸弟馳書尼其行，不聽。至楚，權新寧。邑屢被寇，戶口流亡，右文招集撫循，凋敝以振。七年，以最調祁陽，時從弟載文殉難廣西，弟復馳書勸歸，慨然曰：「死生命也，脫捐頂踵報國，是得死所也，何慮爲！」尋回東安任。八年，湖南境賊退，右文謂衆曰：「賊敗他竄，不可恃。」亟訓練民團，置倉穀數千石，備不虞。

九年春，石達開由江西回竄湖南，逼近東安，新寧紳衆數百人來迎，請避賊新寧。右文曰：「吾去，誰爲守此土者？」已，復請護家口出境，又曰：「是爲民望也。」卻其請。衆泣，誓死不忍去。三月，賊麕至，城卑，四面皆山，賊環瞰之。右文集城中官民登陴固守，親冒矢石，歷七晝夜，轟斃城下賊甚夥。城陷，與賊巷戰署東，身被重創，猶手刃數賊，力竭遇害，賊燔其屍，僅得脊骨歸葬。子傑、妻郝、子婦王，及僕婢，皆從死。新寧紳衆數百，亦先後戰死。詔視道員例賜卹，建祠本籍，隨殉親丁、紳勇附祀。

子傑，字小蘭。縣丞。有幹略，侍父湖南，襄督練勇，進知縣。方賊之回竄也，右文知不免，作書與諸弟訣，命傑齎往，意欲生之也。傑不忍去，又重逆父命，潛避署左右，覰賊變。賊至，率練勇守南門，城陷，聞警馳父所，未至，遇害，屍同被焚。視同知例賜卹。

載文，字潞帆，右文從弟。道光二十四年舉人。三十年，以知縣發廣西，咸豐元年，權馬平縣。時洪秀全犯桂林，馬平賊李志信響應，載文率兵勦捕，殲之。尋調平南，五年，艇匪梁培友由梧州上竄，陷潯州，擾平南，載文禦之渡口，礮轟沉其船，追擊斃匪無數。賊屢分撲南北岸，悉卻之。累以功擢同知直隸州。

六年五月至七月，賊纍至，水陸環攻，載文偕參將曾廷相、張遇清，都司唐文燦等，嬰城固守，困重圍七十餘日。乞援、乞餉，告急文數十上，大吏但空言慰藉。載文知事不可爲，遣親僕間道以縣印檄送桂林，獨激勵兵勇與賊相持，敎諭傅揚清，把總呂耀文，生員傅揚芬、吳國霖先後戰死。賊攻益急，載文中礮傷腿，痛哭，北面頓首曰：「臣力盡，惟以一死報國，然不忍百姓屠戮也。」縱之去。千總方源開城私遁，賊乘隙入。載文、廷相率勇巷戰，手刃數十賊，力竭，自剄不殊，賊擁至船中，抗罵不屈，並臠割之。

是役也，遇清守北門，持大刀斫賊三十餘，被賊攢刺無完膚，死。文燦守南城，率外委張珽巷戰死。守備張彪守火藥局，燃火轟斃賊百餘，亦戰死。載文、廷相死尤慘。先是巡撫勞崇光奏薦載文堪勝道府，兵部侍郎王茂蔭亦奏保循聲卓著，擢桂林遺缺知府。命下，載文已遇害。贈太僕寺卿銜，賞世職，建祠本籍。同治十年，追謚壯烈。

李榞，字紫藩，安徽宣城人。以監生入貲爲知縣，道光二十六年，選授湖北公安，賑災有惠政。調孝感，再調鍾祥。咸豐二年，粵匪自長沙竄岳州，犯武昌，所在奸民競起，鍾祥馬騾子、襄陽郭大安、天門蓋天王皆盜魁，黨衆大者萬餘，小乃數千。榞教練壯士千餘人，捕馬騾子及其黨數十人斬之。偵知郭大安方謀以衆投粵賊，設伏間道擒之。乘大霧掩擊蓋天王，悉俘其衆。時武昌、漢陽相繼陷，上游諸郡帖然無恐者，榞平諸盜力也。旣而武昌復，大吏上榞功，擢荊門州知州，調署江夏縣，鍾祥民萬衆攀留不得。

會粵匪林鳳祥等北犯，其後隊自河南折入湖北，陷黃梅，趨麻城。榞率提標兵千人往援，擊賊黃岡之鵝公頸江口，大破之，窮追至安慶，與安慶兵夾擊，殲賊殆盡。還値宿松警，復破賊下倉埠，詔以知府升用。踰月，賊復自江西大至，寇廣濟之田家鎭，大吏檄榞往，連戰皆捷。最後戰，他將懦不進，榞率所部渡江擊賊。賊敗走，孤軍追賊，至興國州富池口，賊知榞軍無繼者，分舟中賊登岸襲其後。榞引就水軍，水軍走左，陷淖中，與所部二百人皆鬭死，咸豐三年九月十日也。事聞，贈道銜，予世職。公安、鍾祥之民，家祭巷哭，奉木主祀之。

始榞爲縣，所至必於其地夷險豐耗、民俗醇訛、奸蠹根株、人所疾苦盡知之。爲治行之出於至誠，人樂爲用，願效死力。及其殉難，久而思之。同治二年，湖北大吏復奏榞死事甚烈，在官政績尤著，請宣城及死事所建專祠，詔可，予謚剛介。

陳肖儀，字幼泉，江西弋陽人。嘗遭母喪，扶柩舟行江中。夜火發，四面皆烈燄，肖儀以身伏柩上，隨江流飄蕩，不死，柩亦無恙，一時稱奇孝。年十九，官湖北縣丞，擢廣濟知縣。咸豐三年，粵匪破田家鎭，去縣七十里，縣故無城垣，召募鄉兵，皆望風走。肖儀知事不可爲，持刃坐堂皇，賊入，數其罪，卽抽刃自剄，未殊。賊縛之，曳於市。子恩藻奮臂擊賊，賊立殺之，肖儀駡益烈。賊鑿齒刳頰，膚盡見骨，三日乃死，賊解其體爲五。縣民悲憤，賊去始斂焉。

萬成，滿洲鑲白旗人。道光二十四年舉人，揀發湖北知縣，署漢川，調安陸。咸豐四年，匪由武昌北竄，陷雲夢。時總督台湧駐兵德安，萬成陳戰守二策，湧不能用，欲退守三關，徐圖克復，且諷與俱去。萬成垂涕曰：「棄而不守，如百姓何？與城存亡，守土之義也！」

其僕復勸之，並以主人無嗣爲辭，萬成厲聲曰：「我家世受國恩，若臨難偷生，無以對國家，卽無以對祖、父！」遂致書邑紳曰：「禍在旦夕，誰之責歟？一死塞責，不可爲臣；有辱於親，不可爲子。願不歸櫬於先人之墓，留葬於此，以誌吾恨。」是夜警報沓至，萬成召團練諸紳，告以在城兵勇俱隨總督北發，已當以死守城。又知事必不濟，復作絕命書，與士民訣，略曰：「賊已至雲夢，勢必來德安，我惟攖城固守。不能，則以死繼之。諸君不我遐棄，能尋我遺骸，葬於碧霞臺下，常此北望神京，則九原之下，感不忘矣！」踰日，賊距城二十餘里，台湧擁兵徑去。萬成謁知府議救急策，甫出署，紅巾賊數十突至。知城陷，抽佩刀與戰，手刃數人，力竭死之，賊焚裂其屍。德安復，縣民卒收葬殘骨於碧霞臺下，以遂其志。

袁祖悳，字又村，浙江錢塘人。祖枚，以詩文名，官江寧，因家焉。祖悳早慧，入貲爲江蘇寶山縣丞。兵備道某稔其才，以上海縣令姚某漕事詿誤去，檄祖悳攝縣事，且代姚辦漕，未五月，難作。先是縣中團練多閩、廣無賴，本地游民和之，漫無紀律。粤匪據江寧爲僞都，人心益搖，於是小刀會起事。小刀會者，卽無賴游民所結合，黨羽散布，官役皆爲耳目。道故粤產，謂中多粤人，置不爲備；先發難嘉定，戕縣官，道仍不爲備。咸豐三年八月初五日爲上丁祀事日，黎明，祖悳肅衣冠出，賊蟻擁入署。一賊號小禁子者，祖悳嘗因案懲之，首犯祖悳，刃交於胸，被十餘創，罵不絕口，死。

守備李大均得訊，躍馬呼殺賊，手無械，不能戰，自經死。

于松，漢軍正黃旗人。以廕授藍翎侍衞，出爲江蘇松江糧廳。咸豐元年春，南漕改海運，漕船水手將譁變，大吏檄松資遣，變遂定。明年，大吏復以資遣事檄松，時粵賊已踞江寧爲僞都，水手環而嘯呼，勢倍前。松爲上息內鬨計，藉其精壯而訓練之，不旬日，得勁卒二千人。會向榮躡賊圍江寧，江蘇境內稍安。六年，率所籍卒從巡撫吉爾杭阿剿鎮江，既成營，搏賊銀山下，戰屢捷。鎮江賊仰息江寧，旣屢創，閉壘，潛略高資鎮。松以千人馳擊，渡夾江，平賊營。改攻鎮江城，以衆夜薄城下，梯垣縱火，潮勇譟而驚賊。賊起，燃巨礮，登者紛墜。松督隊在前，鉛丸中額，仆牙旗下，旋卒。潮勇故剽椎名盜，居嘗啗賊金，故爲賊用，敗官軍。松死，麾下士千餘人，悲憤痛哭不忍聞。

尚那布，國羅落氏，滿洲鑲黃旗人。咸豐三年，由舉人揀發江蘇知縣，八年，署溧陽。僕從蕭然，日集士紳議戰守，不退食。兵勇踐境，親立城卡彈壓，出境乃已。創義學，築舍數十楹，集諸生講肄，購田百餘畝供膏火。修葺文廟，庀材鳩胥，捐廉爲之倡。疏濬城河，懋遷稱便。迭以軍需籌防、催徵力最，賞知府銜。十年賊陷廣德，溧陽界其北，尙那布誓死守。賊麕逼城下，急切無援，督練勇擊賊退。未幾，賊復大集，攻城愈迫，越日城陷。尙那布厲聲叱曰：「我溧陽知縣，練勇殺賊，我作主，速殺我，勿傷百姓！」遂遇害。卹贈太僕寺卿銜，賞世職。時署金壇縣知縣李淮同以城陷殉難。

淮，字小石，浙江鄞縣人。固守至百餘日，賊乘霧登城，淮朝服坐堂皇，罵賊死之。

唐治，字魯泉，江蘇句容人。道光五年舉人，大挑知縣，分安徽，補桐城縣。歲大水，請帑勸分，按口賑施，不假手胥吏，一月鬚髮爲白。調祁門，舊有東山書院，生童膏火取給鹽釐，治別籌捐項充經費，士商兩便之。又立義廒，積穀至數萬石。時粵賊據江寧，安徽改省治廬州，賊船上下無所忌。上書陳利害，不報；祁門無兵，依山爲城，徽州以富名，賊欲圖徽，必道祁，請以兵守，又不報；而祁之姦民前苦治嚴緝者，遂爲賊嚮道。道光四年正月，賊入縣屬櫸根嶺，治招集團丁，激以大義，誓共城存亡。時大洪司巡檢鍾普塘亦帶勇入城協守，賊偪西門，治督衆登陴迎戰，礮轟斃匪數十人。大股猝至，城遂陷，猶奮勇巷戰，力竭馬蹶，與普塘同時被執。誘降不可，凌辱之，不屈，以禮遇之，終不食飲，卒罵賊死。普塘同時遇害，沉屍於河。

普塘，紹興人。賊欲說降之，曰：「吾年逾六十矣，卽不知羞恥事，能再活六十餘耶？」傳其罵賊尤烈云。同治二年，曾國藩請於祁門建專祠，以鍾普塘附祀。

賊躪安徽，守土吏殉節死者，又有泗州知州鄭沅，六安州知州金寶樹，蒙城縣知縣宋維屏，望江縣知縣衞君選，盱眙縣知縣許垣。沅，順天大興人；寶樹，江蘇元和人；君選，河南趙城人；垣，江蘇上元人；維屏籍未詳。

林源恩，字秀三，四川達州人。拔貢生。舉道光二十三年順天鄉試，咸豐元年，選湖南平江縣知縣。二年秋，粵賊犯長沙，瀏陽、通城匪徒皆爲亂，三縣皆與平江接壤。源恩詰姦守隘，如防禦水，截然不得蟄。江忠源以爲才，保奏知州銜，又以書播告士友，道「林某堪軍旅」也。時曾國藩治兵長沙，檄源恩募平江勇五百人以從。旋有他賊自崇陽、通城犯平江，檄源恩回援，壁北鄉之上塔市。三月四日，賊大至，環源恩壘，源恩逆戰，大捷，追奔數十里。既而塔齊布、胡林翼師克通城，平江解嚴，師別勦，則賊仍麕至，源恩屢戰卻之。會有忌源恩者，功不得敍，又別摭他事中之。源恩憤甚，詣大府自陳，而奢於辭，卒莫能自達。

遂從國藩九江軍，命治羅澤南糧臺。乙卯春，從克廣信，賞花翎。又治塔齊布糧臺，旋任水師營務。十一月，又攝理陸軍於廬山之麓、姑塘之南，而江西巡撫聞源恩賢，飛檄至南昌，付以所新募之平江營者。源恩在廬山，又與共事武夫不相能，憤彌甚，嘗獨歎曰：「丈夫一死强寇耳，終不返顧矣！」

明年，石達開犯江西，連陷八府五十餘州縣。六年三月，李元度率師自湖口南來，源恩與鄧輔綸自南昌而東，兩軍會於撫州，克進賢東鄉，進破文昌橋壁壘五，赭其巢。既薄城，源恩壁南門，元度壁西南隅，相去四里。賊嬰城拒守，堅不可拔。當是時，江、楚道梗，瑞、臨、袁、吉四郡無一官軍。援賊不時至，至則合城賊來犯，所部迎擊三十里外，輒重創之，破賊壘者九，大小戰五十有六，皆告捷。然部下血戰久，疲不得休，裹創者十之三，病者十四五。會輔綸中蜚語去，在事者多告退，源恩勢益孤，餉日絀。

宜黃、崇仁兩縣來乞師，謂克宜、崇則能拊撫賊之背，且勸士民輸餉，可得十數萬。源恩與元度遂分江、楚軍共五千徇西路。九月三日，克宜黃，九日，克崇仁，俘斬各數百。忽皖賊數千自景德鎭來援，急撤宜、崇軍，官民苦留不遣。將士亦以久飢甫得一飽，不能行。賊趨撫州，十六日，扼河而戰。水涸，賊騎馬飛渡，追而敗諸城下。

先是源恩所部之右護軍遣赴崇仁，留三百人守壘，賊詗知之，詰旦出犯，先陷右軍，遂圍源恩壁。源恩慷慨諭將士曰：「好男子，努力殺賊，無走也！」衆皆應曰：「惟公命。」都司唐德陞馳入壁，掖源恩上馬，源恩曰：「此吾死所也，子受事日淺，其行乎！」德陞曰：「君能死，吾獨不能死耶？」從容解金條脫畀其從子某，曰：「若馳去，吾與林公死此矣！」壘破，源恩手劍縱賊，力竭，死之。德陞素驍健，格殺十餘賊，始被害。從死者三百餘人。源恩年僅四十。追贈道員，賜卹如例。

德陞，字彥遠，寧遠人。舊隸副將周鳳山部下，以十五日奉檄來軍，十七日及難，贈遊擊。

畢大鈺，湖南長沙人。咸豐二年，以附生守長沙南關，粵賊礮轟城塌，大鈺斂空棺實土爲牆，頃刻成三十餘丈。隨提督鄧紹良堅拒八十餘日，殲賊數千。賊自湖北回竄，湘潭、靖港均陷，大鈺復以防省功選用府經歷、縣丞。湖北崇陽、通城陷，大鈺復領兵赴勦。諜知賊由平江擣長沙，絕饋道，厲兵爲備，賊不得逞。行軍禁騷擾，一蔬一木無妄取。通城亂久無官，爲立團防，鋤土匪，通人安業。因其歸，報金巨萬，大鈺却不受。四年，保用知縣，授浙江仙居知縣，案無留牘。地瘠民貧，逋賦多，大鈺在官，民爭輸納。尋捐知府，浙江巡撫何桂清留筦糧臺，檄赴於潛防堵。又以開化疊警，調防婺源。初戰屢捷，尋賊以三千人圍南關，大鈺偕胞姪候選通判榮清合勦，賊大至，力竭，均死之。卹贈太僕寺卿，賞世職。

湯世銓，字彥聲，順天大興籍，江蘇武進人。道光二十六年舉人。咸豐三年，以知縣發浙江，七年，署開化縣。時粵匪闌入浙境，由常山窺開化，委署者多不肯往，世銓獨毅然請行，至則募勇防守。八年三月，賊首石達開擾浙，衢州鎮總兵饒廷選戰敗，遂偪開化。世銓聞警登陴，賊突至，城陷，世銓拔佩刀自剄，爲紳民奪刀擁出，不得死。陰約各都結團，且飛書請兵，會鶴麗鎮總兵周天孚督軍追擊，賊奔處州，世銓率團沿途截殺。

六月，縣城復，仍因失守褫職，代未至，仍帶勇守禦。七月，賊由常山復攻開化，江蘇候補知縣劉福林帥鄉勇方檄赴寧國。世銓請於大府，留籍防禦，而以城守囑縣丞某，且出印印其衣，畢，遣人賚印至府授代者，遂出禦賊於華埠。賊至，疊擊敗之。會貴州定遠協副將朱貴統兵三千來援，戰失利，世銓急整隊出，倉猝不能成陣，力鬭，與福林同歿於戰所。以印衣覓得屍，胸腹腰脅創十數。勇目方忠同死於其側。事聞，復原官，卹如例，給世職。

謝子澄，字雲航，四川新都人。道光十二年舉人，大挑知縣，分直隸。咸豐元年，署無極縣，二年，補天津。天津地濱海，獷悍難治，市有所謂「混混」者，健武善鬭。子澄至，見前令繫諸混混，歎曰：「是奚不可化者？」籍其名，縱之。未幾，縱者鬨於市，子澄按名捕，殛其魁，地面遂靖。時粵匪出擾湘、漢，順流而東，遣酋林鳳祥、李開芳分兵渡河，莫測所向。人方謂南北道隔，賊不敢犯，子澄深以爲憂。捐金倡團練，召所縱諸混混，以周處故事喻之，衆皆爲用。回民劉繼德復集回民千餘人應之，遂率赴教場，授器械，教戰陣之法，其妻亦撤簪珥以助。長蘆鹽政文謙歸財與糧，隨時協濟，子澄得一意練兵。

未幾，賊圍懷慶。踰月，渡臨洺關，總督訥爾經額帥師遁，遂經順河、柏鄉、欒城入深州。主闔者務持重，雖數奉詔夾剿，而習於潰逃，數避賊。其奮勇者尾追數千里，氣亦餒，賊勢益橫。又經獻縣、交河，以薄滄州，滄州號有備，亦爲所拔。津地大震。

九月，賊至梢直口，大吏不知所爲，議嬰城守。子澄以負郭居民數十萬，不應棄之，力爭。遂用沿河棹小舟以火器取野鶩者，又火會會衆萬人，合水陸拒賊，而別向火會首事張錦文籌餉。先是錦文輸家財濬壕，壕成，運河水大至，環城窪下成巨浸，而葡萄窪尤甚。子澄阻壕守，渡壕擊賊。賊酋開山王小禿子手黃旗指揮，迅奮剽疾，能一躍丈餘，避槍擊。子澄先伏打野鴨船於岸外，賊以爲民船也，呼渡，船槍發，殪小禿子，羣賊奪氣。伏舟進擊餘賊，血流染波。日晡，軍餒，錦文又齎糗糧至，戰益奮。勇目余鵬龍等相繼陷陣，復斬級無算，賊遁。是役也，子澄功最，旨以知府用，留本任。

時賊退踞靜海及獨流鎭，子澄奉調赴勝保營，列營河西。賊由獨流出撲，屢擊退之。嗣靜海賊傾巢出援，子澄追剿，賊竄，正窘，會都統佟鑑思絕賊歸路，進掣壕板，以路滑失足踣地，賊刃交下。子澄單騎馳救，礮洞馬腹，身受七傷。鵬龍負之趨，子澄曰：「憊矣！爾亟行，毋顧我。」賊倉高剛頭薄之急，子澄恐爲所辱，沉於河。鵬龍率從子楝梁等皆戰死。事聞，加布政使銜，謚忠愍，建專祠。喪車還津，無貴賤皆往吊，哭如私親。天津祠落成，蠡縣人李某，生致高剛頭，剖心以祭。

子澄好爲小詩，工駢體文，爲政有聲，卒以殺賊致殞。人謂賊自河北經山西，所至席捲無堅城，獨受挫於子澄，使京師得以爲備，其關係尤重云。

先是賊過臨洺關，同知周憲曾公服坐餉鞘上，罵賊死。後子澄以知縣死直隸者：江安瀾，廣西臨桂人。舉人，挑教職，保知縣，發直隸，補柏鄉。咸豐元年，調靜海。賊北犯，靜海爲畿南衝要，大軍援剿，供應無乏。賊入境，偕署都司潘宗得等擒斬僞司馬陳得旺，大隊麕至，官軍衆寡不敵，遽潰。城陷，赴水死。破沙河，王衡身中七刃死；破欒城，唐盛朝服罵賊，賊縛之柱上死，典史陳虎臣從死。

又馬雲嵐，慶雲人。州判。賊犯縣城，率鄉團出禦，被執，不屈死。子龍文從死。卹如例，予世職。

文穎，字魯齋，趙氏，漢軍正藍旗人。道光二十五年進士，用知縣，發山東，補蒙陰。邑患蝗，兩以文籲神，皆應。調陽信，彊抗漕釁。又調商河，濬徒駭河，境免積潦。時粵匪已竄直隸之建通鎭，去商河百里，募練鄉勇，民恃無恐。調省主糧臺事，適股匪入東境，金鄉、鄆城皆陷，而陽穀當其衝。大吏以文穎有幹才，檄令往署，至則城備久弛，急號召鄉團爲守禦計。是時將軍善祿擁重兵駐東昌，飛牒請援，置不應。憤極，抵案曰：「死耳，復何言！」或諷以出城待援者，怒斥曰：「與城俱存亡，豈有臨難苟免之文某哉？」

未幾，賊大至，割半袖付僕馳報父母，卽懷印上城，與典史徐鳳喈從容出印相視。賊入城，怒馬馳入賊隊，被七創，罵不絕口死。鳳喈及敎官李文綬同遇害。文穎抵任才五日，時咸豐四年二月二十九日。事聞，優卹，立專祠，予世職。文穎嘗過泰山，題句有云：「此行不了封侯業，願把頑軀竊比君。」蓋以泰山自矢，見危授命，其志素定云。子四，三爾豐，自有傳。

張積功，江蘇儀徵人。嘉慶二十三年舉人。道光十年大挑知縣，發山東，歷州縣吏。二十年，初權臨淄。前政不善，多流亡，以誠招徠之，皆歸故業。卽墨飢民滋擾，檄往辦理而定。朝城民變，民聞積功治臨淄事，卽首行館請死，喻以理，懲以法，皆歡呼去。咸豐四年三月，賊攻臨淸州，積功適知州事，守禦十四晝夜。十四日，城陷，闔門死難。初，賊過冠縣，知縣傅士珍自經死。

典史瞿濬，字菊坪，江蘇武進人。帥鄉勇出敵，遇賊城闉，中鳥槍，洞其脇，墜馬。欲退保於司獄，賊追及，刃傳其胸，罵不絕口，剖腹死之。妻呂氏，罵賊，被寸磔。亦全家遇害，時三月朔也。

冒芬，江蘇如皋人。巡檢，發廣東，補北寨司巡檢，調五斗口。緝獲盜匪傅敏南、烏石姊等，有能名。擢廣州府經歷，調海豐縣丞。英吉利擾廣州，以守城功進知縣，授開平縣。縣介新會、鶴山間，盜賊出沒，芬嚴爲條約，捕甚多。歷權高要、曲江、乳源等縣。

咸豐二年，洪秀全陷仁化、樂昌兩縣，分股攻乳源，芬募勇三百，約都司車定海扼河爲守，使鄉勇繞出河岸設伏。凌晨賊至，官軍隔河礮斃騎馬賊一，伏軍薄其後，夾擊之，賊大潰。渡河追擊，斬甚衆。

餘匪吳煥中、黃老滿等潛聚曲江龍歸墟，結連羅鏡墟淩十八，圖復逞。煥中潛至乳源，爲邏者獲。芬訊得實，偕千總張鷹揚馳往，捕獲黃老滿等頭目十三名，解經曲江寺前村，猝與羅鏡賊遇。鷹揚所部潰散，芬率親軍百餘人與賊戰，軍火盡，芬被創，賊奪黃老滿去。芬裹創爲書，上總督葉名琛，極言兩粵賊勢急，宜聯絡官民，早繕備具。越數日，傷劇卒。卹如例，後建專祠。

施作霖，浙江蕭山人。道光二十九年拔貢，用知縣，發陝西。咸豐三年，粵賊竄河南，奉檄督練勇防陝境，署城固縣知縣。七年，河南角子山捻匪擾南陽府，將竄陝，巡撫曾望顏以作霖練勇有紀律，令防商南。馳抵清油河，距武關三十里，賊已潛由天橋河陷武關，作霖偕候補同知曾兆蓉夜冒風雪抵頭條嶺，擊卻賊前敵。越四道嶺，賊蠭至。作霖奮下擊，義勇厲進，作霖手殲悍賊王黨。餘賊卻拒守關，作霖直逼關前，賊復三面撲。熠賊二十餘騎，賊攻愈猛。作霖分隊擊，身受重創，力竭死。家丁王建、義勇馬永剛等十三人皆死之。賜卹，謚剛毅，賞世職，建專祠。

韓體震，字省齋，河南夏邑人。道光二十五年，捐州吏目，補直隸祁州吏目。因父作謀任文安主簿，迴避，補山東德州吏目，捐升知縣。以防堵功，獎開缺卽選，選湖北通城縣。防堵鄰境要隘出力，保同知。同治元年，鄂督官文調赴軍營差委，嗣權孝感縣事。孝感屢經殘破，城缺不完，體震修葺之，招鄉勇城守。閏八月，捻匪大股分擾京山、應城一帶，闌入縣境，遂撲縣城。體震與護軍統領舒保善因請入城同守，始解鞍，而賊由缺口入城，體震率勇巷戰，衆寡不敵，身受十傷，刀矛槍子無不備，大呼殺賊而死。詔照知府例賜卹，給世職。

德克登額，字靜庵，滿洲某旗人。由筆帖式從將軍都興阿軍，累保至副都統記名。嘗從攻廣濟，守營壘，不眠者七晝夜。爲人沉靜，溽暑不去長衣，每曰：「賊平卽回家授徒，暇則垂釣黑龍江。」又曰：「世受國恩，得一日授命疆場，則吾事畢矣！」與體震同守城，城陷，死之。

蔣嘉穀，順天大興籍，浙江山陰人。以府經歷發貴州，旋保知縣。咸豐三年，署荔波縣。縣毗連粵西，粵氛近偪，土匪乘之。嘉穀內守外禦，境內安堵。始之任，獄多繫，囚半逆黨脅從，復有挾私誣告人從匪者。嘉穀訊得實，俱決釋之。時紛糧告匱，或以勸捐進，嘉穀曰：「民被蹂躪久矣，忍朘其生而激變乎？」事遂寢。五年六月，水匪復叛，與廣匪合，約五六千人，薄城下，嘉穀募勇五百人擊退之。時土匪徧地，餉需匱乏，嘉穀毀家募勇，妻陸氏亦出釵釧佐軍，衆感奮，守愈堅。以故附近州縣皆不保，獨荔波得存。十月，賊復至，嘉穀部署城防，誓師出營於水堡，與賊遇，戰捷，賊小卻，後見師乏援，始無忌，麾衆並進。嘉穀鏖戰終日，傷亡略盡，猶裹創刃賊，俄被執。賊乘勝攻城，城以有備，卒不破。嘉穀既陷賊，怒駡不屈。賊束薪漬油徧體灼之，死而復甦，甦則駡，駡則復灼，如是數次，乃絕。貴州巡撫蔣霨遠以嘉穀善政得民，力捍疆圉，被害尤慘。奏入，卹世職。紳士請捐建專祠，允之。

鄧玲筠，字治薌，湖南寧鄉人。道光二十三年舉人。咸豐六年，以知縣發貴州。七年，擢知印江縣，時黔中苗、教匪充斥，匪酋以邪教蠱亂，民有黃號、白號等目，鄉團多叛應之。玲筠銳意圖治，周巡轄境，與田更畬叟握手詢利病，手疏小册，用是能摘發民隱，訟者神之。思南賊熾，地連印江，亟行保甲法。單騎詣各鄉，手自敦率，給門牌如式。署紙尾十則：曰忤逆，曰習邪教，曰私結盟黨，曰劫掠，曰藏匪類，曰竊盜，曰容留娼妓，曰賭博，曰鬭毆生事，曰唆訟。各擇士紳董之，犯者同甲勿與齒。改悔者許具狀於各條下，加小印曰「自新」；其頑抗及無人敢具保者治之。且計月以驗紳董之能否，加勸懲焉。又加意課士，割俸給書院餐錢，與講求正學，並及軍政，士皆畏愛之。勸民修水利，立法詳盡易曉，或親履指示，不以勺水擾民。邪教惑衆，爲文告抉摘其謬，婦孺能解。簡壯丁數百，親教之擊刺法。

是年十二月，賊陷思南，將犯印江。印江故無城，出營於雲泮禦賊。賊以書請假道，焚書，斬其人。賊從間道襲治所，玲筠袖銅椎斃三賊。賊環攻，復出銅鐧格鬭，賊莫敢近。忽四山火起，乃突圍，抵銅仁乞師，得練總王士秀領五百人，一日夜行三百里。民見玲筠歸，奮躍，復得壯士千餘，仍從至雲泮。是日大霧，人馬對立不相見，譟而進。賊奔，自相蹴蹋，墜崖死者無算。復追百餘里，戰中壩，戰螺生溪，戰袁家灣，皆捷。

八年春，知府令玲筠越境剿賊，知府先聞賊畏玲筠，立鄧字旗懾賊，故嚴檄三至。縣民苦留，玲筠慨然曰：「郡守檄，縣令安敢違？且殺賊固無分畛域也。」以千三百人往。師次分水埡，賊混運糧者入營門，變作，衆驚潰。玲筠親搏戰，飛石中首，手格殺一賊，足後被創，遂及於難，喪其元。後軍聞失事，憤極，殊死鬭，殺聲與哭聲併，卒奪玲筠屍還。乃樹「忠憤」幟，誓復讐，賊懼，退屯八十里。喪歸，士民大慟，爭致賻賵。有負販傭，挈錢四緡，將運鹽，悉以充賻。或曰：「如爾家何？」傭哭曰：「公死，吾屬無葬所矣！何家爲？」民懷其德，立祠祀之。並刻遺集，曰鉅業堂稿。

承順，佟佳氏，漢軍正藍旗人。由文生於咸豐四年隨其父甘肅寧夏鎮總兵定安出征湖北，累功擢至通判，發甘肅。歷權寧夏鹽捕通判、平番縣事，授甘州撫彝通判，所至有聲。同治元年，西寧撒回就撫，大吏以貴德廳孤懸大河以外，漢民與番、回雜處，治理不易，檄承順往署。適番、回械鬭，承順爲之平怨息爭，番、回悅服。值河州回匪倡亂，甘、涼、寧、肅一帶響應，貴德回民洶洶欲動，承順勸導解散，以被難婦孺置署中別院，撫養數年。有主者認還，無主者擇配。由是漢、番感戴，回民亦懾其威。

時西寧所屬各廳相繼淪陷，貴德一廳孤立賊中者六年。城中回民暗結陝回謀亂，承順密調兵勇入城，嚴爲之備。回首馬朶三等率衆千餘人攻城，承順登陴抵禦，礮石雨下，斃賊頗多。城內回民開門應賊，城遂陷。承順率勇巷戰，身受重創，厲聲罵賊。賊怒，斷其左臂，罵愈厲；復斷其右足，罵如故；遂斷其首而支解之。其弟議敍知縣崇順、監生吉順扶其母薩克達氏至屍所哭詈，皆遇害。家丁李文忠等七名，同時死之。事聞，卹贈道銜，給世職。

貴德士民復以死事狀赴都申訴，御史吳可讀疏言：「青海辦事大臣玉通疏報，祇及承順被害情形，猶惑於當時『回衆拘集漢民、勒寫官偪民反，漢、回同謀戕官』之說，後經查覆，於精忠大節，仍未述及。在承順爲國捐軀，光明俊偉，於願遂矣。遺愛在民，漢、番男婦老幼呼爲活佛。誤觸其名，卽童子皆呵禁之。在朝廷爲有臣，定安爲有子，甘肅爲有官。闔門全節，允爲一代完人，再懇優卹。」光緒初元，陝甘總督左宗棠覆奏，謂：「承順死節奇偉，一時僅見。綱常名義，不因品秩等差而別，則表揚較名位尊顯爲尤亟。請官爲建祠，幷予謚法，以勵人心。」疏上，允之，謚勤愍。

托克淸阿，字凝如，滿洲正藍旗人。道光十四年舉人，大挑知縣，發甘肅，署環縣、安化知縣，及土魯番同知。以清查事鐫級。咸豐元年，捐復原官，補皋蘭。時回、捻擾陝、甘，土匪聞風響應。侍郎梁瀚治團練，疏薦之。總督樂斌亦以其任事果敢，檄署秦州直隸州知州，尋實授。同治二年，逆回竄甘南，州境戒嚴，托克清阿募壯勇，繕器械，力籌守禦。賊竄秦安，率軍迎剿，屢挫賊。賊糾大股至，衆寡不敵，力戰死之。事聞，詔以道員從優議卹，秦州及本旗立專祠。後秦州承其規畫，防禦嚴密，境獲安全。四年，秦州士民以托克清阿忠貞孝友，慈惠嚴明，潔己愛民，禦災捍患，在任時民皆安業，賊不犯境。遺愛餘威，實足固民心而寒賊膽，籲請加恩賜謚。總督恩麟據以入告，特詔允之，予謚剛烈。

馮元吉，字景梅，浙江山陰人。由供事議敍從九品，分廣西，歷署貴縣五山汛、淩雲平樂司巡檢。道光二十八年，授宜山龍門巡檢。咸豐元年，金田賊由武宣東鄉逃竄，都統烏蘭泰、提督向榮、總兵秦定三等節節追剿。賊竄象州，兵勇不能禦，直至大樂墟，轉掠龍門。元吉率鄉兵禦之，戰敗，馳回署，衣冠坐堂皇，二子澍、溥侍立。家人請暫避，元吉厲聲曰：「身爲命官，不能殺賊安民，走避偷生，吾不爲也！」麾二子出，皆痛哭不去。賊至，父子抗罵，同遇害。家丁嚴祿、夏玉俱死。詔以元吉微員，從容盡節，澍、溥從父殉難，忠孝堪嘉。贈鹽運使司知事銜，賞世職，建專祠，澍、溥附祀。

平源，字沛霖，順天大興籍，浙江山陰人。由吏員敍典史，發安徽。咸豐二年，署懷寧縣典史，恤獄囚，嘗曰：「囚死於法，可也；死於非法，不可也。」眠食皆躬察之。粵匪犯安慶，事急，囚譁，欲脫械去。源至，囚曰：「此何時也，公胡弗自便？」源曰：「此若輩所以犯刑也，死可苟免耶？」囚曰：「公不去，囚何忍去？」俄而城陷，巡撫蔣文慶遇害，餘官皆走。源獨冠服坐獄門外，賊至，脅之曰：「若降，官；若不然，飲吾刃！」源曰：「刃則刃耳，吾豈受汝脅者？」賊曳至懷寧縣署外殺之，逮死罵不絕口。安慶人思之，爲立石於殉節處。

時又有張寶華者，爲望江縣典史。聞城陷，視其妻賈氏自經畢，冠服坐堂上罵賊，死。華陽鎮巡檢王泗同時殉難，盱眙縣典史周來豫後於九年助守縣城，力戰墜馬死。

余寶錕，江西德化人。附貢生，捐知縣。道光十六年，選授浙江景寧縣，以才力不及降調。復捐縣丞，發貴州。咸豐五年三月，署麻哈州吏目。四月，仁懷縣教匪楊瀧喜竄麻哈，隨知州何鋌擊却之。尋盜魁陳大陸糾苗匪來犯，復隨鋌出戰。賊退，遂率衆攻拔下司巖、下雞場等處，扼茅坪山，悉力堵禦。未幾，賊聚益衆，勢不能敵。退州城，賊旋陷都勻府。提督孝順兵至茅坪被圍，寶錕率團兵隨總兵佟攀梅援剿，圍解。自是無日不戰，互有勝負。

巡撫蔣霨遠檄雲南降將陳得功隨孝順攻克都勻，進援麻哈，官軍勢復振。得功旋叛去，孝順軍潰，賊大股圍州城三日，寶錕率鄉兵登陴固守，賊不得逞。七年，城中糧匱，兵益單，寶錕自誓與城存亡。八年正月，賊悉衆來攻，寶錕出北門迎敵，不利，入城，賊已自他門入。寶錕持矛巷戰，賊不忍害，揮令去。寶錕怒罵，掣矛刺之，賊奪矛還刺，死之。

王汝揆，甘肅伏羌人。道光二十年舉人，揀選知縣，親老改教職。咸豐間，授平涼縣教諭。同治元年，陝西回匪竄乾鳳，偪甘肅境，汝揆上書平慶涇道萬金鏞曰：「賊西偪鳳翔，必分黨由汧、隴間道趨秦安東北，搆煽醜類。宜及其未至，扼險嚴防。不然，內應且四起，平涼擾則靈、固、狄、河等州縣亦危矣！」言未及用，賊尋由固關踰隴，張家川、蓮花城土回應之，陷鹽茶及固原，金鏞死之，平涼戒嚴。汝揆議盡毀城外民舍，無令賊倚爲障蔽，議不行。未幾，賊圍平涼，汝揆協同守令，督率生徒，登陴固守，衣不解帶者六閱月。一日，偵西北二路賊少可擊，謁知府田增壽請率壯士縋城出剿，又不許。二年，賊匿民舍掘地道，納火藥轟之，城遂陷。人皆泣曰：「早從教諭言，事豈至此乎？」汝揆還署，易朝服，北向叩首訖，妻汪氏暨女一、孫女一皆死，乃從容就縊於孔廟鐘簴以殉。

汝揆性質實，敦孝友。居親喪，不入內，不御酒肉。弟印揆，客西寧久，音信乏絕，汝揆往尋之，風雪中徒步千餘里，卒挈其弟以歸。平生肆力於經籍，家居課徒，以窮經爲急，輒點勘善本授之，勗以立品敦行。其官平涼，亦以是爲教。期年，訟庭無士子迹。當城未陷之先兩月，有門人馳書勸引疾歸，謂可免難。汝揆曰：「無疾而稱疾，是欺也；食祿而苟免，非義也。」乃爲書與戚友訣，略曰：「我生不辰，逢天癉怒，向者耳聞之，今則目覩之。平郡自二月以來，圍困日迫，飛書告急，援兵無一至者。汝揆妻、女，行當自盡，決不受辱於賊手。死者士之終，今誠獲死所矣。惟官卑不得展一籌以報國，死有餘憾耳。」三年，官軍克平涼，總督楊岳斌請優卹。六年，總督穆圖善疏陳汝揆死事狀，請照陣亡例議卹，贈國子監助教銜，給世職，又命於本籍建祠，以從死之妻、女等附祀。